JN238544

はじめに

　本書は，『総合英語 Forest（フォレスト）7th Edition』の学習内容に準拠した問題集です。

　『総合英語 Forest』は，英文法のルールの「なぜ」を理解することを主な目的として編集されています。「ルールを覚えさえすればいい」という姿勢ではなく，「なぜそういうルールになっているのか」という英文法の本質を理解することを重視しています。まず，文法項目の鍵となる概念をとらえ，その上に知識を積み重ねていくという独自の構成と，図やイラストを豊富に取り入れたていねいな解説により，同書は刊行以来，多くの高校生のみならず，社会人の方々にも愛読されてきました。

　本書は，演習問題を解くことにより，身につけた文法の知識が実際に使えるかどうかをチェックし，各文法項目の確実な理解，弱点の発見とその克服につなげていくことを主な狙いとしています。実践形式でどんどん問題にチャレンジしていけるように，**左ページに問題，右ページに解答**という，使いやすい**見開き構成**としました。演習問題は，『総合英語 Forest』の文法項目に沿って配列されていますので，文法項目を体系的に学習することができます。また，左ページの演習問題で扱う文法項目は，右ページに **Point** として整理してありますので，本書だけでも効率的に英文法のエッセンスを身につけることができます。

　本書の演習問題は，これまでの学習経験や学習目標に合わせて使用できるよう，**基礎・応用・発展の3つのレベル**で構成しました。これにより，各文法項目をスパイラル方式でくり返し学習することが可能です。いたずらに問題数を増やすより，本書の基礎・応用問題をすべて確実に解けるようにすることが，最終的には弱点を作らず，総合的に文法力を高める近道になります。発展問題は，『総合英語 Forest』で扱われている文法項目が実際の入試問題ではどのように問われるのかを知ることが重要な目的ですので，各自の目標に合わせて到達度を設定するとよいでしょう。

　文法の知識は，実際に活用できてこそ意味があります。実践形式の演習問題を解くことにより，文法に対する理解を深め，弱点を効率よく克服し，総合的な英語力を高めていってください。みなさんが，『総合英語 Forest』とともに本書を十分に活用され，楽しみながら英文法を学習されることを心から願ってやみません。

2013年12月　桐原書店編集部

もくじ

- はじめに …………………………………………………………… 2
- 本書の構成 ………………………………………………………… 10
- 学習の進め方 ……………………………………………………… 11
- 達成度チェックシート …………………………………………… 15

第1章　文の種類　　　　　　　　　　　　　　　　　　16

Level 1 ★　　　　　　　　　　　　　　　　　　　　　16
- Point 1　基本的な文の形 - 1 ………………………………… 17
- Point 2　基本的な文の形 - 2 ………………………………… 19

Level 2 ★★　　　　　　　　　　　　　　　　　　　　18
- Point 3　疑問文・命令文の応用形 …………………………… 19

Level 3 ★★★　　　　　　　　　　　　　　　　　　　20

第2章　動詞と文型　　　　　　　　　　　　　　　　　22

Level 1 ★　　　　　　　　　　　　　　　　　　　　　22
- Point 4　動詞の使い方 ………………………………………… 23
- Point 5　文型 - 1 ……………………………………………… 23
- Point 6　文型 - 2 ……………………………………………… 25

Level 2 ★★　　　　　　　　　　　　　　　　　　　　26
- Point 7　注意すべき動詞の使い方 …………………………… 27
- Point 8　文型と動詞 …………………………………………… 29

Level 3 ★★★　　　　　　　　　　　　　　　　　　　30

第3章　動詞と時制　　　　　　　　　　　　　　　　　34

Level 1 ★　　　　　　　　　　　　　　　　　　　　　34
- Point 9　現在形と現在進行形 ………………………………… 35
- Point 10　過去形と過去進行形 ………………………………… 37
- Point 11　未来を表す表現 ……………………………………… 39

Level 2 ★★　　　　　　　　　　　　　　　　　　　　38
- Point 12　時や条件を表す接続詞の後で用いる現在形 ……… 39
- Point 13　進行形の注意すべき用法 …………………………… 41
- Point 14　未来を表すさまざまな表現 ………………………… 41

Level 3 ★★★　　　　　　　　　　　　　　　　　　　42

第4章　完了形　　46

Level 1 ★　　46
- Point 15　現在完了形と現在完了進行形 - 1 …………… 47
- Point 16　現在完了形と現在完了進行形 - 2 …………… 49
- Point 17　過去完了形と過去完了進行形 ……………… 51

Level 2 ★★　　52
- Point 18　未来完了形 ……………………………………… 53
- Point 19　「今」に視点を置かない現在完了形 ………… 53

Level 3 ★★★　　54

第5章　助動詞　　58

Level 1 ★　　58
- Point 20　能力・許可を表す助動詞 ……………………… 59
- Point 21　義務・必要を表す助動詞 ……………………… 61
- Point 22　可能性・推量を表す助動詞 …………………… 63
- Point 23　will / would / shall の用法 …………………… 65
- Point 24　need / used to の用法 ………………………… 67

Level 2 ★★　　68
- Point 25　助動詞＋have＋過去分詞 ……………………… 69
- Point 26　助動詞を含む慣用表現 ………………………… 71
- Point 27　that 節で用いられる should の用法 ………… 71

Level 3 ★★★　　72

第6章　態　　76

Level 1 ★　　76
- Point 28　受動態の基本形 ………………………………… 77
- Point 29　受動態のさまざまな形 (1) - 1 ………………… 77
- Point 30　受動態のさまざまな形 (1) - 2 ………………… 79
- Point 31　語順に注意する受動態 ………………………… 79

Level 2 ★★　　80
- Point 32　受動態のさまざまな形 (2) …………………… 81
- Point 33　注意すべき受動態の表現 ……………………… 81

Level 3 ★★★　　82

第7章　不定詞　　86

Level 1 ★　　86

Point 34	不定詞の名詞的用法	87
Point 35	不定詞の形容詞的用法	87
Point 36	不定詞の副詞的用法	89
Point 37	SVO ＋ to 不定詞	91
Point 38	不定詞の意味上の主語と否定語の位置	91
Point 39	使役動詞・知覚動詞を使った表現	93

Level 2 ★★ … 94

Point 40	不定詞のさまざまな形	95
Point 41	自動詞＋ to 不定詞	97
Point 42	不定詞の注意すべき用法 - 1	99
Point 43	不定詞の注意すべき用法 - 2	101

Level 3 ★★★ … 102

第8章　動名詞　106

Level 1 ★ … 106

| Point 44 | 動名詞の働き | 107 |
| Point 45 | 動名詞の意味上の主語と否定語の位置 | 109 |

Level 2 ★★ … 108

Point 46	動名詞のさまざまな形	109
Point 47	動名詞を使った重要表現	111
Point 48	動名詞と不定詞 - 1	111
Point 49	動名詞と不定詞 - 2	113

Level 3 ★★★ … 114

第9章　分詞　118

Level 1 ★ … 118

Point 50	名詞を修飾する分詞（限定用法）	119
Point 51	補語になる分詞（叙述用法）	119
Point 52	have ＋ O ＋分詞 / see ＋ O ＋分詞	121
Point 53	分詞構文	123

Level 2 ★★ … 124

Point 54	分詞構文の応用	125
Point 55	付帯状況を表す with ＋（代）名詞＋分詞	127
Point 56	分詞を使った表現	127

Level 3 ★★★ … 128

第10章　比較　132

Level 1 ★　132

- **Point 57** 原級を使った比較 …… 133
- **Point 58** 比較級を使った比較 …… 135
- **Point 59** 最上級を使った比較 …… 137
- **Point 60** 原級・比較級を使って最上級の意味を表す …… 139

Level 2 ★★　138

- **Point 61** 原級を用いたさまざまな表現 …… 139
- **Point 62** 比較級を用いたさまざまな表現 (1) …… 141
- **Point 63** 比較級を用いたさまざまな表現 (2) …… 143
- **Point 64** no を使った比較表現 …… 145
- **Point 65** 最上級を用いたさまざまな表現 …… 147

Level 3 ★★★　148

第11章　関係詞　152

Level 1 ★　152

- **Point 66** 関係代名詞の基本 - 1 …… 153
- **Point 67** 関係代名詞の基本 - 2 …… 155
- **Point 68** 関係代名詞の継続用法 …… 157
- **Point 69** 関係副詞 …… 159
- **Point 70** 複合関係詞 …… 161

Level 2 ★★　160

- **Point 71** 「譲歩」を表す複合関係詞 …… 161
- **Point 72** 関係代名詞の働きをする as と than …… 163
- **Point 73** 関係代名詞のさまざまな用法 - 1 …… 163
- **Point 74** 関係代名詞のさまざまな用法 - 2 …… 165
- **Point 75** 関係形容詞 …… 165

Level 3 ★★★　166

第12章　仮定法　170

Level 1 ★　170

- **Point 76** if を使った仮定法 - 1 …… 171
- **Point 77** if を使った仮定法 - 2 …… 173
- **Point 78** wish や as if の後の仮定法 …… 173

Level 2 ★★　174

- **Point 79** 未来のことを表す仮定法 …… 175

Point 80	if が出てこない仮定法 - 1	175
Point 81	if が出てこない仮定法 - 2	177
Point 82	仮定法を使った慣用表現	179
Point 83	仮定法を使ったていねいな表現	179

Level 3 ★★★ … 180

第13章　疑問詞と疑問文　186

Level 1 ★ … 186

Point 84	疑問詞の種類と用法 - 1	187
Point 85	疑問詞の種類と用法 - 2	189
Point 86	疑問文のさまざまな形 (1)	191
Point 87	疑問文への答え方	191

Level 2 ★★ … 192

| Point 88 | 疑問文のさまざまな形 (2) | 193 |
| Point 89 | 疑問文の慣用表現 | 195 |

Level 3 ★★★ … 196

第14章　否定　198

Level 1 ★ … 198

Point 90	否定語と否定の範囲 - 1	199
Point 91	否定語と否定の範囲 - 2	201
Point 92	部分否定・二重否定	201

Level 2 ★★ … 202

| Point 93 | 否定の慣用表現 | 203 |
| Point 94 | 否定語を使わない否定表現 | 205 |

Level 3 ★★★ … 206

第15章　話法　208

Level 1 ★ … 208

| Point 95 | 直接話法と間接話法 - 1 | 209 |
| Point 96 | 直接話法と間接話法 - 2 | 211 |

Level 2 ★★ … 212

| Point 97 | 間接話法の応用形 | 213 |

Level 3 ★★★ … 214

第16章　名詞構文・無生物主語　216

Level 1 ★　216
- Point 98　名詞構文 …… 217
- Point 99　無生物主語 …… 219

Level 3 ★★★　220

第17章　強調・倒置・挿入・省略・同格　222

Level 1 ★　222
- Point 100　強調 …… 223
- Point 101　倒置 …… 225
- Point 102　挿入 …… 225
- Point 103　省略 …… 227
- Point 104　同格 …… 227

Level 3 ★★★　228

第18章　名詞　230

Level 1 ★　230
- Point 105　名詞の種類と用法 …… 231
- Point 106　注意すべき名詞の用法 …… 233
- Point 107　名詞の複数形 …… 233
- Point 108　所有を表す名詞の形 …… 233

Level 3 ★★★　234

第19章　冠詞　236

Level 1 ★　236
- Point 109　冠詞の働き …… 237
- Point 110　不定冠詞・定冠詞・無冠詞の働き …… 239

Level 3 ★★★　240

第20章　代名詞　242

Level 1 ★　242
- Point 111　人称代名詞 …… 243
- Point 112　it の用法 …… 245
- Point 113　指示代名詞 …… 247
- Point 114　不定代名詞 - 1 …… 247
- Point 115　不定代名詞 - 2 …… 249

| Point 116 | 不定代名詞 - 3 | 251 |

Level 3 ★★★ ... 252

第21章　形容詞　256

Level 1 ★ ... 256

Point 117	形容詞の用法	257
Point 118	形容詞の注意すべき用法	259
Point 119	数量を表す形容詞	261

Level 3 ★★★ ... 262

第22章　副詞　264

Level 1 ★ ... 264

Point 120	副詞の用法	265
Point 121	副詞の注意すべき用法 - 1	267
Point 122	副詞の注意すべき用法 - 2	269
Point 123	2つの文の論理関係を表す副詞	269

Level 3 ★★★ ... 270

第23章　前置詞　272

Level 1 ★ ... 272

Point 124	主要な前置詞の用法 - 1	273
Point 125	主要な前置詞の用法 - 2	275
Point 126	その他の前置詞の用法 - 1	277
Point 127	その他の前置詞の用法 - 2	279
Point 128	群前置詞	279

Level 3 ★★★ ... 280

第24章　接続詞　284

Level 1 ★ ... 284

Point 129	等位接続詞の用法 - 1	285
Point 130	等位接続詞の用法 - 2	287
Point 131	名詞節を導く従属接続詞の用法	287
Point 132	副詞節を導く従属接続詞の用法 - 1	289
Point 133	副詞節を導く従属接続詞の用法 - 2	291

Level 3 ★★★ ... 292

さくいん ... 296

本書の構成

演習問題
『総合英語 Forest（フォレスト）7th Edition』に準拠した文法問題が，3つのレベルで出題されています。

Level 1 ★　　（395問）基礎問題
Forest 各章の *Part 2* で学習する文法項目を含む，基本的かつ重要な文法問題です。

Level 2 ★★　（177問）応用問題
Forest 各章の *Part 3* で学習する文法項目を含む，応用的な文法問題です。
（第16章〜第24章には Level 2 はありません）

Level 3 ★★★　（228問）発展問題
Forest 各章の文法項目に関連する近年の大学入試問題です。該当の章の文法項目だけでなく，いくつかの文法項目が複合的に問われる問題も含まれています。

文法項目のまとめ
Point には，演習問題を解くための基本ルールがまとめられています。Forest の文法項目が体系的に整理してありますので，解説と合わせて活用してください。

解答・解説
問題ごとの解答と詳しい解説です。問題を解いた後で解答を確認し，間違えた問題はじっくりと解説を読んで，各文法項目に対する理解を深めてください。

Forest リンク
Forest を参照しやすいように，参考書の解説ページやターゲット例文の番号を各所に表示しています。弱点項目は Forest に戻って再確認することができます。

赤シート
要点のチェックや，答え合わせに使用することができます。

学習の進め方

本書は，『総合英語 Forest（フォレスト）7th Edition』の学習に合わせて，さまざまな使い方ができます。ここでは，本書の効果的な学習例を，以下のような3つの Step で紹介しています。

- **Step ①** 問題を解く …………… 演習問題 800 問
- **Step ②** 理解を深める ………… 文法項目のまとめ ＋ 解説
- **Step ③** 知識を定着させる …… 参考書 Forest で再確認

参考書を併用する学習プランの立て方については，pp.13 - 14 も参考にしてください。

▶ 学習例

Step ① 問題を解く …………… 演習問題 800 問

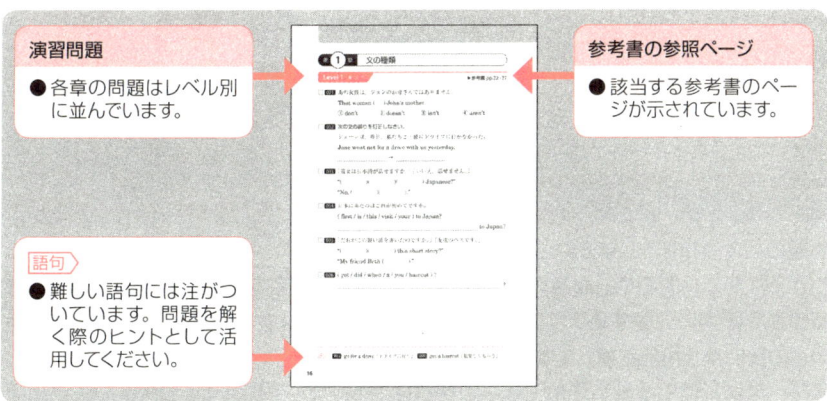

演習問題
- 各章の問題はレベル別に並んでいます。

参考書の参照ページ
- 該当する参考書のページが示されています。

語句
- 難しい語句には注がついています。問題を解く際のヒントとして活用してください。

左ページにある問題を解きます。設問の指示文が特に示されていない問題については，以下の指示に従って答えてください。

- **1　適語選択**　選択肢の中から適切なものを選びなさい。
- **2　適語補充**　日本語の意味に合うように，（　）に適語を入れなさい。
- **3　語句整序**　日本語の意味に合うように，（　）内の語句を並べかえなさい。
（　）内の語句を並べかえて，意味の通る文を作りなさい。
- **4　正誤指摘**　誤りの含まれている部分を指摘しなさい。

Tips　`Point` を活用する

文法力に自信のない人は，問題を解く前に `Point` に目を通し，重要項目を確認しておくとよいでしょう。赤シートをかぶせると重要ポイントが消えますので，文法のルールが正しく理解できているかどうかを確認することができます。また，参考書を学習した後で `Point` を読み，重要項目の確認をするのも効果的です。

Step ❷　理解を深める……… 文法項目のまとめ ＋ 解説

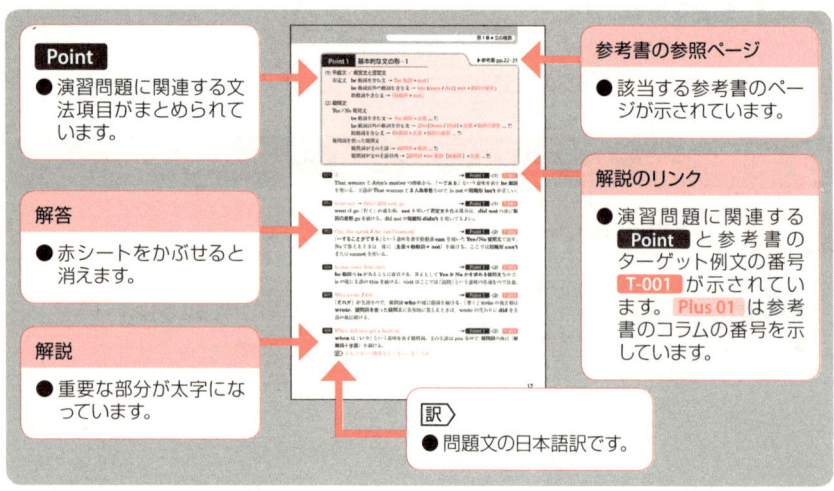

Point
- 演習問題に関連する文法項目がまとめられています。

解答
- 赤シートをかぶせると消えます。

解説
- 重要な部分が太字になっています。

参考書の参照ページ
- 該当する参考書のページが示されています。

解説のリンク
- 演習問題に関連する `Point` と参考書のターゲット例文の番号 `T-001` が示されています。`Plus 01` は参考書のコラムの番号を示しています。

訳
- 問題文の日本語訳です。

問題の答え合わせをします。
わからなかった問題や，間違えた問題は，じっくりと解説を読み，なぜ答えがそうなるのかを確実に理解するようにします。（　）内の語句は省略可能を，［　］は前の語句との言い換え可能を表します。
また，解説だけで十分に理解できない場合は，ページ上部にある `Point` の該当箇所を読み，文法のルールを再確認してください。

Step ❸　知識を定着させる … 参考書 Forest で再確認

何度も間違えてしまう問題については，参考書を読んで再確認します。
参考書には，問題の解き方やルールのまとめだけでなく，なぜそうなるのかという考え方がていねいに説明されています。解答の横に演習問題に関連するターゲット例文の番号が書いてありますので，参考書のその箇所に戻って例文とともに知識を再確認してください。

Tips 達成度チェックシートを活用する

p.15 に，学習進度がひと目で確認できる達成度チェックシートを掲載しています。正解した演習問題の番号を塗りつぶしていきましょう。学習の目安になります。わからなかった問題，間違えた問題は，時間をおいて再度解いてみます。全部塗りつぶせるまでくり返し学習してください。

学習プランの立て方

参考書を併用する学習プランについて，効果的と思われるものを以下に3つ紹介します。これまでの学習経験を踏まえ，ご自身の学習目標に合った方法とペースで，学習を進めてください。

1 標準コース

こんな人におすすめ
- 参考書 Forest（またはその他の文法参考書）を使ったことがある人
- 中学～高等学校1年生で学ぶ文法事項を，ひととおり学習したことがある人
- ある程度文法力に自信があり，実践形式で文法を学習したい

本書の問題を解きながら，必要に応じて参考書を参照してください。
1. 基本問題を解く：第1章～第24章の Level 1 をマスターする
2. 応用問題を解く：第1章～第15章の Level 2 をマスターする
3. 発展問題を解く：第1章～第24章の Level 3 に挑戦する

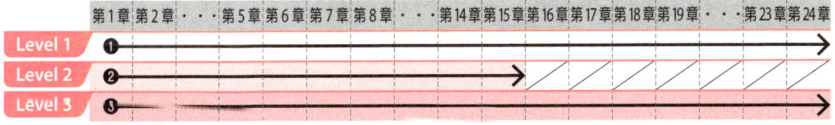

2 弱点発見・克服コース

こんな人におすすめ
- 参考書 Forest（またはその他の文法参考書）を使ったことがある人
- 自分の弱点項目を発見し，それを克服したい人
- すでにわかっている自分の弱点項目を集中的に学習したい人

本書の問題を解きながら，必要に応じて参考書を参照してください。

❶ 基本問題を解く：学習したい章の Level 1 をマスターする
❷ 応用問題を解く：学習したい章の Level 2 をマスターする
❸ 発展問題を解く：学習したい章の Level 3 に挑戦する
　　❶～❸ の手順で章ごとに学習する

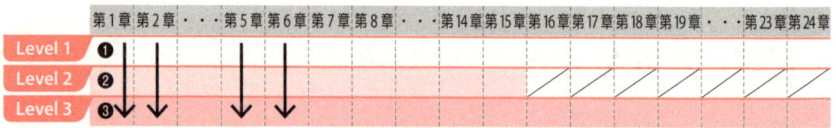

3　基礎からじっくりコース

こんな人におすすめ
・参考書 Forest（またはその他の文法参考書）を使ったことがない人
・文法を基礎から体系的にもう一度学習しなおしたい人
・文法力に自信がないので，時間をかけてしっかり文法を学びたい人

本書と参考書を合わせて学習することをおすすめします。

❶ 基本問題を解く：　参考書の *Part 1* を読んで，基本事項を理解する
　　　　　　　　　　Level 1 の Point を読む
　　　　　　　　　　Level 1 の演習問題を解いてみる
　　　　　　　　　　この手順で，第 1 章～第 6 章の Level 1 を学習する
❷ ❶と同じ手順で，第 18 章～第 24 章の Level 1 を学習する
❸ ❶と同じ手順で，第 7 章～第 17 章の Level 1 を学習する
❹ 応用問題を解く：　Level 2 の Point を読む
　　　　　　　　　　Level 2 の演習問題を解いてみる
　　　　　　　　　　この手順で，第 1 章～第 15 章の Level 2 を学習する
❺ 余力があれば発展問題を解く：
　　　　　　　　　　Level 1 と Level 2 の Point を復習する
　　　　　　　　　　第 1 章～第 24 章の Level 3 に挑戦する

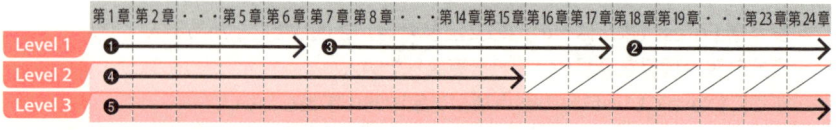

| Level 1 の問題 | Level 2 の問題 | Level 3 の問題 |

完全にマスターしたら問題番号を塗りつぶしてください。

第1章	050	099	150	第7章	252	301	352	403	454	505	554	603	650	701	750
	051	100	151		253	302	353	404	455	506	555	604	651	702	751
001	052	101	152	201	254	303	354	405	456	507	556	605	652	703	752
002	第3章	102	153	202	255	304	355	406	457	508	557	606	653	704	753
003		103	154	203	256	305	356	407	458	509	558	607	654	705	754
004	053	104	155	204	257	306	357	408	459	510	559	608	655	706	755
005	054	105	156	205	258	307	358	409	460	511	560	609	656	707	756
006	055	106	157	206	259	308	359	410	461	512	561	610	657	708	757
007	056	107	158	207	260	309	360	411	462	513	562	611	658	709	758
008	057	108	159	208	第8章	310	361	412	463	514	563	612	659	710	759
009	058	109	160	209		311	362	413	464	515	564	第18章	660	第22章	760
010	059	110	161	210	261	312	363	414	465	516	565		661		761
011	060	111	162	211	262	313	364	415	466	517	566	613	662	711	762
012	061	112	163	212	263	314	365	416	467	518	567	614	663	712	第24章
013	062	113	164	213	264	315	366	417	468	519	568	615	664	713	
014	063	114	165	214	265	316	367	418	469	520	569	616	665	714	763
015	064	115	166	215	266	317	368	419	470	第14章	570	617	666	715	764
016	065	116	167	216	267	318	369	420	471		第16章	618	667	716	765
017	066	117	168	217	268	319	370	421	472	521		619	668	717	766
018	067	118	169	218	269	320	371	422	473	522	571	620	669	718	767
第2章	068	119	170	219	270	321	372	423	474	523	572	621	670	719	768
	069	120	第6章	220	271	322	373	424	475	524	573	622	671	720	769
019	070	第5章		221	272	323	374	425	476	525	574	623	672	721	770
020	071		171	222	273	324	375	426	477	526	575	624	673	722	771
021	072	121	172	223	274	325	376	427	478	527	576	625	674	723	772
022	073	122	173	224	275	326	377	428	479	528	577	626	675	724	773
023	074	123	174	225	276	327	378	429	480	529	578	627	676	725	774
024	075	124	175	226	277	328	379	430	481	530	579	628	677	726	775
025	076	125	176	227	278	329	380	431	482	531	580	629	678	727	776
026	077	126	177	228	279	330	381	432	483	532	581	630	679	728	777
027	078	127	178	229	280	331	382	433	484	533	582	第19章	680	729	778
028	079	128	179	230	281	332	383	434	485	534	583		681	730	779
029	080	129	180	231	282	333	384	435	486	535	584	631	682	731	780
030	081	130	181	232	283	334	385	436	487	536	585	632	683	732	781
031	082	131	182	233	284	335	386	437	488	537	586	633	684	第23章	782
032	083	132	183	234	285	336	387	438	第13章	538	587	634	685		783
033	084	133	184	235	286	第10章	388	439		539	588	635	686	733	784
034	085	134	185	236	287		389	440	489	540	第17章	636	687	734	785
035	086	135	186	237	288	337	390	441	490	541		637	688	735	786
036	第4章	136	187	238	289	338	391	442	491	542	589	638	第21章	736	787
037		137	188	239	290	339	392	443	492	543	590	639		737	788
038	087	138	189	240	291	340	393	444	493	544	591	640	689	738	789
039	088	139	190	241	292	341	394	445	494	545	592	641	690	739	790
040	089	140	191	242	293	342	第11章	446	495	546	593	642	691	740	791
041	090	141	192	243	294	343		第12章	496	547	594	643	692	741	792
042	091	142	193	244	295	344	395		497	548	595	644	693	742	793
043	092	143	194	245	296	345	396	447	498	第15章	596	645	694	743	794
044	093	144	195	246	第9章	346	397	448	499		597	646	695	744	795
045	094	145	196	247		347	398	449	500	549	598	第20章	696	745	796
046	095	146	197	248	297	348	399	450	501	550	599		697	746	797
047	096	147	198	249	298	349	400	451	502	551	600	647	698	747	798
048	097	148	199	250	299	350	401	452	503	552	601	648	699	748	799
049	098	149	200	251	300	351	402	453	504	553	602	649	700	749	800

第1章 文の種類

Level 1 ★
▶参考書 pp.22-27

001 あの女性は，ジョンのお母さんではありません。
That woman (　) John's mother.
① don't　　② doesn't　　③ isn't　　④ aren't

002 次の文の誤りを訂正しなさい。
ジェーンは，昨日，私たちと一緒にドライブに行かなかった。
Jane went not for a drive with us yesterday.
_____ → _____

003 「彼女は日本語が話せますか。」「いいえ，話せません。」
"(　　)(　　)(　　) Japanese?"
"No, (　　)(　　)."

004 日本に来たのはこれが初めてですか。
(first / is / this / visit / your) to Japan?
_____ to Japan?

005 「だれがこの短い話を書いたのですか。」「友達のベスです。」
"(　　)(　　) this short story?"
"My friend Beth (　　)."

006 (get / did / when / a / you / haircut) ?
_____ ?

語句　**002** go for a drive「ドライブに行く」　**006** get a haircut「散髪してもらう」

Point 1　基本的な文の形 - 1

▶参考書 pp.22-25

(1) 平叙文 / 肯定文と否定文
　否定文　be 動詞を含む文 → 〈be 動詞 + not〉
　　　　　be 動詞以外の動詞を含む文 → 〈do [does / did] not + 動詞の原形〉
　　　　　助動詞を含む文 → 〈助動詞 + not〉
(2) 疑問文
　Yes / No 疑問文
　　　　　be 動詞を含む文 → 〈be 動詞 + 主語 ... ?〉
　　　　　be 動詞以外の動詞を含む文 → 〈Do [Does / Did] + 主語 + 動詞の原形 ... ?〉
　　　　　助動詞を含む文 → 〈助動詞 + 主語 + 動詞の原形 ... ?〉
　疑問詞を使った疑問文
　　　　　疑問詞が文の主語 → 〈疑問詞 + 動詞 ... ?〉
　　　　　疑問詞が文の主語以外 → 〈疑問詞 + be 動詞［助動詞］+ 主語 ... ?〉

---

001 ③　　　　　　　　　　　　　　　　　　　　⋯▶ Point 1 -(1)　T-001

That woman と John's mother の関係から，「～である」という意味を表す **be 動詞** を用いる。主語が That woman と **3 人称単数**なので，is not の短縮形 **isn't** が正しい。

002 went not → didn't [did not] go　　　　　⋯▶ Point 1 -(1)　T-001

went は go「行く」の過去形。**not** を用いて**否定文**を作る場合は，**did not** の後に動詞の原形 go を続ける。did not の短縮形 **didn't** を用いてもよい。

003 Can she speak / she can't [cannot]　　⋯▶ Point 1 -(2)　T-002

「～することができる」という意味を表す助動詞 **can** を用いた Yes / No 疑問文で表す。No で答えるときは，後に〈主語 + 助動詞 + not〉を続ける。ここでは短縮形 **can't** または cannot を用いる。

004 Is this your first visit　　　　　　　　　⋯▶ Point 1 -(2)　T-002

be 動詞の **is** があることに着目する。答えとして Yes か No かを求める**疑問文**なので，is の後に主語の this を続ける。visit はここでは「訪問」という意味の名詞なので注意。

005 Who wrote / did　　　　　　　　　　　　⋯▶ Point 1 -(2)　T-003

「だれが」が主語なので，疑問詞 **who** の後に動詞を続ける。「書く」write の過去形は **wrote**。疑問詞を使った疑問文に具体的に答えるときは，wrote の代わりに **did** を主語の後に続ける。

006 When did you get a haircut　　　　　　⋯▶ Point 1 -(2)　T-003

when は「いつ」という意味を表す疑問詞。文の主語は you なので，疑問詞の後に〈助動詞 + 主語〉を続ける。

　　訳　あなたはいつ散髪をしてもらいましたか。

☐ 007 次の文の誤りを訂正しなさい。

図書館で騒がないで！

Not make a noise in the library!

_____ → _____

☐ 008 この数学の問題はなんて難しいんだろう！

(this / how / is / problem / difficult / math)！

_____！

☐ 009 あなたはなんてかわいいドレスを着ているんでしょう！

(pretty / you / what / dress / are / a) wearing!

_____ wearing!

Level 2 ★★　　　　　　　　　　▶参考書 pp.28-30

☐ 010 "(better, / you / which / like / do / or / soccer) baseball?"

"I like soccer better."

"_____ baseball?"

"I like soccer better."

☑ 011 明日，電話をかけなおしてくれませんか。

(　　　)(　　　) again tomorrow, (　　　)(　　　)？

☑ 012 「次の電車に乗りませんか。」「そうしよう。」

"(　　　)(　　　) the next train, (　　　)(　　　)？"

"Yes, (　　　)."

語句　007 make a noise「騒ぐ，音を立てる」
　　　012「(電車・バスなど) に乗って行く」take

Point 2　基本的な文の形 - 2　▶参考書 pp.25-27

(3) 命令文
　肯定の命令文 → **動詞の原形**で文を始める
　否定の命令文 → 〈**Don't [Do not]** + **動詞の原形**〉
(4) 感嘆文
　形容詞や副詞の意味を強調 → 〈**How** + **形容詞[副詞]** + **主語** + **動詞**！〉
　〈形容詞 + 名詞〉の意味を強調 → 〈**What (a [an])** + **形容詞** + **名詞** + **主語** + **動詞**！〉

Point 3　疑問文・命令文の応用形　▶参考書 pp.28-30

(1) 選択疑問文
　「A ですか，それとも B ですか」 → 〈**... A or B** ?〉
　「どちらですか」 → **which** で文を始める
(2) 命令文のさまざまな形
　ややていねいな表現 → 命令文の文尾や文頭に **please** を加える
　依頼を表す → 命令文に 〈**will you** ?〉 や 〈**won't you** ?〉 を加える
　提案や勧誘を表す → 〈**Let's** + **動詞の原形**〉

---

007 Not make → Don't [Do not] make　⋯▶ Point 2 -(3)　T-004
「〜するな」という禁止の意味を表す**否定の命令文**。**動詞の原形** make の前に not だけを置くのは誤り。do not か，**短縮形**の **don't** で始めるのが正しい。

008 How difficult this math problem is　⋯▶ Point 2 -(4)　T-005
形容詞 difficult の意味を強調する感嘆文なので，**how** で文を始める。

009 What a pretty dress you are　⋯▶ Point 2 -(4)　T-005
〈形容詞 + 名詞〉pretty dress の意味を強調する感嘆文なので，**what** で文を始める。冠詞 **a** の位置に注意。

010 Which do you like better, soccer or　⋯▶ Point 3 -(1)　T-006
soccer と baseball の 2 つの**選択肢**から「どちらか」を選ぶ**選択疑問文**を作る。
訳「サッカーと野球とどちらが好きですか。」「サッカーのほうが好きです。」

011 Call me / will [won't] you　⋯▶ Point 3 -(?)　T-007
「〜してくれませんか」という**依頼**は，肯定の命令文に 〈**will you?**〉 をつけて表す。〈**won't you?**〉 をつけてもよい。

012 Let's take / shall we / let's　⋯▶ Point 3 -(2)　T-007
「〜しませんか」というややていねいな**勧誘**は，〈**Let's** + **動詞の原形**〉の文に 〈**shall we?**〉 を加える。誘いに応じるときは，**Yes, let's.** と答える。

Level 3 ★★★

▶参考書 pp.17-30

☐ **013** Look at that! (　) a beautiful house!
① What　　② How　　③ Why　　④ Where
〈名古屋明徳短大〉

☑ **014** Be particularly careful not to mention anything of this, (　)?
① aren't you　② are you　③ don't you　④ won't you
〈京都産業大〉

☐ **015** "Kanae, (　) do you prefer, beer or wine?" "I prefer wine."
① how　　② which　　③ what　　④ where
〈静修短大〉

☐ **016** (　) noisy in the elevator.
① Be not　② Don't be　③ Don't make　④ Mustn't
〈常葉学園大〉

☑ **017** (　) prevented him from coming earlier?
① By whom　② How　　③ Where　　④ What
〈桃山学院大〉

☐ **018** A: There's a new pizza place near the station.
B: Good. Let's go there tonight, (　)?
① shall we　② will you　③ don't you
④ won't you　⑤ will we
〈法政大〉

語句　**014** not to 不定詞「〜しないように」　**015** prefer「〜のほうが好きである」
　　　017 prevent O from -ing「O に〜させない」

013 ①

〈形容詞＋名詞〉beautiful house の意味を強調する感嘆文なので，**what** で文を始める。beautiful の後に house があるので，〈how ＋形容詞〉の形は使えない。③ why「なぜ」，④ where「どこで」は，いずれも疑問文を作る疑問詞。

訳▶ あれを見て！ なんて美しい家なんでしょう！

014 ④

「ぜひ〜してもらいたい」という**依頼**のニュアンスは，**肯定の命令文に〈won't you?〉**をつけて表す。① aren't you と③ don't you は，肯定の平叙文に「〜ですよね」という意味を加える付加疑問の形。② are you は否定の平叙文に加える付加疑問の形。

訳▶ これについては何も説明しないように，特に注意してもらえませんか。

015 ②

beer と wine の 2 つの**選択肢**から「どちらか」を選ぶ**選択疑問文**なので，疑問詞 **which** を用いる。① how は「どのように？」，③ what は「何を？」，④ where は「どこ？」と尋ねる疑問詞。

訳▶「カナエ，ビールとワインのどちらが好き？」「ワインが好きです。」

016 ②

noisy は「うるさい」という意味の形容詞。be noisy で「うるさくする」という意味になる。「うるさくするな」という禁止の意味を表す**否定の命令文**にするには，**don't** の後に**動詞の原形 be** を続ける。① be の後に not だけを置くのは誤り。③ make を用いて「うるさくする」という意味を表すには make a noise という形にしなければならない。④ mustn't は must not の短縮形で，「〜してはいけない」という禁止の意味を表すことができるが，You mustn't be noisy ... という平叙文の形になる。

訳▶ エレベーターの中ではうるさくしないでください。

017 ④

直訳すると「何が彼に早く来させなかったのか」という意味になり，「**何が**」を表す **what** が疑問文の主語になる。① by whom は「だれによって？」，② how は「どのように？」，③ where は「どこ？」と尋ねる疑問詞。

訳▶ どうして彼はもっと早く来られなかったのですか。

018 ①

〈**Let's** ＋動詞の原形〉の文に「〜しませんか」というやややていねいな**勧誘**の意味をつけ加えるには，〈**shall we?**〉を用いる。② will you と④ won't you は，命令文に依頼の意味をつけ加えるときに用いる。③ don't you は，肯定の平叙文に加える付加疑問の形。⑤ will we は否定の平叙文に加える付加疑問の形。

訳▶ A「駅のそばに新しいピザのお店がありますよ。」
　　B「いいですね。今夜そこに行きませんか。」

第2章 動詞と文型

Level 1 ★　　　　　　　　　　　▶参考書 pp.36-45

☐ **019** 日本語に直しなさい。

(1) The door opened and a young man came out.

_____

(2) He went to the window and opened the curtain.

_____

☐ **020** (1) (on / lay / the floor / the dog).

_____.

(2) (laid / on / her dress / the / bed / she).

_____.

☐ **021** 次の文の誤りを訂正しなさい。

I see your cat in the park last night.

_____ → _____

☐ **022** (　) 内の動詞を適切な形に変えなさい。

Time (fly) like an arrow. _____

☐ **023** (New York / ten / my family / in / at / arrived) this morning.

_____

 this morning.

☐ **024** 彼は14歳で俳優になった。

He (　　　)(　　　)(　　　) at the age of fourteen.

語句　**019** curtain「カーテン」　**022** arrow「矢」

第 2 章 ● 動詞と文型

Point 4　動詞の使い方
▶参考書 pp.36-38

(1) 自動詞と他動詞
　自動詞 → 主語と動詞の組み合わせで意味を表す。目的語を必要としない
　他動詞 → 動詞の後に名詞（目的語）を続けて意味を表す
(2) 述語動詞の形
　述語動詞は，主語の人称や数，表す時によって形を変える

Point 5　文型 - 1
▶参考書 pp.38-39

(1) SV（第 1 文型）
　〈主語＋動詞〉　主語や動詞以外の情報（修飾語）を加えることが多い
(2) SVC（第 2 文型）
　〈主語＋動詞＋補語〉　補語 → 主語について説明する語

---

019 (1) ドアが開いて，若い男が出てきた。　　…▶ Point 4 -(1)　T-008
　　　(2) 彼は窓のところに行って，カーテンを開けた。
　　　(1) の opened は後に目的語となる名詞がないので**自動詞**。「開いた」という意味になる。
　　　(2) の opened は the curtain を目的語とする**他動詞**。「〜を開けた」という意味。

020 (1) The dog lay on the floor　　…▶ Point 4 -(1)　T-008
　　　(2) She laid her dress on the bed
　　　(1) の lay は**自動詞 lie**「横たわる」の過去形。(2) の laid は**他動詞 lay**「〜を横たえる」の過去形。her dress を laid の目的語として用いる。
　　　訳 (1) 犬は床の上に横たわっていた。　(2) 彼女は洋服をベッドの上に置いた。

021 see → saw　　…▶ Point 4 -(2)　T-009
　　　last night「昨夜」は**過去**のことを表しているので，**過去形**の **saw** を用いる。
　　　訳 私は昨夜，公園であなたのネコを見かけました。

022 flies　　…▶ Point 4 -(2)　T-009
　　　「時は矢のようにあっという間に過ぎる → 光陰矢のごとし」は，**一般的**な**事実**を表すので，**現在形**で表す。主語が Time と 3 人称単数なので，y を i に変えて **-es** をつける。
　　　訳 光陰矢のごとし。

023 My family arrived in New York at ten　　…▶ Point 5 -(1)　T-010
　　　主語 my family，述語動詞 arrived の **SV** の文型。場所や時を表す情報を後に続ける。
　　　訳 私の家族は今朝 10 時にニューヨークに着いた。

024 became an actor　　…▶ Point 5 -(2)　T-011
　　　「〜になった」は become を過去形にして用いる。「俳優」an actor は主語を説明する**補語**として，動詞の後に置く。

☐ **025** 日本語に直しなさい。

(1) Can you keep a secret?
_____

(2) Please keep quiet while I'm watching TV.
_____

☐ **026** 私たちは彼女の誕生日に赤い靴を買った。

(her / shoes / bought / for / we / red) her birthday.

_____ her birthday.

☐ **027** ( ) に共通して入る語を書きなさい。

(a) His mother (　　) him a nice breakfast this morning.

(b) The news of her success (　　) him very happy.

(c) The movie became a big hit and (　　) him a worldwide star.

_____

☐ **028** ほぼ同じ意味の文になるように，( ) に適語を入れなさい。

(a) My grandmother gave me this silver ring.

(b) My grandmother (　　　　) this silver ring (　　　　) (　　　　).

☐ **029** 冷蔵庫の中に牛乳があります。

(fridge / is / the / in / some / there / milk).

_____.

語句 **027** a big hit「大ヒット」　**028** silver「銀の」　**029** fridge「冷蔵庫」

Point 6　文型 - 2

▶参考書 pp.39-45

(3) SVO（第 3 文型）
〈主語＋動詞＋目的語〉　補語と目的語の違い → 補語は S is C が成り立つ
(4) SVOO（第 4 文型）
〈主語＋動詞＋目的語＋目的語〉　最初の目的語→「(人)に」，後の目的語→「(もの)を」
(5) SVOC（第 5 文型）
〈主語＋動詞＋目的語＋補語〉　補語 → 目的語について説明する
(6) SVO＋to / for 〜
　　SVOO →〈SVO＋前置詞＋名詞〉に書き換えることができる
　　　　give 型の動詞 → 前置詞に〈到達点〉を示す to を用いる
　　　　buy 型の動詞 → 前置詞に〈受益者〉を示す for を用いる
(7) There ＋ be 動詞 ...
　　〈There ＋ be 動詞＋名詞〉「〜がいる」→ 何かの存在を表す
　　名詞に the，that，this，your のような語はつけない

025 (1) 秘密を守れますか。　　　　　　　　　　　　　　…▶ Point 6 -(3)　T-012
(2) 私がテレビを見ているあいだは静かにしていてください。
(1) you と a secret は be 動詞で結べないので，a secret は keep の目的語。keep は「〜を守る」の意味。(2) Please 〜 . は命令文で，意味上の主語は you。you are quiet とすることができるので，quiet は keep の補語。keep は「〜のままでいる」の意味。

026 We bought her red shoes for　　　　　　　　　　…▶ Point 6 -(4)　T-013
for は for her birthday「彼女の誕生日に」を表すのに用いる。〈buy＋O＋O〉「〜に…を買う」となるように，bought の後に her「彼女に」，red shoes「赤い靴を」の順に置く。

027 made　　　　　　　　　　　　　　　　　　　　…▶ Point 6 -(5)　T-014
(a) は空所の後に〈目的語＋目的語〉が，(b)(c) は〈目的語＋補語〉が続いている。(a) は「〜に…を作る」，(b)(c) は「〜を…にする」という意味になるように，make を用いる。(a) の this morning「今朝」，(c) の過去形 became に着目し，過去形の made にする。
訳〉(a) 彼の母親は，今朝，彼においしい朝食を作った。
　　(b) 彼女の成功の知らせは彼をとても喜ばせた。
　　(c) その映画は大ヒットし，彼を世界的なスターにした。

028 gave / to me　　　　　　　　　　　　　　　　　…▶ Point 6 -(6)　T-015
「(人)に(もの)を与える」を表す〈give＋人＋もの〉は，〈give＋もの＋to＋人〉で書き換えることができる。
訳〉(a)(b) 私の祖母はこの銀の指輪を私にくれた。

029 There is some milk in the fridge　　　　　　　　…▶ Point 6 -(7)　T-016
「〜があります」は〈There＋be 動詞 ...〉で表す。some milk は単数扱いなので，be 動詞は is が使われている。

Level 2 ★★

▶参考書 pp.46-54

☐ **030** 日本語に直しなさい。

(1) I don't want to stand on a crowded train.
___

(2) I can't stand this crowded train any longer.
___

☐ **031** 次の文の誤りを訂正しなさい。

Did you attend to the meeting last week?

___ → ___

☐ **032** 商品の配送が遅れましたことをおわびいたします。

We (　) the delay of the delivery.

① apologize　　　　　② apologize to

③ apologize for　　　④ apologize with

☐ **033** I'm looking (　) a place to stay tonight. Is there a good hotel around here?

① at　　② for　　③ after　　④ out

☐ **034** John could not (　) up with his terrible toothache and went to the dentist.

① come　　② keep　　③ catch　　④ put

語句 　030　not ～ any longer「もはや～ない」　032　delay「遅れ」 delivery「配送」
　034　toothache「歯痛」 the dentist「歯科医院」

Point 7　注意すべき動詞の使い方

▶参考書 pp.46-48

(1) 注意すべき自動詞と他動詞
自動詞と他動詞で意味が異なる動詞
　　run：自動詞「走る」，他動詞「〜を経営する」など
自動詞と間違えやすい他動詞 → 目的語の前には前置詞をつけない
　　marry「〜と結婚する」，**approach**「〜に接近する」など
他動詞と間違えやすい自動詞 → 前置詞の使い分けに注意が必要
　　〈agree **with** + 人（の見解）〉，〈agree **to** + 提案〉など

(2) 群動詞
動詞に前置詞や副詞などがついて1つの動詞と同じ働きをする
　　look **for**「〜を探す」，go **on**「続く」など

030　(1) 私は満員電車の中で立っていたくない。　　…▶ Point 7 -(1)　T-017
　　　(2) 私はこの満員電車にもうがまんできない。
(1) の stand は目的語がないので**自動詞**。「立っている」という意味になる。(2) の stand は this crowded train を目的語とする**他動詞**。「〜に耐えられる，〜をがまんできる」という意味。

031　attend to → attend　　…▶ Point 7 -(1)　T-018
attend は「**出席する**」という意味のときには**他動詞**なので，to は不要。
訳▷ あなたは先週の会議に出席しましたか。

032　③　　…▶ Point 7 -(1)　T-019
apologize を用いて「（〜したこと）**を謝罪する**」という意味を表すときは，前置詞に **for** を用いる。なお，「（人）に謝罪する」という意味を表すときは to を用いるので注意。

033　②　　…▶ Point 7 -(2)　T-020
空所の後に a place to stay tonight「今晩泊まる場所」という目的語が続くので，**look for**「〜を探す」となるように前置詞 for を選ぶ。なお，look at は「〜を見る」，look after は「（人）の世話をする」という意味。また，look out は「気をつける」という意味で自動詞の働きをする。
訳▷ 私は今晩泊まる場所を探しています。このあたりによいホテルはありますか。

034　④　　…▶ Point 7 -(2)　T-020
(　) up with の後に his terrible toothache「彼のひどい歯痛」が続くので，**put up with**「〜をがまんする」となるように put を選ぶ。なお，come up with は「（考え・計画など）を思いつく」，keep up with は「（人）と連絡［接触］を取っている，〜を何とか続けていく」，catch up with は「（人・国など）に追いつく」という意味。
訳▷ ジョンはひどい歯痛をがまんできずに歯科医院へ行った。

☐ 035 He remained (　) during the meeting.
① silence　　② silent　　③ silently　　④ silencing

☐ 036 この花は甘い香りがする。
This flower (　　　)(　　　).

☐ 037 皆さんに自己紹介していただけますか。
(yourself / everyone / could / to / introduce / you) ?
_____?

☐ 038 彼女は私にケーキをひと切れ残してくれた。
She (　　)(　　)(　　)(　　)(　　)
(　　) me.

☐ 039 彼らはそのネコにタマという名前をつけた。
They (　　)(　　)(　　)(　　).

☐ 040 チャップリンは偉大なコメディアンだと思う。
I (Chaplin / great / a / think / comedian).
I _____.

語句　040 Chaplin「チャップリン（英国の映画俳優・監督）」

Point 8　文型と動詞　　▶参考書 pp.49-54

(1) SVC の文型で用いられる動詞
　① 「～である，～のままである」を表す動詞 → be, keep, lie, remain, stay
　② 「～になる」を表す動詞 → become, get, grow, turn
　③ 「～の感じがする」を表す動詞 → feel, smell, taste, look, sound
　④ 「～に思われる」を表す動詞 → seem, appear

(2) SVO の文型で注意すべき目的語
　目的語が再帰代名詞 → **enjoy oneself** 「自分を楽しませる → 楽しむ」など

(3) SVOO の文型で用いられる動詞
　〈SVO + **to** + 相手〉→ give 型の動詞「相手の元に何かを届かせる」
　　give, lend, show, hand, offer, pass, pay, sell, send, teach, tell など
　〈SVO + **for** + 相手〉→ buy 型の動詞「相手のために何かをする」
　　buy, find, cook, make, choose, get, leave, play, sing など

(4) SVOC の文型で用いられる動詞
　① make 型「**O を C にする**」→ make, get, keep, leave, paint など
　② call 型「**O を C と呼ぶ**」→ call, elect, name など
　③ think 型「**O を C と考える**」→ think, believe, find, consider など

---

035 ②　　　　　　　　　　　　　　　　　⋯▶ Point 8 -(1) T-021
remain「～のままである」は **SVC** の文型で用い，C（補語）には名詞か形容詞がくる。ここでは，「彼」が「黙った状態」のままだったということなので，形容詞 **silent**「黙った」を用いる。名詞 silence は「彼」が「無言（であること）」ということになり不自然。
訳▷ 彼は会議のあいだ黙ったままだった。

036 smells sweet　　　　　　　　　　　⋯▶ Point 8 -(1) T-021
「～の香りがする」は **smell** で表し，補語に形容詞をとる。「甘い」は sweet で表す。

037 Could you introduce yourself to everyone　⋯▶ Point 8 -(2) T-022
introduce は「～を紹介する」という意味の他動詞で，再帰代名詞を目的語にとり，**introduce oneself** の形で「自己紹介する」という意味になる。

038 left a piece of cake for　　　　　　⋯▶ Point 8 -(3) T-023
「～に…を残す」は，〈**leave + O + O**〉または〈**leave + O + for ～**〉で表す。ここでは空所の数より，〈leave + O + for ～〉を用いる。「ケーキをひと切れ → ひと切れのケーキ」は a piece of cake。

039 named the cat Tama　　　　　　　⋯▶ Point 8 -(4) T-024
〈**name + O + C**〉「O に C と名前をつける」を用い，O = the cat, C = Tama で表す。

040 think Chaplin a great comedian　　⋯▶ Point 8 -(4) T-024
〈**think + O + C**〉「O を C と考える」を用い，O = Chaplin, C = a great comedian で表す。

Level 3 ★★★

▶参考書 pp.31-54

□ **041**「君に時間があるとき,その問題について議論したい」
"I want to ( ) the matter when you have the time."
① discuss　　　　　　　② discuss about
③ discuss on　　　　　　④ discuss over
〈成城大〉

□ **042** Jim ( ) Sue a good job.
① let　　② had　　③ caused　　④ found
〈獨協大〉

□ **043** The girl ( ) her mother in many respects.
① is resembling　　　　② is resembled to
③ resembles　　　　　　④ resembles to
〈関西学院大〉

□ **044** The government's decision was to ( ) taxes.
① rise　　　　　　　② have been rising
③ raise　　　　　　　④ be raising
〈センター試験〉

□ **045** My sister ( ) a high school teacher last June.
① married　② married for　③ married to　④ married with
〈京都産業大〉

□ **046** Studying until late at night only seems to ( ) my test scores worse!
① become　　② cause　　③ have　　④ make
〈慶應義塾大〉

語句　**043** in many respects「多くの点で」　**046** test score「テストの得点」

041 ①
discuss「～について話し合う」は**他動詞**なので，動詞の直後に目的語となる名詞 the matter を続ける。② about，③ on，④ over などの前置詞は不要。

042 ④
空所の後に〈O (Sue) + O (a good job)〉が続いているので，**SVOO** の文型をとることのできる **find**「～に…を見つける」の過去形④ found を選ぶ。① let，② have，③ cause はこの形をとらない。
〔訳〕ジムはスーに良い仕事を見つけてあげた。

043 ③
resemble「～と似ている」は**他動詞**なので，直後に前置詞は不要。また，resemble は**状態を表す動詞**なので，ふつうは**進行形にしない**（…▶ Plus 3 ）。なお，resemble は②のように受動態（…▶ T-093 ）にはできない。
〔訳〕その女の子は母親に多くの点で似ている。

044 ③
to 以下は文の補語になる不定詞句（…▶ T-108 ）。空所の後に目的語 taxes「税金」が続いているので，**他動詞 raise**「～を上げる」を選ぶ。①②は自動詞 rise「上がる」を用いているので不適切。④は「政府の決定」が「税金を上げていること」という進行中の出来事となり，不自然。
〔訳〕政府の決定は，税金を上げるということだった。

045 ①
marry「～と結婚する」は**他動詞**なので，直後に前置詞は不要。したがって，①が正解。「～と」という日本語に引きずられて，③ married to や④ married with としないように注意。
〔訳〕私の姉［妹］はこの前の6月に高校の教師と結婚した。

046 ④
空所の後に my test scores「私のテストの得点」と worse「より悪い」という形容詞が続いていることに着目する。my test scores is worse という関係が成り立つので，my test scores は空所に入る動詞の**目的語**，worse は目的語について説明する**補語**であることがわかる。したがって，**SVOC** の文型で「～を（ある状態に）する」という意味を表す④**他動詞 make** を選ぶ。①の become と②の cause はこの文型をとることができない。③の have には SVOC の文型で「～を（ある状態に）する」という意味を表す用法があるか，その場合は人が主語になるのでここでは不適切。
〔訳〕夜遅くまで勉強したことで，私のテストの得点はより悪くなっただけのようだ！

☐ **047** On the floor beside his bed a book (　) open. He had been reading it before he fell asleep the previous night.
　① laid　　② lay　　③ laying　　④ was to lie
〈青山学院大〉

☐ **048** When Mary (　) the room, she received warm applause from all of her classmates.
　① appeared　　② arrived　　③ entered　　④ returned
〈日本女子大〉

☐ **049** We should give her enough work to (　) her busy. That's the only way she will be quiet at meetings.
　① help　　② keep　　③ maintain　　④ stay
〈慶應義塾大〉

☐ **050** Some day you will realize that honesty (　).
　① buys　　② pays　　③ gives
　④ sells　　⑤ exchanges
〈中央大〉

☐ **051** あなたがこの計画の重要性に気づくには，数カ月かかるかもしれません。
　(　)(　)(*)(　)(*)(　) the importance of this project.
　① take　　② realize　　③ you　　④ might
　⑤ it　　⑥ months　　⑦ to
〈中央大〉

☐ **052** (　) 内に示された文字で始まる適語を書きなさい。
多くの新機能が追加されたにもかかわらず新型の値段は変わっていない。
The price of the new model has (r　　) unchanged despite a long list of new features.
〈中央大〉

語句　**048** applause「拍手」　**050** honesty「正直さ」

047 ②

空所の後に形容詞 open が続いていることに着目する。**自動詞 lie は補語**をとり「**～の状態にある，～のままである**」という意味を表すことができるので，lie の過去形である② **lay** が正解。①は他動詞 lay「～を横たえる」の過去形［過去分詞］，③は ing 形で，いずれも不適切。④の was to lie は〈be to 不定詞〉の形で「～することになっている〈予定〉，～すべきである〈義務・命令〉」などの意味を表す（… T-127 ）が，ここでは文意が通らない。

訳〉彼のベッドわきの床には 1 冊の本が開いたままになっていた。彼は前夜眠る前にそれを読んでいたのだった。

048 ③

空所の直後に目的語となる名詞 the room「部屋」が続いているので，**他動詞 enter**「**～に入る**」の過去形③ **entered** を選ぶ。①の appear と②の arrive は自動詞，④の return は他動詞のときは「～を戻す，返す」という意味になるので，文意が通らない。

訳〉メアリーは部屋に入ったときにクラスメート全員から温かい拍手を受けた。

049 ②

空所の後に〈O（her）＋C（busy）〉が続いているので，**SVOC** の文型をとる② **keep**「**OをCの状態にしておく**」を選ぶ。①③④はいずれもこの形をとることができない。

訳〉私たちは，彼女を忙しくさせておくために，十分な仕事を彼女に与えるべきだ。それが，彼女が会議で静かにしてくれる唯一の方法だ。

050 ②

空所の後に語句が続いていないことから，that 節の中は honesty を主語とする **SV** の文型になっていることがわかる。したがって，「**割りに合う，得になる**」という意味を表す②の**自動詞 pay** を選ぶ。①の buy，③の give，④の sell，⑤の exchange は，いずれも自動詞として用いると意味が通じない。

訳〉いつかあなたは，正直さが割りに合うものだということを理解するだろう。

051 ① / ⑥

It might take you months to realize (the importance of this project.)
「〈人〉が～するのに〈時間〉がかかる」は，〈**It takes＋O（人）＋O（時間）＋to 不定詞**〉で表すことができる。It は形式主語で to 以下が真の主語（… T-367 ）。

052 remained

空所の後に unchanged「変わっていない」という意味の形容詞が続いていることに着目し，「**～のままである**」という意味を表し，**SVC** の文型をとる**自動詞 remain** を用いる。

第3章　動詞と時制

Level 1 ★　　　　　　　　　　　　　　　　▶参考書 pp.61-73

□ **053** （　）内の動詞を適切な形に変えなさい。

(1) ナンシーは犬を2匹飼っている。

　　Nancy (have) two dogs.　_____

(2) 兄は彼女の電話番号を知っている。

　　My brother (know) her telephone number.

　　_____

□ **054** 日本語に直しなさい。

(1) This soup tastes salty.

　　_____

(2) Would you like to taste this soup?

　　_____

□ **055** 私のおばは日曜日には教会へ行く。

　　My aunt (　　　)(　　　) church on Sundays.

□ **056** 1年には12カ月ある。

　　A year (　) of twelve months.

　　① consist　　② consists　　③ consisted　　④ is consisting

□ **057** ルーシーは今，部屋でテレビを見ている。

　　Lucy (　　　)(　　　) TV in her room now.

□ **058** 次の文の誤りを訂正しなさい。

　　My company is currently owning fifty restaurants.

　　_____ → _____

語句　**054** salty「塩辛い」 would like to 不定詞「〜したい」
　　　056 consist of 〜「〜から成る」　**058** currently「現在は」

Point 9　現在形と現在進行形

▶参考書 pp.61 - 66

(1) 現在の状態を表す現在形
　状態動詞 → 同じ状況が続くことを説明する
　　心理を表す動詞：**like**「好む」, **think**「思う」, **know**「知っている」など
　　知覚・感覚を表す動詞：**see**「見える」, **hear**「聞こえる」, **feel**「感じがする」など
　　その他の状態を表す動詞：**be**「〜である」, **have**「持っている」など

(2) 現在の反復動作を表す現在形
　動作動詞 → 1回のまとまった動作を表す
　always など**頻度を表す副詞（句）**を伴い，「今」を中心に**くり返される動作**を表す

(3) 一般的な事実や真理を表す現在形
　過去・現在・未来を通じて**変化のない事実や真理**を表す

(4) 現在進行中の動作を表す現在進行形
　現在進行形 → 〈**is [am / are]** + **動詞の ing 形**〉
　今まさにしている途中の動作や，**ある期間続けてしている動作**を表す

---

053 (1) has　(2) knows　⋯▶ Point 9 -(1)　T-025
(1) の have は「持っている」, (2) の know は「知っている」という**現在の状態**を表すので，現在形を用いる。どちらの文も主語が **3 人称単数**なので，have は has に，一般動詞の know は語尾に **-s** をつけて knows にする。

054 (1) このスープは塩辛い味がする。　⋯▶ Point 9 -(1)　T-025
(2) このスープを味見したいですか。
(1) の taste は後に**補語** salty が続き，「〜の味がする」という**状態（感覚）**を表す。
(2) の taste は後に**目的語**が続き，「〜の味見をする」という**動作**を表す。

055 goes to　⋯▶ Point 9 -(2)　T-026
「〜へ行く」は go to で表す。習慣的に毎週**くり返される動作**を表しているので，**現在形**を用いる。主語が **3 人称単数**なので，go の語尾に **-es** がつくことに注意。

056 ②　⋯▶ Point 9 -(3)　T-027
「1 年が 12 カ月」なのはいつでも成り立つ真理なので，**現在形**で表す。A year は **3 人称単数**なので consist の語尾には **-s** がつく。

057 is watching　⋯▶ Point 9 -(4)　T-028
「今（まさに）〜している」といっ，している**最中の動作**を表す文なので，**現在進行形**にする。「(テレビ) を見る」は watch。主語が **3 人称単数**なので，be 動詞は **is** になる。

058 is currently owning → currently owns　⋯▶ Point 9 -(4)　T-028
「所有している」は**現在の状態**を表しているので，**現在形**を用いるのが正しい。**own** は動作ではなく**状態を表す動詞**なので，ふつうは進行形にしない。
　訳〉私の会社は現在，レストランを 50 店所有している。

☐ 059 ( ) 内の動詞を適切な形に変えなさい。

My mother (like) rock music when she (be) a high school student.

_____ / _____

☐ 060 私はたいてい学校へ歩いて行ったが，時々はバスに乗った。

I ( )( ) to school, but I ( )( ) the bus.

☐ 061 Jane ( ) up at exactly six o'clock yesterday.

① wakes ② woke ③ is waking ④ was waking

☐ 062 次の文の誤りを訂正しなさい。

I took a shower when Bob called me.

_____ → _____

☐ 063 弟は1日中テレビゲームをしていた。

My brother (all / video games / playing / long / day / was).

My brother _____ .

語句 059 rock「ロック（ミュージック）」 061 wake up「目を覚ます」
062 take a shower「シャワーを浴びる」

Point 10　過去形と過去進行形

▶参考書 pp.67 - 69

(1) 過去の状態を表す過去形
　　状態動詞の過去形を用いる
(2) 過去に反復して行われた動作を表す過去形
　　動作動詞の過去形を用い，**頻度を表す副詞（句）**を伴うことが多い
(3) 過去に1回行われた動作を表す過去形
　　「(過去のある時に)〜した」ことを表す
(4) 過去のある時にしている最中だった動作を表す過去進行形
　　過去進行形 → 〈**was**[**were**] +動詞の **ing** 形〉
　　過去のある時にしていた動作や，**過去のある期間にくり返し行われた動作**を表す

059　liked / was　　　　　　　　　　　　　　…▶ Point 10 -(1)　T-029

「母が高校生だった」は**過去のある時の状態**を表しているので，**過去形**を用いる。主語が she と 3 人称単数なので，be 動詞は **was** にする。また，like も「好きだった」という**過去の状態**を表すので，語尾に **-d** をつけて過去形にする。

訳〉母は高校生のころ，ロックミュージックが好きだった。

060　usually walked / sometimes took　　　…▶ Point 10 -(2)　T-030

「〜へ歩いて行く」は walk to で，「(バス)に乗る」は take を用いて表す。どちらも**過去に反復して行われた動作**なので，動詞は**過去形**にする。walk は語尾に **-ed** をつけて過去形にする。take は不規則活用の動詞で，過去形は **took**。頻度を表す副詞 **usually**「たいてい」や **sometimes**「時々」は動詞の前に置く。

061　②　　　　　　　　　　　　　　　　　…▶ Point 10 -(3)　T-031

yesterday「昨日」から，この文の表す時が**過去**であることがわかる。また，「目を覚ましました」のは「ちょうど6時」に**1回だけ行われた動作**なので，**過去形**にする。wake は不規則活用の動詞で，過去形は **woke**。

訳〉ジェーンは昨日，ちょうど6時に目を覚ました。

062　took → was taking　　　　　　　　　…▶ Point 10 -(4)　T-032

「ボブが私に電話をした」時，「私」はシャワーを浴びるという**動作をしている最中**だった，ということを表すので，過去形の took ではなく**過去進行形**を用いるのが正しい。be 動詞の過去形は主語 I に合わせて was にし，その後に take の ing 形 taking を続ける。

訳〉ボブが電話してきた時，私はシャワーを浴びているところだった。

063　was playing video games all day long　…▶ Point 10 -(4)　T-032

過去のある日に「1日中」進行していた動作を表す文なので，動詞は**過去進行形** was playing とし，その後に目的語 video games を続けて SVO の形にする。「1日中」は all day long で表し，文の最後に置く。

☐ **064** 父は来年, 60歳になります。

My father ( )( ) sixty years old next year.

☐ **065** 彼の奥さんは, 来月, 出産の予定です。

His wife (a baby / going / have / is / to) next month.

His wife _____

next month.

☐ **066** She ( ) at this time tomorrow.
① was working   ② work
③ will be working ④ will work

☐ **067** ロンドンの友達の家にどれくらい滞在する予定ですか。

(you / friend / with / long / your / will / how / staying / be) in London?

_____

in London?

Level 2 ★★   ▶参考書 pp.74-79

☐ **068** We will have dinner when our guests ( ).
① will arrive   ② arrive
③ arrived   ④ will be arriving

☐ **069** 次の文の誤りを訂正しなさい。

I'll talk to her if she will come to the party tomorrow.

_____ → _____

語句 **065**「子どもが生まれる」have a baby
     067「(人)の家に滞在する」stay with   **068** guest「招待客」

第 3 章 ● 動詞と時制

Point 11　未来を表す表現
▶参考書 pp.70-73

(1) will を使って未来を表す
〈**will** + 動詞の原形〉　単純未来 → **自然のなりゆき**で起こるであろうことを表す
　　　　　　　　　　　意志未来 → 主語の**意志**（その場で決めたこと）を表す

(2) be going to で未来を表す
〈**be going to** + 動詞の原形〉　主語の**意図**や**計画**（するつもりでいること）を表す
　　　　　　　　　　　　　　　話し手の**推量**（確実に起こりそうなこと）を表す

(3) 未来進行形
未来進行形 → 〈**will be** + 動詞の **ing** 形〉
未来のある時に進行中であると思われる動作や，**する予定になっていること**を表す

Point 12　時や条件を表す接続詞の後で用いる現在形
▶参考書 pp.74-76

時や条件を表す接続詞の後に続く節（副詞節）では，未来のことも**現在形**で表す
　時を表す接続詞：**when**「～する時に」，**until** [**till**]「～するまで」など
　条件を表す接続詞：**if**「もし～ならば」，**unless**「～しない限り」など

---

064 will be　　⋯▶ Point 11 -(1)　T-033

「～歳になる」というのは**自然のなりゆき**で起こることなので，〈**will** + 動詞の原形〉を用いる。「～になる」は be で表す。

065 is going to have a baby　　⋯▶ Point 11 -(2)　T-034

「出産の予定」は，主語の**計画**を表す。**be going to** に動詞の原形 have を続ける。

066 ③　　⋯▶ Point 11 -(3)　T-035

at this time tomorrow「明日の今ごろ」という**未来の時に進行中であろう動作**を表す文なので，未来進行形〈**will be** + 動詞の **ing** 形〉を用いる。
〈訳〉彼女は明日の今ごろは仕事をしていることでしょう。

067 How long will you be staying with your friend　　⋯▶ Point 11 -(3)　T-035

未来進行形の**疑問文**。「どれくらい（の期間）？」と問う疑問詞 **how long** を文頭に置き，〈**助動詞**（will）+ **主語** + **be -ing**〉の順に続ける。

068 ②　　⋯▶ Point 12　T-036

未来の文だが，**時を表す接続詞 when** があるので，この後の動詞は**現在形**が正しい。
〈訳〉お客さんたちが到着したら，ディナーにしましょう。

069 will come → comes　　⋯▶ Point 12　T-036

I'll talk to her は主語 I の意志を表す未来の文。後に続く接続詞 **if** は**条件**を表すので，この後の動詞は**現在形**にする。if 節の主語 she は 3 人称単数なので語尾に **-s** をつける。
〈訳〉明日のパーティーに彼女がやってきたら，私は彼女と話をします。

☐ 070 父は日ごとに体調がよくなってきている。
My father ( ) better day by day.
① gets　　② will get　　③ is getting　　④ got

☐ 071 日本語に直しなさい。
She is always complaining about her low salary.
_____

☐ 072 新しいスーパーマーケットが9月10日に開店する。
The new supermarket (　　　　　) on September 10.

☐ 073 日本語に直しなさい。
The President is visiting Japan next week.
_____

☐ 074 (1) ちょうどあなたに電話しようとしていたところでした。
I (you / just / to / call / about / was).
I _____.

(2) 彼らはまさに家を出ようとしていたところでした。
They (point / their / were / of / on / house / the / leaving).
They _____.

語句　070 day by day「日に日に」
　　　071 complain about「～のことで不平を言う」 salary「給料」

Point 13　進行形の注意すべき用法　▶参考書 pp.76-77

(1) 変化している途中を表す進行形
　「～しかけている」状態 → 何らかの変化を表す動詞を進行形にする
(2) 頻度を表す副詞とともに用いられる進行形
　反復される動作の強調 → 現在進行形が always など頻度を表す副詞（句）を伴う

Point 14　未来を表すさまざまな表現　▶参考書 pp.77-79

(1) 現在形で確定した未来の予定・計画を表す
　時刻表や予定表などで確定して，変更の可能性がない未来のこと → 現在形で表せる
(2) 進行形で未来の予定を表す
　未来の行動に向けて着々と準備を進めている状況 → 現在進行形で表せる
　過去から見たこれからの予定 → 過去進行形で表せる
(3) 未来を表すその他の表現
　すぐ後に起きるはずのこと → 〈be about to + 動詞の原形〉
　　　　　　　　　　　　　　　〈be on the point of + 動詞の ing 形〉
　「～することになっている」という予定 → 〈be to 不定詞〉

070 ③　　　　　　　　　　　　　　　　　　　　　　…▶ Point 13 -(1)　T-037
get better は「（今より）よくなる」という意味を表すが，「よくなってきている」なので，**現在進行形**を用いることにより，「回復しつつある」という**変化の途中**を表す。

071 彼女はいつも安い給料について文句ばかり言っている。　…▶ Point 13 -(2)　T-038
is complaining という**現在進行形**が，頻度を表す副詞 **always**「いつも」を伴っているので，complain「不平を言う」という**動作がしばしば繰り返される**ことを表している。

072 opens　　　　　　　　　　　　　　　　　　　…▶ Point 14 -(1)　T-039
「9月10日に開店する」という**確定した予定**を表すので，**現在形**を用いる。「開店する」は open で表すが，主語が3人称単数なので，語尾に **-s** をつける。

073 大統領が来週，日本を訪問する予定です。　　　…▶ Point 14 -(2)　T-040
next week「来週」から**未来のことを表す文**だとわかるが，is visiting という**現在進行形**が使われていることから，大統領が来訪に向けて具体的な準備を進めているという状況がわかる。

074 (1) was just about to call you　　　　　　　…▶ Point 14 -(3)　T-041
　　　(2) were on the point of leaving their house
(1) は about に着目し，「（まさに）電話しようとしていた」という意味を **was about to** call で表す。「ちょうど」の意味を表す just は be 動詞の直後に置く。(2) は point に着目し，「まさに～しようとしている」という状況を 〈**be on the point of -ing**〉の形を用いて表す。

Level 3 ★★★

▶参考書 pp.55-80

075 Please be quiet. I ( ) on a difficult question now.
① work　　② worked　　③ have worked　④ am working
〈日本大〉

076 When I was a child, I ( ) the piano.
① was playing　　　　② had played
③ had been playing　　④ played
〈慶應義塾大〉

077 Give me a call when you ( ) your homework.
① finish　　　　② finished
③ will finish　　④ will have finished
〈日本女子大〉

078 Last year I gave him a book for his birthday, but at the party next week I ( ) him a CD.
① am going to give　② give
③ have given　　　　④ will have given
〈京都産業大〉

079 Water ( ) at a temperature of 100 degrees centigrade.
① boils　　② is boiling　　③ was boiling　④ use to boil
〈上智大〉

080 Actually, he is rather conservative. That is why he ( ) to that political party.
① was belonging　　② has belonged
③ is belonging　　　④ belongs
〈明治大〉

語句　**075** work on「～に取り組む」　**077** give 人 a call「(人)に電話する」
079 boil「沸騰する」　100 degrees centigrade「摂氏100度」
080 conservative「保守的な」　political party「政党」

075 ④

now「今」があることから，今まさに問題に取り組んでいる途中だと判断して，④ am working という**現在進行形**を選ぶ。①は現在形，②は過去形，③は現在完了形で，いずれも不適切。

訳〉静かにしてください。私は今，難しい問題に取り組んでいます。

076 ④

When I was a child という副詞節が**過去の時**を表しているので，主節の動詞は**過去形**を用いるのが正しい。「ピアノを弾く」という**動作が過去にくり返し行われたこと**を表す。①was playing は過去進行形で，過去のある時に進行中の動作を表すのでここでは不適切。②の過去完了形（→ T-048）や③の過去完了進行形（→ T-052）では，子どものころより以前にピアノを弾いたことになってしまうので不適切。

訳〉私は，子どものころはピアノを弾きました。

077 ①

Give me a call は「私に電話をください」という意味の命令文で，when 以下が未来の時点を表していると考えられる。**時を表す接続詞 when** の後なので，未来のことでも**現在形**で表す。

訳〉宿題を終えたら，私に電話してください。

078 ①

next week「来週」に着目する。コンマ以下は**未来にそうしようと決めていること**を表すと考えられるので，①の〈**be going to＋動詞の原形**〉という形を用いるのが正しい。②は現在形，③は現在完了形なので不適切。また，④の will have given は未来完了形（→ T-055）で，未来の時点で完了しているという予測を表すので，文意が通らない。

訳〉彼の誕生日に去年は本をあげたのですが，来週のパーティーでは彼にCDをあげるつもりです。

079 ①

「水が摂氏100度で沸騰する」のは，**過去・現在・未来を通じて変化のない事実**なので，**現在形**を選ぶ。

訳〉水は摂氏100度で沸騰する。

080 ④

1つ目の文は be 動詞が is と現在形なので，主語 he「彼」の現在の状態を表している。2つ目の文の〈That is why ～〉は「そういうわけで～」という意味の定型表現（→ T-225）で，この文も**現在の状態**を表す文だと考えられる。したがって，④の**現在形** belongs が正しい。**belong to** は「～に所属している」という意味の**状態動詞**なので**進行形にはしない**。したがって，①③は不適切。また，過去との関わりを述べていないので②の現在完了形も不適切。

訳〉実を言うと，彼はかなり保守的です。そういうわけで，彼はあの政党に所属しているのです。

☐ **081** (　), shall we continue the golf game?
　① If it stops to thunder soon
　② If it will stop thundering soon
　③ If it will stop to thunder soon
　④ If it stops thundering soon
〈法政大〉

☐ **082** When the telephone rang, Mary (　) TV.
　① is watching　② was watching　③ will watch
　④ watched　　⑤ would watch
〈早稲田大〉

☐ **083** Amy (　) her umbrella, as the wind blew rain all around her.
　① held　　　② holds　　　③ is holding
　④ was held　⑤ will hold
〈明治学院大〉

☐ **084** (　) に入れるのに，不適切なものを選びなさい。
　Her letter says that she (　) next Thursday.
　① is coming　　② is going to come　③ will be coming
　④ will come　　⑤ will have come
〈早稲田大〉

☐ **085** ① Once he ② will finish his probationary period, ③ it will be difficult to ④ fire him.
〈上智大〉

☐ **086** Every student ① with ② an interest in English ③ are glad to ④ have a chance to talk with a native speaker at school.
〈東邦大〉

語句　**081** thunder「雷が鳴る」　**083** blew < blow「〜を吹き飛ばす」
　　　085 probationary period「試用期間」　fire「(人) を解雇する」

081 ④

if は「～したら」という**条件**を表しているので，if 節内の動詞は**現在形**を用いるのが正しい。〈stop -ing〉は「～するのをやめる」という意味を表すことができるが，〈stop ＋to 不定詞〉は「～するために立ち止まる」などの意味になるので，ここでは stop の後に動名詞を続けるのが適切（⇒ T-153 ）。

訳〉 すぐに雷が鳴りやんだら，ゴルフの試合を続けましょうか。

082 ②

When the telephone rang「電話が鳴った時」が，過去を表していることに着目する。主節の動詞は**過去のある時点に進行中だった動作**を表すと考えられるので，②の**過去進行形**が正しい。①は現在進行形，③は未来を表す表現なので，いずれも不適切。④の過去形と⑤の would watch は文意が通らない。

訳〉 電話が鳴った時，メアリーはテレビを見ていた。

083 ①

as 節内の動詞 blew は blow の過去形。したがって，主節の動詞も過去のことを表す形にする。① held は hold の**過去形**なので，**過去に 1 回だけ行われた動作**を表すことができる。②は現在形，③は現在進行形，⑤は未来を表す表現なので，いずれも不適切。④の受動態は文意が通らない。

訳〉 風が周りじゅうに雨を吹きつけてきたので，エイミーはかさをしっかり支えた。

084 ⑤

① is coming は**現在進行形**で未来の行動に向けて準備中であることを，② is going to come は〈**be going＋動詞の原形**〉の形で未来の計画を，③ will be coming は**未来進行形**で未来にすることに決まっている動作を，④ will come は〈**will＋動詞の原形**〉で「行きます」という主語の意志を表すことができる。⑤ will have come は未来完了形で「（未来のある時までに）～し終わっているだろう」という意味になり，時を表す表現が by next Thursday「来週の木曜日までに」となっていないので不適切（⇒ T-055 ）。

訳〉 彼女の手紙には，来週の木曜日に来ると書いてあります。

085 ② (will finish → finishes)

once はここでは「いったん～したら」という意味で，when などと同じく**時を表す接続詞**（⇒ T-448 ）。したがって，節内の動詞は**現在形**にするのが正しい。

訳〉 いったん彼が試用期間を終了したら，彼を解雇するのは難しいだろう。

086 ③ (are glad → is glad)

主語 Every student は「どの学生も」という意味で個々の学生を指すので，**単数扱い**（⇒ T-382 ）。したがって，動詞は **3 人称単数の現在形**にするのが正しい。

訳〉 学校でネイティブ・スピーカーと話す機会を得て，英語に興味のある学生はみな喜んでいる。

第4章 完了形

Level 1 ★ ▶参考書 pp.86-99

087 (1) (has / years / she / lived / for / here).

_____.

(2) (not / yet / lunch / I / had / have).

_____.

(3) (you / story / heard / have / this / ever) ?

_____?

088 (1) グレッグはすでに年会費を払ってしまっている。

Greg (　　　)(　　　)(　　　) the annual fee.

(2) ジェーンとアランは結婚したばかりだ。

Jane and Alan (　　　)(　　　)(　　　)(　　　).

089 ほぼ同じ意味の文になるように，(　) に適語を入れなさい。

(a) My father went to London on business, and he is there now.

(b) My father (　　　)(　　　) to London on business.

090 私はこれまでに1度も中国に行ったことがない。

I (　　　)(　　　)(　　　) to China before.

091 (　) 内の動詞を適切な形に変えなさい。

彼女は3度全国優勝したことがある。

She (win) the national championship three times.

_____

語句　**088** annual「1年間の」　**089** on business「仕事で」

Point 15　現在完了形と現在完了進行形 - 1
▶参考書 pp.86-90

(1) 現在完了形の形と働き
　　現在完了形 →〈**have**[**has**]＋**過去分詞**〉
　　　　　　　　過去のいきさつとつなげて「**今の状況**」を述べる
　　※ 過去形 → 今とは切り離された過去のことを表す
(2) 「**完了・結果**」を表す現在完了形
　　「〜したところだ，〜してしまった」→ 動作の完了とその結果を表す
　　already「すでに」，**just**「〜したばかり」，**now**「たった今」，**yet**「[否定文で]
　　まだ〜ない，[疑問文で]もう〜したか」などの副詞を伴うことが多い
(3) 「**経験**」を表す現在完了形
　　「(今までに) 〜したことがある」→ 今までの経験を表す
　　before「以前に」，**never**「1度も〜ない」，**ever**「[疑問文で] 今までに」，**often**「し
　　ばしば」，**once**「1度」などの**回数や頻度**を表す副詞(句)を伴うことが多い

087　(1) She has lived here for years　　　　　　…▶ Point 15 -(1)　T-042
　　　　(2) I have not had lunch yet　(3) Have you ever heard this story
(1) 現在完了形〈**have**[**has**]＋**過去分詞**〉の形にする。has lived で「(今まで) ずっと住んでいる」という意味を表す。(2) 現在完了形の**否定文**は，**not** を **have**[**has**] と過去分詞の間に置く。(3) 現在完了形の**疑問文**は **have**[**has**] を文頭に出す。
訳〉(1) 彼女はここに何年も住んでいます。　(2) 私はまだ昼食を食べていません。
　　(3) あなたはこの話を聞いたことがありますか。

088　(1) has already paid　　　　　　　　　　　…▶ Point 15 -(2)　T-043
　　　　(2) have just gotten[got] married
(1) 「払ってしまっている」は，「**完了・結果**」を表す**現在完了形**で表す。pay の過去分詞形は paid。「すでに」は already で，have と paid の間に置く。(2) 「**完了・結果**」を表す**現在完了形**にする。「〜したばかりだ → ちょうど〜したところだ」と考えて just を用いる。「結婚する」は get married で表し，ここでは get を過去分詞形にする。

089　has gone　　　　　　　　　　　　　　　　…▶ Point 15 -(2)　T-043
(a) の「〜に行って，今はそこにいる」という意味を，(b) では「**完了・結果**」を表す **have gone** を用いて，「行ってしまって，今はここにいない」のように表す。
訳〉(a) 父は仕事でロンドンに行き，今はそこにいる。
　　(b) 父は仕事でロンドンに行ってしまった。

090　have never been　　　　　　　　　　　　　…▶ Point 15 -(3)　T-044
「〜に行ったことがない」は，「**経験**」を表す**現在完了形**で表す。**have been**「〜に行ったことがある」を用い，否定語 **never**「1度も〜ない」を have と been の間に置く。

091　has won　　　　　　　　　　　　　　　　…▶ Point 15 -(3)　T-044
「3度優勝したことがある」は，「**経験**」を表す**現在完了形**で表す。win の過去分詞形は won。

☐ **092** 次の文の誤りを訂正しなさい。

I knew his daughter since she was born.

_____ → _____

☐ **093** 祖父が亡くなってから3年経つ。

(1) My grandfather (　　　)(　　　) dead (　　　) three years.

(2) Three years (　　　)(　　　)(　　　) my grandfather died.

(3) (　　　)(　　　)(　　　) three years (　　　) my grandfather died.

☐ **094** おとといからずっと雨が降っている。

It (been / before / day / has / raining / since / the) yesterday.

It _____ yesterday.

☐ **095** 私の両親はその銀行で20年働いている。

My parents (　　　)(　　　)(　　　) for the bank (　　　) 20 years.

☐ **096** I (　) in Tokyo from 1988 to 1996, and then moved to Osaka.

① am living　　　② have lived

③ lived　　　　　④ have been living

☐ **097** 次の文の誤りを訂正しなさい。

"Have you had dinner yet?" "Yes, I have eaten at seven o'clock."

_____ → _____

語句　**096** move「引っ越しする」

第4章 ● 完了形

Point 16　現在完了形と現在完了進行形 - 2　　▶参考書 pp.91-94

(4)「継続」を表す現在完了形
「(今までずっと)～である」→ 状態動詞を用い，今までの状態の継続を表す
always「ずっと」, for「～のあいだ」, since「～以来」, How long ... ?「どのくらいのあいだ…？」などの期間を表す副詞（句 / 節）を伴うことが多い

(5)「動作の継続」を表す現在完了進行形
現在完了進行形 → ⟨have [has] been -ing⟩
「(今までずっと)～し続けている」→ 動作動詞を用い，今までの動作の継続を表す

(6) 現在完了形と時を表す副詞
現在完了形は，yesterday「昨日」, last night「昨夜」, ... ago「…前」, When ... ?「いつ…？」など，明らかに過去を表す表現とともに使うことはできない。

---

092 knew → have known　　⇢ Point 16 -(4)　T-045
since she was born「彼女が生まれて以来（ずっと）」という期間を表す節があるので，過去形 knew ではなく，「継続」を表す現在完了形 have known にする。
訳▷ 私は彼の娘を，彼女が生まれて以来ずっと知っている。

093 (1) has been / for　(2) have passed since　　⇢ Point 16 -(4)　T-045
(3) It has been / since
(1) be dead で「死んでいる」という状態を表す。「亡くなっている状態が3年間続いている」と考え，「継続」を表す現在完了形 has been dead とする。(2)「祖父が亡くなって以来3年が経った」と考え，pass「（時が）経つ」を現在完了形にして用いる。(3) it を主語にして ⟨It has been ... since ～⟩「～してから…になる」の形にする。

094 has been raining since the day before　　⇢ Point 16 -(5)　T-046
「雨が（今まで）ずっと降り続いている」ということなので，「動作の継続」を表す現在完了進行形 has been raining で表す。「おととい」は the day before yesterday。

095 have been working / for　　⇢ Point 16 -(5)　T-046
「(今まで) 20年間ずっと働き続けている」ということなので，「動作の継続」を表す現在完了進行形 have been working で表す。「20年（間）」は for 20 years で表す。

096 ③　　⇢ Point 16 -(6)　T-047
from 1988 to 1996「1988年から1996年まで」は過去のある時期を表す表現なので，今の状況を述べる現在完了形とともに用いることはできない。過去の出来事について述べる過去形を用いる。
訳▷ 私は1988年から1996年まで東京に住んでいて，それから大阪に引っ越した。

097 have eaten → ate　　⇢ Point 16 -(6)　T-047
at seven o'clock「7時に」は過去の一時点を表す表現なので，今の状況を述べる現在完了形とともには用いられない。過去の出来事を述べる過去形を用いる。
訳▷「もう夕食を食べましたか。」「はい，7時に食べました。」

- **098** （ ）内の動詞を適切な形に変えなさい。

    目が覚めたときには，すでにそのテレビドラマは終わっていた。

    The TV drama (end) when I (wake) up.

    _____ / _____

- **099** 次の文の誤りを訂正しなさい。

    The airplane already took off when we got to the airport.

    _____ → _____

- **100** 日本語に直しなさい。

    I didn't go to see the movie because I had seen it before.

    _____

- **101** ケイトは日本に来る前に，5年間タイに住んでいた。

    Kate (   )(   ) in Thailand for five years before she (   ) to Japan.

- **102** 彼女が来た時，ピーターは1時間も待っていた。

    Peter (   )(   )(   ) for an hour when she arrived.

- **103** 私は重要な会議をすっぽかしてしまったことに気づいた。

    I realized that I (   ) the important meeting.

    ① miss   ② have missed
    ③ was missing   ④ had missed

語句　**099** take off「（飛行機などが）離陸する」　**103** miss「（試合・授業など）に出損なう」

Point 17　過去完了形と過去完了進行形

▶参考書 pp.94-99

(1) 過去完了形の形と働き
　　過去完了形 →〈**had** + **過去分詞**〉　過去のある時点とその時以前をつなげて考える
(2) 「完了・結果」を表す過去完了形
　　「(過去のある時点には) **〜してしまっていた**」→ 過去のある時点までの完了・結果
(3) 「経験」を表す過去完了形
　　「(過去のある時点までには) **〜したことがあった**」→ 過去のある時点までの経験
(4) 「継続」を表す過去完了形
　　「(過去のある時点まで) **ずっと〜であった**」→ 過去のある時点までの状態の継続
(5) 「動作の継続」を表す過去完了進行形
　　過去完了進行形 →〈**had been -ing**〉
　　「(過去のある時点まで) **ずっと〜し続けていた**」→ 過去のある時点までの動作の継続
(6) 2つの出来事の時間的な前後関係を表す過去完了形
　　過去に起こった2つの出来事について，実際に起こった順序とは逆に述べる場合，時間的に前に起こった出来事を**過去完了形**にする（大過去）

098　had ended / woke　　　　　　　　　　　　　　　　…▶ Point 17 -(1)　T-048

「目が覚めた」は**過去のある時点の出来事**なので，wake は**過去形** woke にする。「すでに終わっていた」はその過去の時点までの「**完了・結果**」を表すので，end は**過去完了形** had ended にする。

099　already took → had already taken　　　　　　　…▶ Point 17 -(2)　T-049

when we got to the airport という過去の時点からそれ以前を振り返って「すでに離陸していた」という「**完了・結果**」を表すので，**過去完了形**にする。
　訳〉私たちが空港に着いたとき，飛行機はすでに離陸してしまっていた。

100　以前見たことがあったので，私はその映画を見に行かなかった。…▶ Point 17 -(3)　T-050

it = the movie で，had seen は「**経験**」を表す**過去完了形**。

101　had lived / came　　　　　　　　　　　　　　　　…▶ Point 17 -(4)　T-051

「日本に来る前に」は「(彼女が) 日本に来た時点より前に」ということなので，後ろの空所には come「来る」の**過去形** came を入れる。前の2つの空所には，その時点より前に「5年間タイに住んでいた」という「**状態の継続**」を表すように，live「住む」を**過去完了形** had lived にして入れる。

102　had been waiting　　　　　　　　　　　　　　　　…▶ Point 17 -(5)　T-052

「彼女が来た時」からそれ以前を振り返って「ずっと待ち続けていた」という「**動作の継続**」を表すので，wait「待つ」を**過去完了進行形** had been waiting にして用いる。

103　④　　　　　　　　　　　　　　　　　　　　　　　…▶ Point 17 -(6)　T-053

「すっぽかした」のは「気づいた」時より前のことだが，英文では先に realized があるため，「すっぽかした」を**過去完了形** had missed にして**時間の前後関係**を明確に表す。

Level 2 ★★

▶参考書 pp.100-103

☐ **104** 明日までには彼らはニューヨークに到着しているだろう。

They ( )( )( ) in New York by tomorrow.

☐ **105** I ( ) the assignment by two o'clock tomorrow.
① completed ② had completed
③ will have completed ④ have completed

☐ **106** 次の文の誤りを訂正しなさい。

If she reads this book again, she will read it five times.

_____ → _____

☐ **107** 彼は今週末までで1カ月入院していることになる。

He (been / a month / in / have / the hospital / will / for) by the end of this week.

He _____

by the end of this week.

☐ **108** 次の文の誤りを訂正しなさい。

You can watch TV when you will have finished your homework.

_____ → _____

語句 **105** assignment「宿題」 **107**「入院して」in the hospital

Point 18　未来完了形
▶参考書 pp.100-102

(1) 未来完了形の形と働き
　　未来完了形 → 〈**will have** + **過去分詞**〉
　　　　　　　　未来のある時点の状況をそれ以前とつなげて予測する
(2) 「完了・結果」を表す未来完了形
　　「（未来のある時点には）～してしまっているだろう」→ 完了・結果
(3) 「経験」を表す未来完了形
　　「（未来のある時点までには）～していることになるだろう」→ 経験
(4) 「継続」を表す未来完了形
　　「（未来のある時点まで）ずっと～していることになるだろう」→ 状態の継続
　　※ 動作の継続は未来完了進行形〈**will have been -ing**〉で表す

Point 19　「今」に視点を置かない現在完了形
▶参考書 pp.102-103

時や**条件**を表す接続詞の後では，未来に完了すると想定されることは**現在完了形**で表す

104　will have arrived　　　　　　　　　　…▶ Point 18 -(1)　T-054
「明日」という**未来のある時点**までに「到着しているだろう」という「**完了・結果**」を表すので，arrive「到着する」を**未来完了形** will have arrived にして入れる。

105　③　　　　　　　　　　　　　　　　…▶ Point 18 -(2)　T-055
by two o'clock tomorrow「明日の2時までには」から，未来のことを表しているとわかる。「（その時までに）仕上げてしまっているだろう」という**未来のある時点**での「**完了・結果**」を表すように，**未来完了形の**③ will have completed を選ぶ。
訳〉私は明日の2時までには宿題を仕上げてしまっているだろう。

106　will read → will have read　　　　　…▶ Point 18 -(3)　T-056
five times「5回」に着目し，「もう1回読んだ時点で，5回読んだことになる」という，**未来のある時点**での「**経験**」を表すように，will read を**未来完了形** will have read にする。if は条件を表す接続詞なので，節内の動詞は未来のことも現在形で表している。
訳〉彼女はこの本をもう1度読めば，それを5回読んだことになる。

107　will have been in the hospital for a month　…▶ Point 18 -(4)　T-057
been, have, will に着目する。by the end of this week「今週末までで」とあるので，未来のその時点までの「**継続**」を表すように，**未来完了形** will have been とする。

108　will have finished → have finished　　…▶ Point 19　T-058
この when は時を表す副詞節を導く接続詞なので，節内の動詞は**未来に完了すると想定されることを表すように，現在完了形**を用いる。
訳〉宿題を終えてしまったら，テレビを見てもいいですよ。

Level 3 ★★★

▶参考書 pp.81 - 103

109 彼女はそのお年寄りには以前，何度か会ったと言った。

She said she (　) the old man several times before.

① met　　② has met　　③ would meet　　④ had met

〈成城大〉

110 When I got to the classroom, the lesson (　).

① already begins　　② had already begun
③ has already begun　　④ is already beginning

〈学習院大〉

111 When (　) processing all the job applications?

① have you finished　　② did you finish
③ were you finished　　④ have you been finished

〈国士舘大〉

112 It's nice to see you again. What (　) since we last met?

① are you doing　　② did you do
③ have you been doing　　④ had you done

〈東海大〉

113 It (　) all night, and the streets were still wet in the morning.

① had been raining　　② has rained
③ should rain　　④ would rain

〈中央大〉

114 Can I ask you to lend me the magazine when you (　) reading it?

① finished　　② have finished
③ will finish　　④ will have finished

〈青山学院大〉

語句　**111** process「〜を処理する」 a job application「求職申し込み」

第4章 ● 完了形

109 ④

said「言った」よりも前に「何度か会った」ということなので，**過去のある時点までの「経験」**を表す**過去完了形**の④ had met を選ぶ。

110 ②

When I got to the classroom「私が教室に着いた時」で表される過去の時点に「授業はすでに始まっていた」ということなので，**過去のある時点**での「**完了・結果**」を表す**過去完了形**の② had already begun を選ぶ。
訳 私が教室に着いた時，授業はすでに始まっていた。

111 ②

When ... ? は「いつ…か？」という意味で，過去や未来のある時点について尋ねる表現。したがって，①のような現在完了形とともに使うことはできない。②を選んで**過去形**の疑問文にするのが正しい。③の受動態や④の完了形の受動態では文意が通らない。
訳 あなたが求職申し込みを全部処理し終えたのはいつですか。

112 ③

since we last met「私たちが最後に会ってから」とあるので，過去のある時点から今まで「（ずっと）どうしていたか」と尋ねる疑問文になるように，「**動作の継続**」を表す**現在完了進行形**の③ have you been doing を選ぶ。
訳 再会できてうれしいです。最後に会ってから，どうしていましたか。

113 ①

and 以下の the streets were still wet が**過去の状態**を表していることに着目し，過去のその時点まで「ずっと雨が降っていた」となるように，「**動作の継続**」を表す**過去完了進行形**の① had been raining を選ぶ。
訳 一晩中雨が降り続いていて，朝もまだ道がぬれていた。

114 ②

この **when** は時を表す副詞節を導く接続詞なので，節内の動詞は**未来に完了すると想定されることを表すように，現在完了形**を用いる。したがって，② have finished が正しい。未来のことであっても「予測」とは関係ないので，③や④のように will は用いない。
訳 その雑誌を読み終わったら，私に貸していただけませんか。

☐ 115 It ( ) ten years since the two companies merged.
① has been　② has passed　③ is passed　④ passed
〈青山学院大〉

☐ 116 After her final lecture tomorrow, she ( ) a teacher for exactly 25 years.
① being　　② had　　③ had been
④ was　　　⑤ will have been
〈明治学院大〉

☐ 117 I still ( )(*)( )(*)( ) last week.
① the cold　② recovered from　③ I
④ haven't　　⑤ caught
〈センター試験〉

☐ 118 He ① wanted to withdraw ② some money from the bank, but he ③ found he ④ lost his bank card.
〈早稲田大〉

☐ 119 ① When he retires, Professor Jones ② will be teaching here for ③ over thirty years, but he ④ has never cancelled a class.
〈明治大〉

☐ 120 ① Fewer hours of sunshine and lower temperatures ② have affected sales of summer items last year, but manufacturers ③ are hoping that demand for these items ④ will rise this year.
〈立教大〉

語句　115 merge「合併する」　116 lecture「講義」
118 withdraw「(金)を引き出す」　119 retire「(定年などで)退職する」
120 affect「〜に影響を及ぼす」 manufacturer「製造会社, メーカー」

115 ①

「～してから…になる」を表すには，ここでは主語が it なので①を選び，〈**It has been ... since ～**〉の形にする。pass を用いる場合には，Ten years have passed since ～のように，「時」を主語にしなければならない。
　訳〉2つの会社が合併してから10年になる。

116 ⑤

After her final lecture tomorrow「明日の彼女の最後の講義の後に」から，視点が未来に置かれていることがわかる。**未来のその時点**まで「(ずっと) 25年間教師だったことになる」という「**状態の継続**」を表すように，⑤の**未来完了形** will have been を入れる。
　訳〉明日彼女が最後の講義をしたら，彼女はちょうど25年間教師をしていたことになる。

117 ② / ③

(I still) haven't recovered from the cold I caught (last week.)
haven't があるので，**現在完了**の文と推測する。recovered と caught から，文意を「先週ひいたかぜからまだ回復していない」と考えると自然なので，haven't recovered from the cold とつなげて，the cold を修飾する節 I caught last week をその後に置く（…▶ T-215）。
　訳〉先週ひいたかぜからまだ回復していない。

118 ④ (lost his bank card → had lost his bank card)

but 以下で，「銀行のカードをなくした」のは「気づいた」時よりも前のこと。英文では先に過去形の found があるので，lost は**過去完了形** had lost にしなければならない。
　訳〉彼は銀行からお金をいくらか引き出したかったのだが，銀行のカードをなくしてしまったことに気づいた。

119 ② (will be teaching → will have been teaching)

for over thirty years「30年間以上」という**期間を表す副詞句**があるので，未来のある時点で進行している動作を表す未来進行形② will be teaching は不適切。**未来のある時点までの「動作の継続」**を表す**未来完了進行形** will have been teaching を用いるのが正しい。
　訳〉退職する時にはジョーンズ教授はここで30年以上教えていることになるが，彼が休講したことは1度もない。

120 ② (have affected → affected)

last year「昨年」という**明らかに過去を表す表現**があるので，現在完了形の② have affected は使えない。**過去形** affected を用いるのが正しい。
　訳〉昨年は日照時間が短く，気温も低かったため，夏物の売り上げに影響があったが，今年はこうした商品の需要が高まることをメーカーは期待している。

第5章 助動詞

Level 1 ★ ▶参考書 pp.112-129

121 (1) メアリーはその歌を歌うことはできるが，ピアノで弾くことはできない。

Mary (　　　)(　　　) the song, but she (　　　) (　　　) it on the piano.

(2) 私の赤ちゃんは2，3週間で歩けるようになると思います。

I think my baby (　　)(　　)(　　)(　　) (　　) in a few weeks.

122 高校生のとき，兄は100メートルを11秒で走ることができた。

My brother (able / 11 seconds / 100 meters / to / in / run / was) when he was a high school student.

My brother ＿＿＿＿＿＿＿＿＿＿＿＿＿＿＿＿＿＿＿＿ when he was a high school student.

123 日本語に直しなさい。

(1) "Can I turn on the TV?" "I'm afraid you can't."

「＿＿＿＿＿＿＿＿＿＿＿＿＿＿」「＿＿＿＿＿＿＿＿＿＿＿」

(2) "Can I have some coffee?" "Sure."

「＿＿＿＿＿＿＿＿＿＿＿＿＿＿」「＿＿＿＿＿＿＿＿＿＿＿」

124 日本語に直しなさい。

Could you pass me the salt, please?

＿＿＿＿＿＿＿＿＿＿＿＿＿＿＿＿＿＿＿＿＿＿＿＿＿＿

125 「ここでたばこを吸ってもいいですか。」「いいえ，いけません」

"(　　)(　　)(　　) here?"
"No, you (　　)(　　)."

語句　**123** turn on「（テレビ・明かりなど）をつける」　**124** pass「〜を手渡す」

Point 20　能力・許可を表す助動詞
▶参考書 pp.112-116

(1)「能力・可能」を表す can / be able to
　「～することができる」（現在の能力）→ **can**（否定形 **can't [cannot]**）/ **be able to**
　「～できるだろう」（未来の能力）→ **will be able to**
　「～する能力があった」（過去の能力）→ **could** / **was able to**
　「～することが（実際に）できた」（過去に実行したこと）→ **was able to**

(2)「許可・依頼」を表す can
　「～してもよい」（許可）→ **can**　「～してはいけない」（不許可）→ **can't [cannot]**
　「～してもいいですか」（許可を求める）→ **Can I ... ?** / **Could I ... ?**（ていねいな表現）
　「～してくれませんか」（依頼）→ **Can you ... ?** / **Could you ... ?**（ていねいな表現）

(3)「許可」を表す may
　「～してもよろしいですか」（許可を求める）→ **May I ... ?**
　「～してはいけない」（不許可）→ **may not**

---

121 (1) can sing / can't [cannot] play　　　⇢ Point 20 -(1)　T-059
　　(2) will be able to walk

(1)「～することができる」は **can** で表し，後に動詞の原形を続ける。「～することができない」は **can't [cannot]** で表し，やはり動詞の原形を続ける。(2)「歩けるようになる」は未来の能力について述べている。未来を表す will と能力を表す can はどちらも助動詞で，will と can を 2 つ続けることはできないので，**will be able to** を用い，後に動詞の原形を続ける。

122 was able to run 100 meters in 11 seconds　　⇢ Point 20 -(1)　T-060

「～する能力があった」という過去の能力は **was able to** で表し，この後に動詞の原形 run を続ける。「11 秒で」は in 11 seconds。

123 (1) テレビをつけてもいいですか。／つけないでください。　⇢ Point 20 -(2)　T-061
　　(2) コーヒーをください。／どうぞ。

(1) **Can I ... ?** は「～してもいいですか」と相手の許可を求める表現。**can't** は「～してはいけない」という不許可を表すが，ここでは I'm afraid「残念ですが」をつけて表現をやわらげている。(2) **Can I have ... ?** は，「～をいただいてもいいですか → ～をください」という意味で，相手に頼むときの表現。**Sure.**「どうぞ」は，**Can I ... ?** に「いいですよ」と答える場合の代表的な答え方。

124 塩を取っていただけませんか。　　　　　⇢ Point 20 -(2)　T-062

Could you ... ? は Can you ... ? よりもていねいな依頼の表現。後に please をつけ加えると，さらにていねいな言い方になる。

125 May [Can] I smoke / may [must] not　　⇢ Point 20 -(3)　T-063

「～してもいいですか」と許可を求める場合は，**May I ... ?** または **Can I ... ?** を用いる。「～してはいけない」という不許可は **may not** を用いて表す。なお，強く禁止するときには，**must not** を用いる。

126 The bus was delayed yesterday, so she (　) take a taxi.
　① must　　② have to　　③ has to　　④ had to

127 日本語に直しなさい。
(1) You must not tell this to anybody.
_____

(2) You don't have to worry about it.
_____

128 The concert starts at 6:30. We (　) be late.
　① must　　② have to　　③ must not　　④ don't have to

129 (1) 環境問題にもっと関心を寄せるべきだ。
You (　　　) be more concerned about environmental issues.

(2) 脂っこいものを食べ過ぎるべきではない。
We (　　)(　　)(　　) eat too much fatty food.

130 (1) 夜は家にいなさい。
(home / you / stay / night / better / at / had).
_____.

(2) もし気分がすぐれないのなら，仕事を休むほうがいいよ。
If you don't feel well, (better / go / had / not / to / you / work).
If you don't feel well, _____.

語句　**126** delay「(悪天候・事故などが) 〜を遅らせる」
　　　129 concerned「心配している，気にしている」

第5章 ●助動詞

Point 21　義務・必要を表す助動詞
▶参考書 pp.116-120

(1)「義務・必要」を表す must / have to
　「～しなければならない」(現在の義務・必要) → **must** / **have**[**has**] **to**
　「～しなければならなかった」(過去の義務) → **had to**
　「～しなければならないだろう」(未来の義務) → **will have to**
　「～してはいけない」(禁止) → **must not**
　「～しなくてもよい，～する必要はない」(不必要) → **don't have to**
(2)「義務・当然の行動」を表す should / ought to
　「～すべきだ」(義務・当然の行動) → **should** / **ought to**（否定形 **ought not to**）
(3)「忠告」を表す had better
　「～しなさい，～したほうがいい」(忠告・命令) → 〈**had better** + 動詞の原形〉

---

126 ④　　　　　　　　　　　　　　…▶ Point 21 -(1)　T-064

was delayed「遅れた」と yesterday「昨日」から，過去の文だということがわかるので，have to の**過去形 had to** を選ぶ。① must は現在のことしか表せないので注意。
訳〉昨日はバスが遅れた。それで彼女はタクシーに乗らなければならなかった。

127 (1) このことはだれにも言ってはいけません。　…▶ Point 21 -(1)　T-065
　　(2) それについて心配する必要はありません。

(1) **must not** は「～してはいけない」という**禁止**の意味を表す。(2) **don't have to** は「～しなくてもよい」という**不必要**の意味を表す。

128 ③　　　　　　　　　　　　　　…▶ Point 21 -(1)　T-065

1つ目の文の動詞は現在形の starts で，近い未来の確かな予定を表している。したがって，2つ目の文では **must not**「～してはいけない」を用い，「遅刻してはいけない」という意味にする。① must と② have to は「～しなければならない」，④ don't have to は「～しなくてもよい」という意味で，いずれも文意が通らない。
訳〉コンサートは6時半に始まります。遅刻してはいけませんね。

129 (1) should (2) ought not to　　　…▶ Point 21 -(2)　T-066

(1)「～すべきだ」という意味を1語で表せばよいので，**should** を用いる。(2)「～すべきではない」は should not または ought not to で表すことができるが，ここでは空所の数から **ought not to** を用いる。否定語 not の位置に注意。

130 (1) You had better stay home at night　…▶ Point 21 -(3)　T-067
　　(2) you had better not go to work

(1)「家にいる」は stay home。その前に「～しなさい」という意味の **had better** を置く。主語が you の場合には had better には命令的な意味が含まれる。(2) 与えられた語句から，had better を使って「～したほうがいい」という意味を表すことを考える。「仕事を休むほうがいい → 仕事に行かないほうがいい」と考え，had better の**否定形**〈**had better not** + 動詞の原形〉を用いる。not の位置に注意。

□ **131** 日本語に直しなさい。

(1) The problem can happen in theory.
_____

(2) This could be the answer to your question.
_____

(3) Can that rumor be true?
_____

□ **132** そのロックグループは来年私たちの町に来るかもしれない。
That rock group (　　　　) come to our town next year.

□ **133** 日本語に直しなさい。
"How old is that actor?" "He would be about forty."
「あの俳優は何歳かな？」「_____」

□ **134** Nancy has been working hard all day. She (　　) be tired.
① wouldn't　② must　③ can't　④ mustn't

□ **135** これがファン・ゴッホの絵であるはずがない。
This (　　　　) be a Van Gogh painting.

□ **136** 彼はいつも5時に退社するので，もう家にいるはずだ。
He always leaves his office at five, so he (　　) be at home now.
① may　② might　③ should　④ could

語句　**131** in theory「理論上は」 rumor「うわさ」
　　　135 Van Gogh「ファン・ゴッホ（オランダの画家）」

Point 22　可能性・推量を表す助動詞

▶参考書 pp.120-123

(1) can / could
　「～はありうる」（可能性）→ **can**
　「～かもしれない」（推量）→ **could**
　「いったい～だろうか」（強い疑問）→ **Can ... ?**
(2) may / might
　「～かもしれない」（推量）→ **may**
　「（もしかすると）～かもしれない」（可能性のやや低い推量）→ **might**
(3) will / would
　「たぶん～だろう」（推測）→ **will** / **would**（より控えめな表現）
(4) must / can't
　「～に違いない」→ **must**
　「～のはずがない」→ **can't**[**cannot**]（過去形 **couldn't** でも同じ意味を表せる）
(5) should / ought to
　「～のはずだ，きっと～だ」→ **should** / **ought to**

131 (1) 理論的にはその問題は起こりうる。　　　…▶ Point 22 -(1)　T-068
　　(2) これがあなたの質問に対する答えになるかもしれません。
　　(3) そのうわさが本当だなんて，ありうるだろうか。
　(1) この文の **can** は「～する可能性がある」ことを表している。(2) この文の **could** は「～かもしれない」という話し手の推量を表す。形は過去形だが，過去のことを表しているわけではないので注意。(3) この文の **Can ... ?** は強い疑問を表している。Is that rumor true? という疑問文に比べ，驚きや不信感を強く表している。

132 may[might]　　　…▶ Point 22 -(2)　T-069
　「～かもしれない」という**推量**を表す文なので，**may** または **might** を用いる。

133 たぶん40歳ぐらいでしょう。　　　…▶ Point 22 -(3)　T-070
　この文の **would** は，「彼（あの俳優）」の年齢に対する話し手の**控えめな推測**を表している。

134 ②　　　…▶ Point 22 -(4)　T-071
　1つ目の文の has been working は現在完了進行形で，「(今まで) ずっと働いている」という継続の意味を表している。文意から考えて，② **must**「～に違いない」が適切。
　訳〉ナンシーは一日中熱心に働いています。疲れているに違いありません。

135 can't[cannot / couldn't]　　　…▶ Point 22 -(4)　T-071
　「～であるはずがない」という話し手の確信を表すことができるのは **can't**。**cannot** または **couldn't** でも同じ意味を表すことができる。

136 ③　　　…▶ Point 22 -(5)　T-072
　選択肢の中で，「～のはずだ」という話し手の確信を表すことができるのは③ **should**。

137 日本語に直しなさい。

I'll bake some cookies for you.

138 ディビッドはどうしても自分の間違いを認めようとしない。

David (　　　) admit his mistakes.

139 若いころはよく夜ふかしをしたものだった。

I (　　　) often sit up late at night when I was young.

140 (　) に入れるのに，不適切なものを選びなさい。

"(　) you give me a discount?" "I'm sorry I can't help you."

① Will　　② Can　　③ Would　　④ Should

141 (1) 駅まで車で送りましょうか。

(　　)(　　　) drive you to the station?

(2) 川に釣りに行きませんか。

(　　)(　　　) go fishing in the river?

語句　**137** bake「〜を（オーブンで）焼く」　**138** admit「〜を認める」
　　　139 sit up「夜遅くまで起きている」　**140** discount「値引き」

第 5 章 ●助動詞

Point 23　will / would / shall の用法
▶参考書 pp.123-126

(1)「意志」を表す will / would
　「～する，～するつもりだ」（主語の意志）→ **will**
　「どうしても～しようとする，必ず～する」（強い意志）→ **will**（過去形 **would**）
　「どうしても～しようとしない」（拒絶）→ **will not [won't]**
　　　　　　　　　　　　　　　　　　（過去形 **would not [wouldn't]**）
(2)「習慣」を表す will / would
　「よく～する」（現在の習慣やくり返される動作）→ **will**
　「よく～したものだった」（過去の習慣やくり返された動作）→ **would**
(3)「依頼」を表す will / would
　「～してくれませんか」（相手の意志を尋ねる・依頼する）→ **Will you** ... ?
　「～していただけませんか」（ややていねいな依頼）→ **Would you** ... ?
(4) 相手の意向を尋ねる shall
　「～しましょうか」（自分が何かすることを申し出る）→ **Shall I** ... ?
　「～しましょうよ」（相手といっしょに何かすることを提案する）→ **Shall we** ... ?

137 あなたのためにクッキーを焼くつもりです。　　…▶ Point 23 -(1)　T-073
　I'll は I will の短縮形。will bake で，「焼きます，焼くつもりです」という**主語の意志**を表す。〈**will＋動詞の原形**〉には，「たぶん～だろう」という自然のなりゆきで起こることを表す単純未来の用法もあるので，文意を考えて判断する。

138 won't　　…▶ Point 23 -(1)　T-073
　「どうしても～しようとしない」という現在における**拒絶**は，will の否定形 **won't** で表す。

139 would　　…▶ Point 23 -(2)　T-074
　「よく～したものだった」という**過去の習慣やくり返された動作を1語で表す**には，**would** を用いる。動作がくり返されたことを示すために，この文の **often** のように**頻度を表す副詞**を伴うことが多い。

140 ④　　…▶ Point 23 -(3)　T-075
　① **Will** または② **Can** を入れると「～してくれませんか」という**依頼**を表す疑問文になり，③ **Would** を入れると「～していただけませんか」のようにていねいな**依頼**を表す疑問文になるが，④ **Should** にはこのような依頼を表す用法はない。should の基本イメージは「～であって当然だ」であることを頭に入れておく。
　訳「割引してもらえませんか。」「申し訳ありませんが，できません。」

141 (1) Shall I　(2) Shall we　　…▶ Point 23 -(4)　T-076
　(1)「（私が）～しましょうか」と相手に申し出る場合には，**Shall I ... ?** の形を用いる。
　(2)「（いっしょに）～しませんか，～しましょうよ」と相手に提案したり誘ったりする場合には，**Shall we ... ?** の形を用いる。

□ **142** その事故について彼に話す必要はありません。彼はすでにそのことを知っていますから。

You (　　　) tell him about the accident. He already knows about it.

□ **143** 次の文の誤りを訂正しなさい。

We didn't need wear ties and jackets at the party.

_____ → _____

□ **144** ほぼ同じ意味の文になるように，（　）に適語を入れなさい。

(a) I would often fight with my sister when I was a child.
(b) I (　　　)(　　　) fight with my sister when I was a child.

□ **145** 次の文の誤りを訂正しなさい。

There was used to be a movie theater around here.

_____ → _____

語句　**143** tie「ネクタイ」　**145** movie theater「映画館」

Point 24　need / used to の用法

▶参考書 pp.126-129

(1) need の用法
「～する必要がある」（現在の必要）→ **need**（否定形 **need not**[**needn't**]）
おもに否定文と疑問文で用いる
※ 肯定文では一般動詞 need を用いて〈**need to do**〉の形で表す
　　また，過去のことを述べるときは〈**needed to do**〉の形で表す

(2) used to の用法
「（今はそうではないが）以前はよく～したものだった」（過去の習慣的行為）
　　→〈**used to** + 動作動詞〉
「（今はそうではないが）以前は～であった」（過去の状態）→〈**used to** + 状態動詞〉

---

142 needn't　　　　　　　　　　　　　　…▶ Point 24 -(1)　T-077
「～する必要はない」という意味を1語で表すには，**needn't** を用いる。この need は**助動詞**。一般動詞 need を用いてこの文と同じ意味を表す場合には，You don't need to tell ... という形になることをいっしょに覚えておこう。

143 didn't need → didn't need to　　　　…▶ Point 24 -(1)　T-077
need の前に didn't があることに着目し，この **need** は**一般動詞**だと判断する。一般動詞 need を用いる場合は，〈**need to do**〉の形にしなければならない。助動詞 need には過去形がないので，過去のことを述べる場合は一般動詞 need を用いることに注意。
訳▷ 私たちはそのパーティーでネクタイと上着を着用する必要はありませんでした。

144 used to　　　　　　　　　　　　　　…▶ Point 24 -(2)　T-078
(a) の **would (often)** とほぼ同じ意味を表す表現に **used to** がある。would (often) は現在とは関係なく「よく～したものだった」と過去の習慣やくり返された動作を表すが，**used to** は現在と対比して「**(今はそうではないが)以前はよく～したものだった**」という意味合いで用いられることが多い。
訳▷ (a)(b) 子どものころはよく姉［妹］とけんかしたものでした。

145 was used to → used to　　　　　　　…▶ Point 24 -(2)　T-079
used to を用いて，「**以前は～であった**」という**過去の状態**を表すことができる。used to は助動詞なので，直前の be 動詞 was が不要。この文は There was ...「～があった」の was の代わりに used to be を入れたものと考えるとよい。There used to be ...「以前は～があった（が今はない）」というひとまとまりの表現で覚えておく。
訳▷ 以前，このあたりに映画館があった（が今はない）。

Level 2 ★★

▶参考書 pp.130 - 139

- **146** I (have / the / read / novel / may), but I can't remember the story at all.

  I _____ , but I can't remember the story at all.

- **147** ( ) に入れるのに，不適切なものを選びなさい。

  「私のかさはどこ？」「だれかが間違えて持っていったのかもしれない。」
  "Where is my umbrella?" "Someone (　) have taken it by mistake."

  ① may　　　② might　　　③ can　　　④ could

- **148** あなたは私を誤解したに違いない。私はそうは言いませんでしたから。

  You (　　)(　　)(　　) me, because I didn't say that.

- **149** 彼はもう今ごろはそこに着いているはずだ。朝早く出かけたから。

  He (arrived / by / have / ought / there / to) now, because he left early in the morning.

  He _____ now, because he left early in the morning.

- **150** He is a wise man, so he (　) have said such a foolish thing.

  ① cannot　　② might　　③ must　　④ should

- **151** ほぼ同じ意味の文になるように，( ) に適語を入れなさい。

  (a) You had to lock the door before leaving, but you didn't.
  (b) You (　　)(　　)(　　) the door before leaving.

- **152** 彼をパーティーに招待する必要はなかったのに。（1 語不要）

  (didn't / have / him / invited / need / not / you) to the party.

  _____ to the party.

語句　**146** novel「小説」　**148**「～を誤解する」misunderstand
　　　150 wise「賢明な」foolish「愚かな」　**151** lock「～にかぎをかける」

第 5 章 ● 助動詞

Point 25　助動詞＋have＋過去分詞
▶参考書 pp.130-133

(1)「過去のことに関する推量」を表す
　　「～したかもしれない」（過去の推量）→〈**may**[**might**／**could**] **have**＋過去分詞〉
　　「～したに違いない」（過去の確信）→〈**must have**＋過去分詞〉
　　「(きっと) ～したはずだ」→〈**should**[**ought to**] **have**＋過去分詞〉
　　「～したはずがない」→〈**cannot**[**couldn't**] **have**＋過去分詞〉
(2)「過去の行為に対する非難や後悔」を表す
　　「～すべきだったのに（実際はしなかった）」→〈**should have**＋過去分詞〉
　　「～する必要はなかったのに（実際はしてしまった）」
　　　→〈**need not**[**needn't**] **have**＋過去分詞〉

146　may have read the novel　⋯▶ Point 25 -(1)　T-080

与えられた語句の中の助動詞 may と have, read に着目する。「～したかもしれない」と過去のことを推量していると考え，〈**may have**＋過去分詞〉を用いる。
訳〉私はその小説を読んだかもしれないが，ストーリーをまったく思い出せない。

147　③　⋯▶ Point 25 -(1)　T-081

① **may**，② **might**，④ **could** は，いずれも後に〈**have**＋過去分詞〉を続けて「～したかもしれない」という意味を表せる。③ can にはこのような用法はない。

148　must have misunderstood　⋯▶ Point 25 -(1)　T-082

「～したに違いない」という**過去のことに関する確信**を述べているので，〈**must have**＋過去分詞〉を用いる。misunderstand の過去分詞は misunderstood。

149　ought to have arrived there by　⋯▶ Point 25 -(1)　T-083

「着いているはずだ」から，与えられた語句の中の ought と to を助動詞の **ought to** として用いることを考える。〈**ought to have**＋過去分詞〉の形にして「(きっと) ～したはずだ」という意味を表す。「今ごろは」は by now。

150　①　⋯▶ Point 25 -(1)　T-084

コンマの前後の文の意味のつながりから，コンマの後の文は「～したはずがない」という意味になると判断し，〈**cannot have**＋過去分詞〉の形にする。
訳〉彼は賢明な男だから，そんな愚かなことを言ったはずがない。

151　should have locked　⋯▶ Point 25 -(2)　T-085

「～すべきだったのに（しなかった）」を表す〈**should have**＋過去分詞〉を用いる。
訳〉(a) 出かける前にドアにかぎをかけなければならなかったが，あなたはそうしなかった。
　　(b) 出かける前にドアにかぎをかけるべきだったのに。

152　You need not have invited him　⋯▶ Point 25 -(2)　T-086

「～する必要はなかったのに」は〈**need not have**＋過去分詞〉で表す。この need は助動詞で，didn't が不要。

- **153** (1) お茶を1杯いただきたいのですが。
  I (　　　)(　　　)(　　　　) have a cup of tea.
  (2) 今日はとても寒いね。外出するより，家にいるほうがいいな。
  It's so cold today. I (　　　)(　　　) stay home (　　　) go out.

- **154** 彼女の外見はすっかり変わってしまったので，あなたが驚くのももっともだ。
  Her appearance has changed so much that you may (　　　　) be surprised.

- **155** (1) 気分が悪いんだから，早く寝たほうがいいのでは。
  Since you are feeling sick, (early / as / bed / you / go / might / to / well).
  Since you are feeling sick, _____
  _____ .
  (2) 彼にお金を貸すなんて，海にお金を投げ込むようなものだ。
  You (into / as / throw / as / might / the sea / your money / well) lend it to him.
  You _____
  _____ lend it to him.

- **156** 彼女が彼のふるまいに腹を立てているのは当然だ。
  It is natural that she (　　　)(　　　　) angry at his behavior.

- **157** 地球温暖化について話し合うことが必要だ。
  (that / is / we / it / necessary / discuss / should) global warming.
  _____ global warming.

- **158** I suggest you (　　) a doctor right away.
  ① see　　② saw　　③ will see　　④ have seen

語句　**153** a cup of 「（カップ）1杯の〜」　**154** appearance 「見かけ，外見」
156 behavior 「ふるまい，行動」

Point 26　助動詞を含む慣用表現
▶参考書 pp.133-135

(1) would を含む慣用表現
「～したいと思うのですが」(ていねいな申し出や希望) → ⟨would like to *do*⟩
「(～するよりはむしろ) …したい」 → ⟨would rather *do* (than ～)⟩

(2) may / might を含む慣用表現
「たぶん～だろう」「～するのももっともだ」 → ⟨may [might] well +動詞の原形⟩
「～したほうがいいのでは」(助言) → ⟨might as well +動詞の原形⟩
「～するより…するほうがよい」 → ⟨may as well … as ～⟩
「～するのは…するようなものだ」 → ⟨might as well … as ～⟩

Point 27　that 節で用いられる should の用法
▶参考書 pp.136-139

(1)「感情・判断」を表す形容詞に続く that 節
⟨It is +形容詞［名詞］+ that S should +動詞の原形⟩ → 話し手の感情や判断
使われる形容詞：**natural**「当然の」, **right**「正しい」, **strange**「不思議な」など

(2)「必要・緊急」などを表す形容詞に続く that 節
⟨It is +形容詞+ that S should +動詞の原形⟩ → 必要・緊急
使われる形容詞：**important**「重要な」, **necessary**「必要な」など

(3)「提案・要求」などを表す動詞に続く that 節
提案・要求・決定を表す動詞に続く that 節内の動詞 → ⟨(should +) 動詞の原形⟩
使われる動詞：**advise**「忠告する」, **decide**「決定する」, **demand**「要求する」など

---

153 (1) would like to (2) would rather / than　⋯▶ Point 26 -(1)　T-087
(1) ⟨**would like to *do***⟩ で表す。　(2) ⟨**would rather *do* than ～**⟩ で表す。

154 well　⋯▶ Point 26 -(2)　T-088
「～するのももっともだ」という意味は ⟨**may well** +動詞の原形⟩ で表す。

155 (1) you might as well go to bed early　⋯▶ Point 26 -(2)　T-089
(2) might as well throw your money into the sea as
(1) ⟨**might as well** +動詞の原形⟩ で表す。　(2) ⟨**might as well … as ～**⟩ で表す。

156 should be　⋯▶ Point 27 -(1)　T-090
natural は判断を表す形容詞なので，続く that 節内は ⟨**should** +動詞の原形⟩。

157 It is necessary that we should discuss　⋯▶ Point 27 -(2)　T-091
necessary は必要を表す。⟨It is +形容詞+ that S should +動詞の原形⟩ にする。

158 ①　⋯▶ Point 27 -(3)　T-092
suggest は提案を表すが，続く that 節内で should を用いない場合は動詞の原形。
訳〉すぐに医者に診てもらうことをお勧めします。

Level 3 ★★★

▶参考書 pp.109-142

□ **159** 私は彼に，その本をすぐに返すべきだと言った。

I insisted that he (　) the book to me immediately.

① return　　② would return　③ might return　④ returned

〈成城大〉

□ **160** You (　) go jogging after dark in this neighborhood.

① had not better　　　② had better not
③ not had better　　　④ had not better to

〈法政大〉

□ **161** I suppose this is where an old church (　) stand.

① was used to　② used to　③ would often　④ was kept

〈学習院大〉

□ **162** I (　) go to the seaside this summer. I've had enough of the mountains.

① rather　　② would rather　③ prefer　　④ would prefer

〈センター試験〉

□ **163** Sales of music CDs have already started to fall, and some CD stores (　) in the future.

① must have disappeared　　② may disappear
③ need disappear　　　　　④ should be disappeared

〈東京経済大〉

□ **164** Our holiday last month cost a lot of money. We (　) at a more reasonable hotel than we did.

① should be staying　　　② should have been stayed
③ should have stayed　　④ should stay

〈京都産業大〉

語句　**162** I've had enough of「～にはもううんざりだ」　**163** sales「売り上げ」

159 ①

insist は「要求する」という意味を表す動詞で、後に続く that 節内では〈(should＋)動詞の原形〉が用いられるが、選択肢には should がないので、動詞の原形を用いる。

160 ②

文脈より、「~しないほうがいい」という**忠告**を表すと判断できるので、had better の**否定形**〈**had better not**＋動詞の原形〉を用いる。not の位置に注意。
訳〉このあたりでは、暗くなってからジョギングに行くのはやめたほうがいいよ。

161 ②

空所を含む部分は「今はないが以前には教会があった」ということだと考えられるので、「以前は~であった」という**過去の状態**を表す②**used to** が正しい。①は be used to -ing「~することに慣れている」と混同しないように注意。③ would often は過去の習慣や繰り返された動作を表す場合に用い、状態を表す場合には用いない。なお、この文の where は関係副詞（⇒ Plus 64 ）。
訳〉ここは古い教会が建っていた場所だと思います。

162 ②

言いたいことは「山よりは（むしろ）海へ行きたい」ということだと考えられるので、「（むしろ）~したい」という意味を表す②**would rather** を選ぶ。rather が①のように単独で動作動詞の前に置かれることはない。また、③④の prefer は「~のほうを好む」という意味の他動詞なので、動詞 go の直前には入らない。
訳〉今年の夏は海辺へ行きたいです。山にはもううんざりです。

163 ②

コンマの前の部分の内容から考えて、空所を含む部分は「姿を消すかもしれない」という意味を表すと考えられる。したがって、「~かもしれない」という**推量**の意味を表す **may** を用いた② may disappear を選ぶ。①の〈must have＋過去分詞〉は「~したに違いない」、③の need は〈need to *do*〉の形で必要を表すので不適切。また、disappear は自動詞なので、④のような受動態の形をとることはできない。
訳〉音楽 CD の売り上げはすでに落ち始めており、将来は閉店する CD 店も出てくるかもしれない。

164 ③

文脈より、空所を含む部分は「もっと手ごろな価格のホテルに泊まるべきだった」という**過去において実行されなかったことに対する後悔の気持ち**を表すと考えられる。したがって、「~すべきだったのに（実際にはしなかった）」という意味を表す③の〈**should have**＋過去分詞〉を用いるのが正しい。
訳〉先月の私たちの休暇にはたくさんお金がかかりました。私たちは実際に泊まったホテルよりもっと手ごろな価格のホテルに泊まるべきでした。

165 She ( ) have met her father at noon today. I saw her at school eating lunch with her friends at that time.
① couldn't   ② might   ③ should   ④ shouldn't
〈立教大〉

166 My brother was in an accident and I ( ) him to a hospital a few days ago.
① should take   ② had to take
③ must have taken   ④ had better take
〈西南学院大〉

167 ( ) に入れるのに，不適切なものを選びなさい。
The weather forecast said that it ( ) snow tomorrow.
① may   ② might   ③ mustn't
④ probably won't   ⑤ will probably
〈早稲田大〉

168 I ( )(*)( )( )(*)( ) as join in a package tour.
① as   ② at   ③ home   ④ stay   ⑤ might   ⑥ well
〈獨協大〉

169 ① Making mistakes ② is inevitable, but it is essential that we ③ will identify ④ their causes.   ⑤ NO ERROR
〈早稲田大〉

170 同じ用法の語を選びなさい。
From time to time he would go fishing in the river.
① I thought that he would be free in a day or two.
② Tom knocked at the door, but Mary would not let him in.
③ My grandfather would often watch television for hours.
④ Would you mind opening the window?
〈青山学院大〉

語句　**169** inevitable「避けられない」 essential「不可欠な」 identify「～を確認する」

第 5 章 ●助動詞

165 ①
空所の後の have met に着目する。2つ目の文の内容と考え合わせると，空所を含む部分は「会ったはずはない」という意味を表すと考えられるので，①の couldn't を用いて〈**couldn't have**＋過去分詞〉「～したはずがない」の形にする。② might を入れると「～したかもしれない」，③ should を入れると「～したはずだ」，④ shouldn't を入れると「～すべきではなかったのに」の意味になり，文意が通らない。
訳〉 彼女が今日のお昼にお父さんに会ったはずはありません。そのころに彼女が友達といっしょに学校で昼食をとっているのを見ましたから。

166 ②
文脈より，「～しなければならなかった」という**過去の義務**を表す **had to** を用いる。③の〈must have＋過去分詞〉は「～したに違いない」という意味を表すので不適切。
訳〉 数日前に兄［弟］が事故にあい，私は彼を病院に連れて行かなければならなかった。

167 ③
tomorrow「明日」とあるので，空所を含む部分は**未来の推量**を表すと考えられる。① **may**，② **might** は推量を，④⑤の **will** は probably「たぶん」を伴って自然のなりゆきで起こるであろうこと（**単純未来**）を表すことができる。しかし，③ mustn't は「～してはいけない」という禁止の意味になってしまうので不適切。
訳〉 天気予報で明日は雪が①②降るかもしれない［④たぶん降らない／⑤たぶん降る］と言っていました。

168 ①／②
(I) might as well stay at home (as join in a package tour.)
空所の直後の as と，与えられた語句の as, might, well に着目し，〈**might as well ... as ～**〉「～するのは…するようなものだ」の形の文にする。
訳〉 パック旅行に参加するなんて家にいるようなものだ。

169 ③ (will identify → (should) identify)
but 以下は〈**it is**＋形容詞＋**that** 節〉の形になっており，形容詞 **essential** は**必要**を表す。したがって，that 節内の動詞は〈**(should＋) 動詞の原形**〉を用いる。
訳〉 間違いを犯すことは避けられないが，間違いの原因を確認することが不可欠だ。

170 ③
問題文の **would** は「よく～したものだった」という**過去の習慣**，過去にくり返された動作を表している。③の would が同じ用法。①の would は「たぶん～だろう」という推測を表し，②は would not で「どうしても～しようとしなかった」という過去における拒絶を表し，④の Would you mind ～？は「～していただけませんか」というていねいな依頼を表している。
訳〉 彼は時々，川へ釣りに行ったものでした。
　　① 私は，彼が1日か2日のうちに自由になるだろうと思った。
　　② トムはドアをノックしたが，メアリーはどうしても彼を中へ入れようとしなかった。
　　③ 私の祖父はよく何時間もテレビを見ていたものでした。
　　④ 窓を開けていただけませんか。

第6章 態

Level 1 ★

▶参考書 pp.148-155

□ **171** (1) この推理小説はコナン・ドイルによって書かれた。
　　　This detective novel (　　　)(　　　)(　　　) Conan Doyle.
　　(2) カナダでは英語とフランス語が話されている。
　　　English and French (　　　)(　　　) in Canada.

□ **172** 次の文を受動態に書き換えなさい。
　　(1) The typhoon destroyed a lot of houses.
　　_____

　　(2) That company makes various kinds of cameras.
　　_____

□ **173** (1) 来週にはこの仕事は終わるでしょう。
　　　(finished / work / will / this / be) next week.
　　　_____ next week.
　　(2) バターは冷蔵庫に入れておかなければならない。
　　　Butter (in / be / refrigerator / should / the / kept).
　　　Butter _____ .

□ **174** 窓から富士山が見える。
　　Mt. Fuji (　　　)(　　　)(　　　) from the window.

□ **175** 次の文を受動態に書き換えなさい。
　　The dogs were chasing the fox.
　　_____

□ **176** Michael (　　) as the Most Valuable Player seven times.
　　① has selected　　　　② has been selecting
　　③ has been selected　　④ has be selected

語句　**175** chase「〜を追いかける」　**176** the Most Valuable Player「最優秀選手(MVP)」

第6章 ●態

Point 28　受動態の基本形
▶参考書 pp.148-149

能動態 → 動作をする側が主語
受動態 → 動作をされる側が主語　〈be 動詞＋過去分詞〉
　　　　動作をする側を表す場合は〈by＋(代)名詞〉を用いる

Point 29　受動態のさまざまな形 (1) - 1
▶参考書 pp.149-151

(1) 助動詞を使う
　　助動詞を含む受動態 →〈助動詞＋be＋過去分詞〉
(2) 進行形にする
　　進行形の受動態 →〈be 動詞＋being＋過去分詞〉
(3) 完了形にする
　　完了形の受動態 →〈have [has / had] been ＋過去分詞〉

171 (1) was written by　(2) are spoken　…▶ Point 28　T-093
(1)「書かれた」は受動態〈be 動詞＋過去分詞〉で表す。過去なので was written とする。動作をする側は by を用いて示す。(2)「話されている」を受動態 are spoken で表す。

172 (1) A lot of houses were destroyed by the typhoon.　…▶ Point 28　T-093
(2) Various kinds of cameras are made by that company.
(1) 能動態の目的語 a lot of houses を受動態の主語にする。時制は過去で主語が複数なので, were destroyed とする。(2) 時制は現在で主語が複数なので, are made とする。
訳〉(1) 台風がたくさんの家を破壊した。→ たくさんの家が台風によって破壊された。
　　(2) その会社は様々な種類のカメラを作る。→ 様々な種類のカメラがその会社によって作られる。

173 (1) This work will be finished　…▶ Point 29 -(1)　T-094
(2) should be kept in the refrigerator
(1)「この仕事は終えられるでしょう」と考え,〈will be＋過去分詞〉の語順にする。
(2)「入れておかれなければならない」と考え,〈should be＋過去分詞〉の語順にする。

174 can be seen　…▶ Point 29 -(1)　T-094
「見られることができる」と考え,〈can be＋過去分詞〉の形にする。

175 The fox was being chased by the dogs.　…▶ Point 29 -(2)　T-095
were chasing は過去進行形なので, 受動態は〈was being＋過去分詞〉となる。
訳〉犬たちはそのキツネを追いかけていた。→ そのキツネは犬たちに追いかけられていた。

176 ③　…▶ Point 29 -(3)　T-096
現在完了形の受動態〈has been ＋過去分詞〉で「選ばれたことがある」という経験を表す。
訳〉マイケルは 7 回 MVP（最優秀選手）に選ばれたことがある。

177 (1) この車は日本製ではない。

(not / in / car / Japan / made / was / this).

_____.

(2) そのレストランではクレジットカードは使えないだろう。

Credit cards (not / at / accepted / restaurant / be / will / the).

Credit cards _____.

178 この城は中世に建てられたのですか。

(　　)(　　)(　　)(　　) in the Middle Ages?

179 (1) 会議で何が議論されましたか。

(　　)(　　)(　　) in the meeting?

(2) 電話はだれによって発明されましたか。

(　　)(　　) the telephone (　　)(　　)?

180 彼の最初の本はいつ出版されましたか。

(book / published / was / first / his / when)?

_____?

181 次の文を2種類の受動態に書き換えなさい。

Fred gave Kate red roses for her birthday.

(1) Kate _____ for her birthday.

(2) Red roses _____ for her birthday.

182 彼は友達にケンと呼ばれている。

He (　　)(　　)(　　)(　　) his friends.

語句　**177** accept「(取引・申請など)を受けつける」　**178**「城」castle

第6章●態

Point 30　受動態のさまざまな形(1)-2　▶参考書 pp.151-153

(4) 否定文にする
　　受動態の否定文 →〈be 動詞 + **not** + 過去分詞〉〈助動詞 + **not be** + 過去分詞〉
(5) 疑問文にする
　　Yes / No 疑問文 →〈**be** 動詞 + **主語** + **過去分詞** ... ?〉
　　疑問詞が文の主語になる疑問文 →〈疑問詞 + be 動詞 + 過去分詞 ... ?〉
　　疑問詞が文の主語以外の疑問文 →〈疑問詞 + be 動詞 + 主語 + 過去分詞 ... ?〉

Point 31　語順に注意する受動態　▶参考書 pp.153-155

(1) 目的語を2つ続ける動詞を使った受動態
　　〈SVO（相手）O（物や情報）〉の受動態
　　　→ ①〈S（相手）+ be 動詞 + 過去分詞 + O（物や情報）〉
　　　　②〈S（物や情報）+ be 動詞 + 過去分詞 + **to / for** + O（相手）〉
　　※ buy 型の動詞は①の形を作れない。②の前置詞は give 型が **to**，buy 型が **for**
(2) 主語について述べる語を続ける受動態
　　〈SVO（相手）C〉の受動態 →〈S（相手）+ be 動詞 + 過去分詞 + C〉

---

177 (1) This car was not made in Japan　　　…▶ Point 30 -(4)　T-097
　　　(2) will not be accepted at the restaurant
　　(1) 受動態の否定文は **be** 動詞の後に **not** を置くので was not made となる。(2) 助動詞を含む受動態の否定文は助動詞の後に **not** を置くので will not be accepted となる。

178 Was this castle built　　　…▶ Point 30 -(5)　T-098
　　受動態の疑問文は **be** 動詞で文を始めるので，Was this castle built ... ? となる。

179 (1) What was discussed　(2) Who was / invented by　…▶ Point 30 -(5)　T-099
　　(1) **what** が文の主語。(2)「だれによって？」は **Who ... by ?** で表す。

180 When was his first book published　　　…▶ Point 30 -(5)　T-099
　　疑問詞 **when** で文を始め，疑問文の語順で was his first book published を続ける。

181 (1) was given red roses by Fred　　　…▶ Point 31 -(1)　T-100
　　　(2) were given to Kate by Fred
　　SVOO の文の受動態。(1)「相手」を主語にすると，was given の後に「与えられた物」の red roses を続ける。(2)「物」を主語にすると，「相手」の Kate は **to** の後に続ける。
　　訳　フレッドはケイトに誕生日に赤いバラをあげた。(1) ケイトは誕生日にフレッドから赤いバラをもらった。(2) 赤いバラが誕生日にフレッドからケイトに贈られた。

182 is called Ken by　　　…▶ Point 31 -(2)　T-101
　　SVOC の文を受動態にするとき，C は〈**be** 動詞 + 過去分詞〉の後に置く。

Level 2 ★★

▶参考書 pp.156-161

□ **183** 次の文を受動態に書き換えなさい。

The government carried out a public opinion survey.

_____

□ **184** 彼は世界最高の芸術家の1人と言われている。

(　　　)(　　　)(　　　)(　　　) he is one of the best artists in the world.

□ **185** 日本語に直しなさい。

(1) The museum is closed on Mondays.

_____

(2) The gate is closed at 10 p.m.

_____

□ **186** 彼の息子は通学途中にけがをした。

His son (school / got / on / way / injured / to / the).

His son _____ .

□ **187** (1) その漫画のキャラクターは日本中の子どもたちに知られている。

The cartoon character (　　　)(　　　)(　　　) the children throughout Japan.

(2) 丘は色とりどりの花で覆われていた。

The hill (　　　)(　　　)(　　　) colorful flowers.

□ **188** (1) 私たちはすばらしい夕食に満足した。

We (the / were / excellent / satisfied / dinner / with).

We _____ .

(2) 彼は実験の失敗にがっかりした。

He (at / was / of / disappointed / the experiment / the failure).

He _____ .

語句　**183** carry out「〜を行う」 public opinion survey「世論調査」

Point 32　受動態のさまざまな形 (2)　▶参考書 pp.156-158

(1) 群動詞の受動態
　　群動詞は **1つの動詞** とみなして受動態にする
(2) say, believe などの受動態
　　「言う」「考える，思う」の意味をもち，目的語に that 節をとる動詞の受動態
　　→ **形式主語** の it を用いる　〈**It is said that ...**〉「～と言われている」など
(3) 受動態で表す動作と状態
　　「**～される**」（動作）と「**～されている**」（状態）の両方の意味を表す場合がある
(4) get を使った受動態
　　〈**get** + **過去分詞**〉→ be 動詞の代わりに **get** を用いて「変化」を表す

Point 33　注意すべき受動態の表現　▶参考書 pp.158-161

(1) 前置詞に注意する受動態の表現
　　be covered **with**「～で覆われている」，be killed **in**「～で亡くなる」など
(2) 心理状態を表す受動態
　　感情を表す受動態 → be **surprised**「驚く」，be **excited**「興奮している」など

---

183 A public opinion survey was carried out by the government.
　　　　　　　　　　　　　　　　　　　　　　…▶ Point 32 -(1)　T-102
　　carry out を1つの動詞とみなし，受動態は was carried out とする。
　　訳）政府は世論調査を行った。→ 世論調査が政府によって行われた。

184 It is said that　　　　　　　　　　　　　…▶ Point 32 -(2)　T-103
　　「～と言われている」という意味は，形式主語を用いて〈**It is said that ...**〉で表せる。

185 (1) 美術館は月曜日には閉まっている。　　　…▶ Point 32 -(3)　T-104
　　 (2) 門は午後10時に閉められる。
　　(1) on Mondays「月曜日には（いつも）」より，この is closed は「**状態**」を表している。(2) at 10 p.m.「午後10時に」より，この is closed は「**動作**」を表している。

186 got injured on the way to school　　　　　…▶ Point 32 -(4)　T-105
　　be injured「けがをする」の be の代わりに **get** を用いて，「変化」を表す。

187 (1) is known to　(2) was covered with　　…▶ Point 33 -(1)　T-106
　　(1)「～に知られている」**be known to**　(2)「～で覆われている」**be covered with**

188 (1) were satisfied with the excellent dinner　…▶ Point 33 -(2)　T-107
　　 (2) was disappointed at the failure of the experiment
　　英語では受動態を使って主語の感情や心理状態を表す。(1)「～に満足している」は **be satisfied with**。(2)「～にがっかりする」は **be disappointed at**。

Level 3 ★★★

▶参考書 pp.143-161

☐ **189** Modern soccer is said (　) in England, where it has traditionally been called "football."
① being born　　　　② having been born
③ to be born　　　　④ to have been born
〈南山大〉

☐ **190** I (　) the pearl ring for 3,000 dollars by the old woman.
① offered　② have offered　③ was offering　④ was offered
〈獨協大〉

☐ **191** Everyone (　) at the news that a lion had run away from the zoo.
① terrifies　② terrified　③ was terrifying　④ was terrified
〈京都産業大〉

☐ **192** A: Has this shirt (　) yet?
B: No. I haven't ironed it yet.
① ironed　② been ironing　③ been ironed　④ being ironed
〈獨協大〉

☐ **193** The teacher wondered if the main point (　) clear to all of the students.
① was making　② was made　③ was made to　④ made
〈青山学院大〉

☐ **194** When a suspicious package (　) by one of the passengers on the bus, everyone was ordered to evacuate.
① discovered　　　　② has been spotted
③ is found　　　　　④ was identified
〈青山学院大〉

語句　**190** pearl「真珠」　**194** suspicious「不審な」 evacuate「避難する」

189 ④

say の受動態を用いて「～だと言われている」という意味を表す場合には，It is said that ... という形が考えられるが，〈**S is said to** 不定詞〉でも同じ意味を表すことができる（…▶ Plus 33 ）。したがって，この形になっている④が正解。to have been born は完了形の不定詞（…▶ T-123 ）であり，受動態の不定詞（…▶ T-124 ）でもある。

訳〉 現代サッカーはイギリスで誕生したと言われており，そこではサッカーは伝統的に「フットボール」と称されてきた。

190 ④

offer は「～を提供する」という意味で，目的語を2つ続ける **SVOO** の文型をとることができる他動詞。ここでは主語が I なので，④ was offered と受動態で用いる。

訳〉 私はその年とった女の人に 3,000 ドルで真珠の指輪を提供された。

191 ④

terrify は「(人)をひどく怖がらせる」という意味の他動詞で，「(人が)～にぞっとする」という意味を表すには，受動態 **be terrified at** の形にしなければならない。したがって，④が正解。なお，that 以下は the news を説明する〈同格〉の節（…▶ T-334 ）。

訳〉 ライオンが動物園から逃げたという知らせに，みんなはぞっとした。

192 ③

iron は「(衣服)にアイロンをかける」という意味の他動詞。this shirt が空所を含む文の主語なので，受動態で用いる。Has があるので，③を入れて完了形の受動態の疑問文〈Has＋S＋been＋過去分詞 ... ?〉の形にする。

訳〉 A「このシャツはもうアイロンがかかっていますか。」
　　B「いいえ。まだそれにはアイロンをかけていません。」

193 ②

if 節内の主語 the main point「要点」と選択肢の中の動詞 make，空所の後の形容詞 clear「明らかな」の関係から，「要点が明らかにされた」という意味になると考えられる。〈**make＋O**（the main point）**＋C**（clear）〉を，the main point を主語にした受動態にすればよいので，動詞は② was made となり，このあとに **C**（clear）が続く。

訳〉 先生は，要点が生徒全員に明らかになっただろうかと思った。

194 ④

コンマ以下の文の動詞が過去形 was ordered なので，コンマの前の when 節も過去を表すと考えられる。a suspicious package「不審な小包」が主語であることから，「～によって発見された」という意味になるように，過去形の受動態④ was identified を選ぶ。**identify** は「～を突き止める」という意味の他動詞。

訳〉 不審な小包がバスの乗客の 1 人によって発見された時，全員が避難するよう命令された。

☐ **195** Some of (　)(　*　)(　) should be (　)(　*　)(　) at once.
① away　　　② old　　　③ done　　　④ these
⑤ with　　　⑥ rules

〈獨協大〉

☐ **196** The ① shipment of ② building materials ordered ③ at the beginning of this month will be ④ delay due to ⑤ staffing shortage.

〈北里大〉

☐ **197** ① The curricula of American public schools ② are ③ set in individual states; they ④ do not determine by the federal government.

〈上智大〉

☐ **198** ① My friend said ② that she annoyed greatly ③ at her son-in-law's ④ thoughtless deeds.

〈法政大〉

☐ **199** The shoreline is constantly ① been shaped and ② modified by the ocean, even though this ③ may not be readily ④ apparent to the occasional visitor.

〈慶應義塾大〉

☐ **200** ① Each winter, a snow festival ② is taken place in Sapporo, ③ to the delight of ④ residents and tourists.　⑤ NO ERROR

〈早稲田大〉

語句　**196** shipment「発送, 出荷」　**198** son-in-law「義理の息子」 deed「行動, 行い」
　　　200 resident「居住する人, 住民」

195 ② / ①

(Some of) these old rules (should be) done away with (at once.)
should の前までが主語になると考えられるので，of の後の空所には名詞句 these old rules を入れる。残りの語から，群動詞 **do away with**「（規則・制度など）を廃止する」を用いる。助動詞 should があるので，受動態は should be done away with の語順。
訳▷ これらの古い規則のいくつかは，ただちに廃止されなければならない。

196 ④ (delay → delayed)

この文の主語は The shipment「出荷」。will be に続く④の delay を名詞「遅延」と考えると，「出荷が遅延だ」という意味になり文意が通らない。したがって，**delay** を「〜を遅らせる」という意味の他動詞として用い，受動態にして「出荷が遅れる」という意味にするのが正しい。〈**助動詞**(will) + **be** + **過去分詞**（delayed））〉とする。
訳▷ 今月初めにご注文いただいた建築資材の出荷は，人員不足により遅れます。

197 ④ (do not determine → are not determined)

セミコロン（;）の後の文の主語 they は The curricula of American public schools を指す。**determine** は「〜を決定する」という意味なので，「カリキュラムは〜によって定められない」という意味になるように，受動態を用いるのが正しい。なお，curricula は curriculum の複数形。
訳▷ アメリカの公立学校のカリキュラムは州独自に定められるのであり，連邦政府によって決められるのではない。

198 ② (that she annoyed greatly → that she was greatly annoyed)

annoy は「（人）を悩ます」という意味の他動詞。that 節内の主語は she なので，**be annoyed**「悩んでいる」という受動態で表すのが正しい。
訳▷ 私の友人は，義理の息子の軽率な行動にとても悩んでいると言った。

199 ① (been → being)

The shoreline「海岸線」が「形作られ，変えられている」という進行形の意味を表すと考えられるので，主語が何らかの動作を受けている途中であることを示す進行形の受動態を用いるのが正しい。〈**be 動詞**(is) + **being** + **過去分詞**（shaped / modified））〉とする。
訳▷ 時々訪れる観光客にははっきりとわからないかもしれないが，海岸線は海によって絶えず形作られ，変えられている。

200 ② (is taken place → takes place)

take place は「（催し物などが）行われる，開かれる」という意味。主語が a snow festival なので能動態を用いるのが正しい。
訳▷ 住民や観光客にとってうれしいことに，毎冬，札幌では雪祭りが開催される。

第7章 不定詞

Level 1 ★　　　　　　　　　　　　▶参考書 pp.172-187

201 日本語に直しなさい。

(1) To know is one thing, and to teach is another thing.

(2) My dream is to become a famous singer.

202 環境を守ることは大切だ。

(to / environment / protect / is / the / important / it).

203 私たちはオールスターゲームのチケットを手に入れたいと思っている。

We (　　　)(　　　)(　　　) tickets for the all-star game.

204 彼女は英語の雑誌を読むのは難しいとわかった。

She (read / difficult / English / it / magazines / found / to).

She _____.

205 日本語に直しなさい。

(1) I need someone to teach me English.

(2) There are some problems to solve right away.

(3) She has a lot of things to think about.

206 私は彼のお母さんに会う機会があった。

I (his / meet / a / mother / chance / had / to).

I _____.

語句　**202** environment「環境」 protect「～を保護する，守る」

第 7 章 ● 不定詞

Point 34　不定詞の名詞的用法　▶参考書 pp.172-173

名詞的用法 → 不定詞〈**to** + 動詞の原形〉が「〜すること」という**名詞**の働きをする
(1) 補語や主語になる
　不定詞が補語 → 不定詞は主語がどういうものなのかを説明する
　不定詞が主語 → 形式主語の **it** を用い，真の主語（不定詞）を後に置くことが多い
(2) 目的語になる
　不定詞が他動詞の目的語 → 他動詞の直後に不定詞を続ける
　不定詞が SVOC の O → 形式目的語の **it** を用い，真の目的語（不定詞）を後に置く

Point 35　不定詞の形容詞的用法　▶参考書 pp.173-176

形容詞的用法 → 不定詞が直前の名詞を修飾する
(1) 修飾される名詞が不定詞の主語や目的語の働きをする
　someone to help me → 名詞（someone）が不定詞の主語
　work to do → 名詞（work）が不定詞の目的語
　something to write with → 名詞（something）が前置詞（with）の目的語
(2) 不定詞が直前の名詞の内容を説明する
　his dream to be an actor → 不定詞が名詞（dream）の具体的な内容を説明する（同格）

---

201 (1) 知っていることと教えることは別物だ。　⋯▶ **Point 34** -(1)　**T-108**
　　(2) 私の夢は有名な歌手になることだ。
　(1) 不定詞 To know と to teach は主語。(2) 不定詞 to become a famous singer は補語。

202 It is important to protect the environment　⋯▶ **Point 34** -(1)　**T-108**
　「環境を守ること」が主語。形式主語 **it** で文を始め，不定詞は真の主語として後に置く。

203 want [hope] to get　⋯▶ **Point 34** -(2)　**T-109**
　「〜したい → 〜することを望む」と考え，不定詞 to get を want [hope] の目的語にする。

204 found it difficult to read English magazines　⋯▶ **Point 34** -(2)　**T-109**
　「〜は難しいとわかる」は find 〜 difficult。「英語の雑誌を読むこと」が **SVOC** の **O** になるので，形式目的語 **it** を O の位置に置き，不定詞は真の目的語として後に続ける。

205 (1) 私には英語を教えてくれる人が必要だ。　⋯▶ **Point 35** -(1)　**T-110**
　　(2) すぐに解決しなければならない問題がいくつかある。
　　(3) 彼女には考えることがたくさんある。
　(1) 名詞 someone は不定詞 to teach me English の主語。(2) 名詞 some problems は不定詞 to solve の目的語。(3) 名詞 a lot of things は前置詞 about の目的語。

206 had a chance to meet his mother　⋯▶ **Point 35** -(2)　**T-111**
　名詞 chance の後に，同格の不定詞 to meet his mother を続ける。

☐ **207** 日本語に直しなさい。

I left home early in the morning to catch the first train.

_____

☐ **208** 目を覚ますと，私の部屋の窓が開いていることがわかった。

I (my / open / up / find / woke / window / to).

I _____ .

☐ **209** (1) 彼女は飛行機事故にあってから，二度と飛行機には乗らなかった。

She was involved in an airplane accident, (　　　　)
(　　　)(　　　) again.

(2) 彼らは全力を尽くしたが，結局は試合に負けた。

They tried their best, (　　　)(　　　)(　　　) the game.

☐ **210** 私たちは彼の新作映画を見て興奮した。

We (his / to / were / see / movie / excited / new).

We _____ .

☐ **211** 日本語に直しなさい。

(1) You were wise to follow her advice.

_____

(2) He must be hungry to eat so much.

_____

☐ **212** 私のかばんを運んでくださるなんて，ご親切ですね。

(　　　) is kind (　　　) you (　　　)(　　　) my baggage.

語句　**208** woke ＜ wake「目を覚ます」　**209**「飛行機で行く」fly
212 baggage「荷物，手荷物」

第 7 章 ● 不定詞

Point 36 不定詞の副詞的用法 ▶参考書 pp.176-180

副詞的用法 → 不定詞が**名詞**以外の語句や文を修飾する
(1)「**目的**」を表す
　不定詞が「**〜するために**」という行為の「**目的**」を表す
(2)「**結果**」を表す
　不定詞が何かをした「**結果**」を表す
　〈〜, never to 不定詞〉→「〜，そして二度と…しなかった」
　〈〜, only to 不定詞〉→「〜，しかし結局…しただけのことだった」
(3)「**感情の原因**」を表す
　不定詞が感情を表す形容詞や動詞と結びつき，「〜して」という「**感情の原因**」を表す
(4)「**判断の根拠**」を表す
　不定詞が「**〜するとは**」という「**判断の根拠**」を表す
　「〜するとは〈人〉は…だ［だった］」→〈**It is**[**was**]＋形容詞＋**of**＋人＋**to** 不定詞〉
　　人物評価を表す形容詞：kind，good，nice，polite，rude，brave など

207 始発電車に乗るために，私は朝早く家を出た。　⋯▶ **Point 36** -(1) **T-112**
　不定詞 to catch the first train は，left home early in the morning「朝早く家を出た」という行為の**目的**を表している。

208 woke up to find my window open　⋯▶ **Point 36** -(2) **T-113**
　「目を覚ましたら，その結果として窓が開いていたことに気づいた」ということなので，woke up「目を覚ました」の後に**結果**を表す不定詞 to find my window open を続ける。

209 (1) never to fly　(2) only to lose　⋯▶ **Point 36** -(2) **T-113**
　(1)「〜の結果として二度と…しなかった」ということなので，**結果**を表す不定詞の前に never を入れて〈**〜, never to 不定詞**〉の形にする。(2)「〜したが，結局…しただけだった」ということなので，**結果**を表す不定詞の前に only を入れて〈**〜, only to 不定詞**〉の形にする。

210 were excited to see his new movie　⋯▶ **Point 36** -(3) **T-114**
　感情を表す形容詞 excited の後に，その**感情の原因**を表す不定詞 to see his new movie を続ける。

211 (1) 彼女の忠告に従ったとは，あなたは賢明でしたね。　⋯▶ **Point 36** -(4) **T-115**
　(2) そんなにたくさん食べるとは，彼はおなかがすいているに違いない。
　(1) wise「賢明な」は**人物評価を表す形容詞**で，続く不定詞はその**判断の根拠**を表す。
　(2) must be hungry は**話し手の判断を示す表現**で，続く不定詞は**判断の根拠**を表す。

212 It / of / to bring[carry]　⋯▶ **Point 36** -(4) **T-115**
　kind「親切な」は**人物評価を表す形容詞**なので，〈**It is**＋形容詞＋**of**＋人＋**to** 不定詞〉の形にして「〜するとは〈人〉は…だ」という意味を表す。

213 (1) 私はあなたに自分の部屋をそうじしてもらいたい。
I (your / clean / room / you / want / to).
I _____.

(2) 彼女は両親に動物園に連れて行ってくれるように頼んだ。
She (to / to / asked / parents / her / her / take) the zoo.
She _____ the zoo.

214 彼の父は，彼がヨーロッパへ1人で旅することを許してくれた。
His father (　　　)(　　　)(　　　)(　　　) alone to Europe.

215 日本語に直しなさい。
It is dangerous to cross a road when the traffic light is red.
_____

216 1) 先生が彼をしかったのは当然だった。
(for / to / was / him / the / it / natural / teacher / scold).
_____.

(2) 私のコンピュータを直してくれるなんて，親切ですね。
(my / of / fix / nice / it / to / computer / you / is).
_____.

217 彼女は今週末に彼らといっしょにスキーに行かないことに決めた。
She decided (　　) skiing with them this weekend.
① to not go　　② not to go　　③ not go　　④ go to not

218 私は彼に二度とそのような間違いをしないようにと言った。
I (a / never / such / him / to / mistake / told / make) again.
I _____ again.

語句　**213**「(人) を…へ連れて行く」take ～ to ...　**215** traffic light「交通信号」
216 scold「～をしかる」

Point 37　SVO + to 不定詞　　▶参考書 pp.180-182

「O に〜してほしい」（希望）→ 〈**want** + **O** + **to 不定詞**〉
「O に〜するように言う」（命令・依頼）→ 〈**tell** + **O** + **to 不定詞**〉
　　　tell と同じ使い方をする動詞：advise, ask, warn など
「O が〜するのを許す」→ 〈**allow** + **O** + **to 不定詞**〉
　　　allow と同じ使い方をする動詞：cause, compel, enable, force, get など

Point 38　不定詞の意味上の主語と否定語の位置　　▶参考書 pp.182-184

(1) 意味上の主語を示さない場合
　　示す必要がない場合 → 意味上の主語が**文の主語**と一致する場合
　　　　　　　　　　　　意味上の主語が「**一般の人**」=「**だれでもよい**」場合
　　　　　　　　　　　　意味上の主語が**文脈から明らか**な場合
(2) 意味上の主語を示す場合
　　示す必要がある場合 → 不定詞の意味上の主語を〈**for 〜** + **to 不定詞**〉の形で示す
(3) 否定の副詞の位置
　　不定詞を否定する **not** や **never** → to の**直前**に置く

---

213 (1) want you to clean your room　　…▶ Point 37　T-116
　　　(2) asked her parents to take her to
　　(1)「あなたにそうじしてもらいたい」は〈**want**＋**O**（you）＋**to 不定詞**（to clean）〉の語順で表す。(2)「**O** に〜するように頼む」は〈**ask**＋**O**＋**to 不定詞**〉の形で表す。

214 allowed him to travel　　…▶ Point 37　T-116
　　「**O が〜するのを許す**」は〈**allow**＋**O**＋**to 不定詞**〉の形で表す。

215 赤信号のときに道路を横断するのは危険だ。　…▶ Point 38 -(1)　T-117
　　It は形式主語で，真の主語は **to 不定詞**。ここでは不定詞の意味上の主語は「一般の人」。

216 (1) It was natural for the teacher to scold him　…▶ Point 38 -(2)　T-118
　　　(2) It is nice of you to fix my computer
　　(1) 与えられた語句の for と it より，「（人）が〜するのは…だった」を〈**It was**＋形容詞＋**for**＋人＋**to 不定詞**〉の形で表す。不定詞の意味上の主語は the teacher。
　　(2) nice は人物評価を表す形容詞なので，不定詞の意味上の主語は〈**of**＋人〉で表す。

217 ②　　…▶ Point 38 -(3)　T-119
　　〈**decide**＋**to 不定詞**〉は「〜することに決める」。「行かないことに」なので，to 不定詞の直前に否定の副詞 **not** を置いた形を選ぶ。

218 told him never to make such a mistake　…▶ Point 38 -(3)　T-119
　　〈**tell**＋**O**＋**to 不定詞**〉の文で，不定詞の直前に否定の副詞 **never** を置いた形にする。

219 (1) 上司は私たちを一日中，一生懸命働かせた。

Our boss (　　　)(　　　)(　　　) hard all day.

(2) ジョンは私に彼の車を使わせてくれた。

John (　　　)(　　　)(　　　) his car.

220 日本語に直しなさい。

Bob's wife had him take out the garbage.

_____

221 私はトイレをそうじさせられた。

I (clean / made / bathroom / the / was / to).

I _____.

222 (1) ポールは彼女がドラッグストアに入るのを見た。

Paul (　　　)(　　　)(　　　) the drugstore.

(2) 私は彼らがフランス語で話すのを聞いた。

I (　　　)(　　　)(　　　) in French.

223 カレンは友達がステージで歌うのを聞いた。

Karen (sing / friend / listened / to / on / her) the stage.

Karen _____ the stage.

224 次の文を受動態に書き換えなさい。

A little girl saw the thief go out of the window.

_____

語句　**220** garbage「ごみ」　**221** bathroom「トイレ」　**222**「(場所)に入る」enter

第 7 章 ● 不定詞

Point 39　使役動詞・知覚動詞を使った表現　▶参考書 pp.185-187

(1) 使役動詞＋O＋動詞の原形
　「(無理やり) O に〜させる」→ ⟨**make**＋**O**＋動詞の原形⟩
　「O が〜することを許す」→ ⟨**let**＋**O**＋動詞の原形⟩
　「O に〜してもらう」→ ⟨**have**＋**O**＋動詞の原形⟩
　※ 使役動詞 make を使った文の受動態 → 動詞の原形ではなく，**to** 不定詞を用いる
(2) 知覚動詞＋O＋動詞の原形
　「O が〜するのを見る［聞く／感じる］」→ ⟨**see**［**hear** / **feel**］＋**O**＋動詞の原形⟩
　その他の知覚動詞：notice，observe，watch，listen to，look at など
　※ 知覚動詞を使った文の受動態 → 動詞の原形ではなく，**to** 不定詞を用いる

219 (1) made us work　(2) let me use　　…▶ Point 39 -(1)　T-120
(1)「O に〜させる」は使役動詞 **make** を用い，⟨**make**＋**O**＋動詞の原形⟩の形で表す。使役動詞 made の後に O にあたる us「私たちを」を置き，動詞の原形 work を続ける。
(2)「使わせてくれた → 使うことを許した」なので，使役動詞 **let** を用い，⟨**let**＋**O**＋動詞の原形⟩の形で表す。let は過去形も let。

220 ボブの奥さんは彼にごみを出してもらった。　…▶ Point 39 -(1)　T-120
had him take out と，⟨**have**＋**O**＋動詞の原形⟩の形になっていることに着目する。使役動詞 **have** は相手にそうしてもらえるのが当然というような行為に対して用いる。「**O に〜してもらう**」のように訳すとよい。

221 was made to clean the bathroom　…▶ Point 39 -(1)　T-120
「〜させられた」なので，動詞は受動態 was made の形になる。使役動詞 **make** を受動態にした場合は，動詞の原形ではなく **to** 不定詞を動詞の後に続ける。

222 (1) saw her enter　(2) heard them speak　…▶ Point 39 -(2)　T-121
(1)「見た」は知覚を表すので，「O が〜するのを見た」は⟨**saw**＋**O**（her）＋動詞の原形（enter）⟩の形で表す。(2)「聞いた」も知覚を表すので，「O が〜するのを聞いた」は⟨**heard**＋**O**（them）＋動詞の原形（speak）⟩の形で表す。

223 listened to her friend sing on　…▶ Point 39 -(2)　T-121
「聞く」listen to は知覚動詞なので，⟨**listened to**＋**O**（her friend）＋動詞の原形（sing）⟩の語順で表す。

224 The thief was seen to go out of the window by a little girl.
　　　　　　　　　　　　　　　　　　　　　…▶ Point 39 -(2)　T-121
知覚動詞 **see** を使った文⟨**see**＋**O**＋動詞の原形⟩「O が〜するのを見る」を受動態にすると，受動態の動詞の後は動詞の原形ではなく **to** 不定詞になることに注意。
　訳　小さな女の子はそのどろぼうが窓から外へ出て行くのを見た。→ そのどろぼうは窓から外へ出て行くのを小さな女の子に見られた。

Level 2 ★★

▶参考書 pp.188-200

225 妻は私に腹を立てているようだ。
My wife (seems / angry / me / be / at / to).
My wife _____.

226 ほぼ同じ意味の文になるように，（ ）に適語を入れなさい。
(a) It appeared that Tim had a good relationship with his friends.
(b) Tim (　　　)(　　　)(　　　) a good relationship with his friends.

227 彼はテストでいい点を取ったようには見えなかった。
He didn't appear (　　　)(　　　)(　　　) a high score on the test.

228 ほぼ同じ意味の文になるように，（ ）に適語を入れなさい。
(a) It seems that the new president was welcomed by the employees.
(b) The new president (　　　)(　　　)(　　　)(　　　)(　　　) by the employees.

229 ヘレンは友達を待っているようだ。
Helen (waiting / friend / for / seems / her / be / to).
Helen _____.

230 この請求書は明日までに支払う必要がある。
This bill needs (　　　)(　　　)(　　　) by tomorrow.

語句　**226** relationship「関係」　**227** score「得点」
　　　228 president「(会社の) 社長，(団体の) 会長」employee「従業員，被雇用者」
　　　230 bill「請求書，勘定書」

第7章 ● 不定詞

Point 40　不定詞のさまざまな形

▶参考書 pp.188-191

(1) seem to 不定詞 / appear to 不定詞
　「S は〜のようだ，S は〜らしい」→〈S **seem**[**appear**]＋**to** 不定詞〉
　※ that 節を使った表現 →〈**It seems**[**appears**] **that** ...〉
(2) to have ＋過去分詞（完了形の不定詞）
　述語動詞が表す時よりも以前のことを表す不定詞 →〈**to have**＋過去分詞〉
(3) 進行形と受動態の不定詞
　進行形に相当する内容を表す不定詞 →〈**to be**＋**-ing**〉
　受け身の意味を表す不定詞 →〈**to be**＋過去分詞〉

225 seems to be angry at me　　　　　…▶ Point 40 -(1)　T-122
「〜のようだ」という意味を〈**seem**＋**to** 不定詞〉の形で表す。「〜に腹を立てている」は be angry at。

226 appeared to have　　　　　…▶ Point 40 -(1)　T-122
(a) の〈**It appeared that ...**〉の文を，(b) では Tim を主語にした文に書き換えるので，〈**S appeared**＋**to** 不定詞〉の形にする。これは**過去のある時点でそう思ったこと**を表す表現。
訳 (a)(b) ティムは友人たちとよい関係にあるように思われた。

227 to have gotten[got]　　　　　…▶ Point 40 -(2)　T-123
「彼」がテストを受けたのは，「〜ように見えなかった」時よりも以前のことなので，「いい点を取った」の部分は**完了形の不定詞**〈**to have**＋過去分詞〉で表す。なお，この文を that 節を使って書き換えると，It didn't appear that he had gotten[got] a high score on the test. となる。

228 seems to have been welcomed　　　　　…▶ Point 40 -(2)　T-123
(a) の〈**It seems that ...**〉は現在の時点での判断を表すが，that 節内の動詞が was welcomed と過去形になっているので，「歓迎された」の部分は seems が表す時より以前のことを表している。したがって，(b) の〈**S**＋**seem**＋**to** 不定詞〉の形で書き換えると，「歓迎された」の部分は**完了形で受動態の不定詞**〈**to have been**＋過去分詞〉の形で表される。
訳 (a)(b) 新しい社長は従業員に歓迎されたようだ。

229 seems to be waiting for her friend　　　　　…▶ Point 40 -(3)　T-124
「S は〜のようだ」は〈**S**＋**seem**＋**to** 不定詞〉の形で表す。「待っている」は進行形の意味を表すので，**進行形の不定詞**〈**to be**＋**-ing**〉にする。

230 to be paid　　　　　…▶ Point 40 -(3)　T-124
主語が This bill なので，「支払う必要がある → 支払われる必要がある」と考え，受動態で表す。**受動態の不定詞**〈**to be**＋過去分詞〉を needs の目的語にする。

- **231** (1) 私はこの前の日曜日に，インターネットで偶然この情報を見つけた。
  I ( )( )( ) this information on the Internet last Sunday.
  (2) テレビ広告はとても有効であることがわかった。
  Television advertising ( )( )( ) very effective.

- **232** ほぼ同じ意味の文になるように，( ) に適語を入れなさい。
  (a) It turned out that the painting in the museum was a fake.
  (b) The painting in the museum ( )( )( ) ( ) a fake.

- **233** 私たちは大学で知り合いになった。
  We ( )( )( ) each other in college.

- **234** 飛行機は定時に空港に到着する予定だ。
  The plane ( )( )( ) at the airport on time.

- **235** この部屋でたばこを吸ってはいけません。
  You (to / this / in / not / room / smoke / are).
  You _____ .

- **236** 日本語に直しなさい。
  Nothing was to be seen in the sky.
  _____

語句 **231** advertising「広告」 effective「効果的な」
232 fake「（絵画・高価な物の）偽物」

Point 41　自動詞＋to 不定詞

▶参考書 pp.191 - 193

(1) happen / prove / turn out ＋ to 不定詞
　「S が偶然〜する，たまたま〜する」→〈S **happen** ＋ **to** 不定詞〉
　※ that 節を使った表現 →〈**It happens that** ...〉
　「S は〜だとわかる［判明する］」→〈S **prove**［**turn out**］＋〈**to be**〉...〉
　※ that 節を使った表現 →〈**It turns out that** ...〉
(2) come / get ＋ to 不定詞
　「〜するようになる」→〈**come**［**get**］＋ **to** 不定詞〉
(3) be to 不定詞
　〈be to 不定詞〉→「〜することになっている」（予定）
　　　　　　　　　「〜すべきである」（義務・命令）
　　　　　　　　　「〜できる」（可能）

---

231 (1) happened to find　(2) proved to be　　⋯▶ Point 41 -(1)　T-125
(1)「偶然見つけた」は〈**happened**＋**to** 不定詞（to find）〉の形で表す。(2)「〜であることがわかった」は，ここでは空所の数より〈**proved**＋**to be** ...〉の形で表す。

232 turned out to be　　⋯▶ Point 41 -(1)　T-125
(a) の〈**It turned out that** ...〉の文を，(b) では that 節の主語 the painting in the museum を文の主語にして書き換えるので，〈S **turned out** ＋ **to be** ...〉の形にする。
訳〉(a)(b) 美術館にあるその絵画は偽物であることがわかった。

233 came［got］to know　　⋯▶ Point 41 -(2)　T-126
「知り合いになった → お互いを知るようになった」と考え，「〜するようになる」の意味を〈**come**［**get**］＋ **to** 不定詞〉の形を用いて表す。

234 is to arrive　　⋯▶ Point 41 -(3)　T-127
「〜する予定だ」という未来の**予定**は，助動詞 will や be going to，現在形などでも表すことができるが，ここでは空所の数より〈**be to** 不定詞〉の形を用いる。

235 are not to smoke in this room　　⋯▶ Point 41 -(3)　T-127
与えられた語句の to，not，are に着目し，「〜すべきではない」という**否定の命令**の意味を〈**be not to** 不定詞〉の形で表す。

236 空には何も見えなかった。　　⋯▶ Point 41 -(3)　T-127
was to be seen は〈**be to** 不定詞〉で，to 不定詞が受動態になっている。**Nothing** という**否定の内容**を表す語が主語にきていることから，この〈be to 不定詞〉は「可能」の意味を表すと判断できる。

☐ 237 日本語に直しなさい。

Her explanation was very easy to understand.

_____

☐ 238 ほぼ同じ意味の文になるように，( ) に適語を入れなさい。

(a) It was difficult to carry out his plan.

(b) His plan (   )(   )(   )(   )(   ).

☐ 239 このかばんは重すぎて，私の娘には持ち歩けない。

This bag is (carry / daughter / too / my / to / around / for / heavy).

This bag is _____ .

☐ 240 ほぼ同じ意味の文になるように，( ) に適語を入れなさい。

(a) This car is too expensive for me to buy.

(b) This car is so (   ) that (   )(   )(   ) (   ).

☐ 241 アランはまだ車が運転できる年齢ではない。

Alan (not / drive / enough / is / old / to).

Alan _____ .

☐ 242 彼女は親切にも私にお金を貸してくれた。

She was (   ) kind (   )(   )(   ) me some money.

語句 237 explanation「説明」 242「(金) を貸す」lend

Point 42　不定詞の注意すべき用法 - 1

▶参考書 pp.194-196

(1) 難・易を表す形容詞＋to 不定詞
　「S は〜するのが…だ」→〈S is＋形容詞＋to 不定詞〉
　　難易を表す形容詞：**easy**「簡単な」，**difficult** / **hard**「難しい」など
(2) too ... to 不定詞
　「〜するには…すぎる」→〈**too**＋形容詞［副詞］＋**to** 不定詞〉
　※〈**so ... that**＋否定文〉「とても…なので〜できない」で同じ意味を表せる
(3) ... enough to 不定詞
　「〜するのに十分…」→〈形容詞［副詞］＋**enough to** 不定詞〉
(4) so ... as to 不定詞
　「〜するほど…」→〈**so**＋形容詞［副詞］＋**as to** 不定詞〉

---

237 彼女の説明はとても理解しやすかった。　　　… ▶ Point 42 -(1)　T-128

easy to understand は〈形容詞＋to 不定詞〉の形になっていて，easy は難易を表す形容詞。したがって，「理解するのが簡単だった → 理解しやすかった」という意味になる。

238 was difficult to carry out　　　… ▶ Point 42 -(1)　T-128

(a) は〈**It is**＋形容詞＋**to** 不定詞〉「〜するのは…だ」の文で，difficult は難易を表す形容詞。(b) ではこれを，不定詞 to carry out の目的語 his plan を主語にして書き換えるので，〈**S is**＋形容詞＋**to** 不定詞〉の形にする。

訳 (a) 彼の計画を実行するのは難しかった。　(b) 彼の計画は実行困難だった。

239 too heavy for my daughter to carry around　　　… ▶ Point 42 -(2)　T-129

「…すぎて〜できない → 〜するには…すぎる」と考え，〈**too**＋形容詞＋**to** 不定詞〉の形で表す。**不定詞の意味上の主語** my daughter は〈**for 〜**〉で表し，to 不定詞の直前に置く。「持ち歩く」は carry around。

240 expensive / I can't [cannot] buy it　　　… ▶ Point 42 -(2)　T-129

(a) は〈**too**＋形容詞＋**for 〜**＋**to** 不定詞〉「〜が…するには一すぎる」の文。(b) ではこれを，〈**so ... that**＋否定文〉の形に書き換える。so と that の間に形容詞 expensive を置き，「私はそれを買うことができない」という意味の否定文を that の後に続ける。that 節の中では buy の目的語 it（＝ this car）が必要なので注意。

訳 (a) この車は私が買うには高すぎる。　(b) この車はとても高いので私には買えない。

241 is not old enough to drive　　　… ▶ Point 42 -(3)　T-130

「運転するのに十分な年齢ではない」と考え，〈形容詞＋**enough to** 不定詞〉の形で表す。形容詞 old は enough の直前に置くことに注意。

242 so / as to lend　　　… ▶ Point 42 -(4)　T-131

「私にお金を貸してくれるほど親切だった」と考え，〈**so**＋形容詞＋**as to** 不定詞〉の形で表す。この表現では，so の直後に形容詞がくることに注意。

243 (1) 私は情報を得るために図書館に行った。

I went to the library (information / order / get / some / in / to).

I went to the library _____ .

(2) 私たちは赤ちゃんを起こさないようにそっと部屋を出た。

We went out of the room quietly (wake / as / not / up / so / to) our baby.

We went out of the room quietly _____ our baby.

244 日本語に直しなさい。

You should learn how to operate this machine in a week.

_____

245 Have you decided (　　) to go next Sunday?

① when　　② where　　③ what　　④ who

246 (1) 本当のことを言うと，私は彼の絵が好きではない。

(　　)(　　)(　　)(　　)(　　), I don't like his paintings.

(2) 言うまでもないことだが，選挙は公正に行われなければならない。

(　　)(　　)(　　)(　　), the election should be conducted fairly.

247 The politician cheated on his taxes. (　　), he tried to hide that fact.

① To be frank　　② To make matters worse
③ To begin with　　④ To be honest

248 夕食前にお風呂に入りたかったら，そうしてもいいですよ。

You can take a bath before dinner if you want (　　　　).

語句　**244** operate「(機械など)を操作する，運転する」
246 election「選挙」conduct「〜を行う，実施する」fairly「公平に，正当に」
247 politician「政治家」cheat「不正をする」

Point 43　不定詞の注意すべき用法 - 2　　▶参考書 pp.196-200

(5) so as to 不定詞 / in order to 不定詞
「～するために」〈**so as to 不定詞**〉〈**in order to 不定詞**〉
　→ 不定詞が「目的」を表すことをはっきりと示す
「～しないように」〈**so as not to 不定詞**〉〈**in order not to 不定詞**〉

(6) 疑問詞＋to 不定詞
〈疑問詞＋**to 不定詞**〉→「疑問詞の意味＋～すべきか［できるのか］」

(7) 独立不定詞
to tell (you) the truth「実を言えば」, **strange to say**「奇妙なことに」,
to be honest「正直に言って」, **so to speak**「いわば」など

(8) 代不定詞
反復を避けるために前に出てきた動詞を省略し、**to**（代不定詞）だけで表す

---

243 (1) in order to get some information　　⋯▶ Point 43 -(5)　T-132
(2) so as not to wake up

(1) 与えられた語句に order があるので、「情報を得るために」という**目的**をはっきりと示すために〈**in order to 不定詞**〉で表す。(2) 与えられた語句に as と so があるので、「起こさないように」という**否定の目的**の意味を〈**so as not to 不定詞**〉で表す。

244 あなたは 1 週間でこの機械の操作方法を習得しなければならない。
　　⋯▶ Point 43 -(6)　T-133

他動詞 learn「～を習得する」の目的語が〈**how to 不定詞**〉の形になっている。how to operate は「～をどのように操作するか → ～の操作方法」の意味。

245 ②　　⋯▶ Point 43 -(6)　T-133

空所の直後に to go があるので〈疑問詞＋**to 不定詞**〉の形。②の where to go「どこへ行くか」が正しい。後に next Sunday があるので、①の when to go「いつ行くか」は不適切。③④は to go とつながらない。
訳〉今度の日曜日にどこへ行くか、もう決めましたか。

246 (1) To tell you the truth (2) Needless to say　　⋯▶ Point 43 -(7)　T-134

(1)「本当のことを言うと」は独立不定詞 **to tell you the truth** で表す。(2)「言うまでもないことだが」は独立不定詞 **needless to say** で表す。

247 ②　　⋯▶ Point 43 (7)　T-134

2つの文のつながりから、② **To make matters worse**「なお悪いことには」を選ぶ。① To be frank「率直に言うと」, ③ To begin with「まず第一に」, ④ To be honest「正直に言って」は、いずれも文意が通らない。
訳〉その政治家は税金をごまかした。なお悪いことに、彼はその事実を隠そうとした。

248 to　　⋯▶ Point 43 -(8)　T-135

take a bath before dinner の反復を避けて、if 節に**代不定詞 to** を用いる。

Level 3 ★★★

▶参考書 pp.167-200

☐ **249** She is ( ) buy almost everything.
① enough rich to   ② enough to rich
③ rich enough to   ④ rich to enough
〈國學院大〉

☐ **250** She was the only one ( ) the crash.
① to survive   ② survive   ③ survived   ④ has survived
〈杏林大〉

☐ **251** Those days, he didn't know ( ) to consult with.
① whom   ② what   ③ where   ④ when
〈青山学院大〉

☐ **252** Could you call me back if ( ) not convenient for you to talk now?
① we are   ② it is   ③ you are   ④ I am
〈センター試験〉

☐ **253** My mother wouldn't ( ) me eat more than one ice cream a day.
① admit   ② get   ③ let   ④ permit
〈青山学院大〉

☐ **254** The thief was seen ( ) away from the building.
① run   ② runs   ③ to run
④ ran   ⑤ to running
〈東京電機大〉

語句　**250** crash「(車・列車などの) 衝突」 survive「～を生き延びる」
251 consult with「(専門家など) と相談する」　**252** convenient「都合のよい」

249 ③

「～するのに十分…」は〈形容詞＋enough＋to 不定詞〉の語順で表す。形容詞 rich は enough の直前に置くことに注意。
訳〉彼女はほとんど何でも買えるほど裕福だ。

250 ①

空所の前後の意味関係から，空所以下は直前の名詞 the only one「唯一の人間」を修飾していると考えられる。the only one は survive の主語の働きをしているので，to survive という形容詞的用法の不定詞を the only one の後に続ける形にすればよい。なお，この不定詞は「実際に起こったこと」を表している（⋯▶ Plus 25 ）。
訳〉彼女は衝突事故で生き残った唯一の人間だった。

251 ①

空所の直後に to consult with があるので〈疑問詞＋to 不定詞〉の形。consult with は「（人）と相談する」という意味なので，「だれに」の意味を表す①の疑問詞 whom を選ぶ。whom は前置詞 with の目的語。②の what「何に」は文意が通らない。③の where と④の when はいずれも with の目的語になれない。
訳〉当時，彼はだれに相談すればよいのかわからなかった。

252 ②

空所の後に for you と不定詞 to talk があることに着目し，〈it is＋形容詞＋for ～＋to 不定詞〉の形にする。it は形式主語で，真の主語は不定詞 to talk now。for の後の you が不定詞の意味上の主語。
訳〉今お話をするのがご都合が悪ければ，後で電話をいただけませんか。

253 ③

空所の後に me という目的語と eat という動詞の原形が続いていることから，③の使役動詞 let を用いて〈let＋O＋動詞の原形〉「O が～することを許す」の形にする。「O が～であると認める」という意味を表す①の admit や，「O が～することを許す」という意味を表す④の permit は，O の後に動詞の原形ではなく to 不定詞を続けるので不適切。また，「O を～させる」という意味を表す②の get は，O の後に動詞の原形ではなく分詞を続ける。
訳〉母は私にどうしても 1 日に 2 個以上アイスクリームを食べさせてくれなかった。

254 ③

知覚動詞 see は，〈see＋O＋動詞の原形〉で「O が～するのを見る」という意味を表すが，ここでは was seen と受動態になっているので，動詞の原形ではなく to 不定詞が用いられる。
訳〉どろぼうは，その建物から走り去るところを見られた。

255 Echoes (　) for radar to detect distant objects.
① make it possible　　② possibly make
③ make possible　　④ that they make possible
〈青山学院大〉

256 They wrote the warnings in several languages for tourists (　).
① so understand　② to be able to understand
③ to be understood　④ understand　⑤ understanding
〈明治学院大〉

257 We searched everywhere, but the ring was nowhere (　).
① find　② finding　③ having found
④ to be found　⑤ to find
〈明治学院大〉

258 私はルームメートを探している。
I am looking (　)(　)(＊)(　)(　)(　)(＊).
① for　② room　③ share　④ someone　⑤ the
⑥ to　⑦ with
〈関西学院大〉

259 You must hurry so (　)(＊) to (　)(　)(＊)(　) train.
① the　② for　③ as　④ be　⑤ not　⑥ late
〈獨協大〉

260 ほぼ同じ意味の文になるように，（　）に入る適切なものを選びなさい。
(a) She studied very hard but failed in the examination.
(b) She studied hard (　) fail in the examination.
① as to　② enough to　③ not to
④ only to　⑤ so to
〈中央大〉

語句　**255** echo「反響（音）」radar「レーダー」detect「〜を発見する，感知する」
256 warning「警告」　**257** search「捜す」

255 ①

空所の後に for radar と不定詞 to detect があることに着目する。「〜を可能にする」は make 〜 possible。文末にある**真の目的語**である不定詞が **SVOC の O** になるので、**形式目的語 it** を O の位置に置く。for の後の radar は不定詞の意味上の主語。

訳▷ 反響音は、レーダーが遠くの物体を感知することを可能にする。

256 ②

空所の直前にある for tourists に着目する。選択肢に使われている動詞 understand と tourists の関係から、tourists「観光客」は understand「理解する」の意味上の主語と考えられる。したがって、〈**for 〜＋ to 不定詞**〉で「〜が…するように」という「**目的**」を表す形にする。③ to be understood は「観光客が理解される」という意味になり、文意が通らない。

訳▷ 観光客が理解できるように、彼らは数カ国語で警告を書いた。

257 ④

but の前後の文のつながりから、空所を含む部分は「どこにも見つけられなかった」という意味になると判断する。was と **nowhere**「どこにも〜ない」という**否定の内容**を表す語があることから〈**be to 不定詞**〉の形を用いて「**可能**」の意味を表すことを考える。the ring「指輪」が文の主語なので、to 不定詞は to be found と**受動態**にするのが正しい。

訳▷ 私たちはあらゆるところを捜したが、指輪はどこにも見つからなかった。

258 ⑥ / ⑦

(I am looking) for someone to share the room with.

「ルームメート → その部屋を共同で使うだれか」と考え、名詞 someone を**形容詞的用法**の不定詞 to share the room with で修飾する。someone は前置詞 with の目的語。share 〜 with (人) で「(人) と〜を共同で使う」という意味。

259 ⑤ / ②

(You must hurry so) as not (to) be late for the (train).

空所の直前にある so と、与えられた語句の中の as、not に着目し、〈**so as not to 不定詞**〉で「〜しないように」という**否定の目的**の意味を表す。be late for 〜で「〜に遅れる」の意味。

訳▷ 電車に遅れないように急がなくてはいけませんよ。

260 ④

(a) の内容から、(b) の空所以下は「一生懸命に勉強した」**結果**を表すと考えられる。したがって、「〜、しかし結局…しただけのことだった」という意味を表すように、④ only to を選んで、〈**〜, only to 不定詞**〉の形にする。②の〈副詞＋ enough to 不定詞〉は「〜するのに十分…」、③の〈not + to 不定詞〉は「〜しないように」で、いずれも (a) の内容と一致しない。

訳▷ (a) 彼女はとても一生懸命に勉強したが、試験に失敗した。
　　(b) 彼女は一生懸命に勉強したが、結局は試験に失敗しただけだった。

第8章　動名詞

Level 1 ★
▶参考書 pp.206-210

☐ **261** 日本語に直しなさい。

Swimming in the river is so much fun.

_____

☐ **262** (1) ビジネスにおいては，すばやい決断をすることが重要だ。

(is / decision / making / quick / a / important) in business.

_____ in business.

(2) 私の仕事は産業用ロボットを設計することだ。

(designing / industrial / my / is / robots / job).

_____ .

☐ **263** 私はパーティーに行って初めての人に会うのをいつも楽しんでいる。

I always enjoy (　　　) to parties and (　　　) new people.

☐ **264** (1) マイクは英語を日本語に翻訳するのが得意だ。

Mike (at / into / good / Japanese / English / translating / is).

Mike _____ .

(2) 彼らはドアを閉めずに部屋を出ていった。

They (closing / the / without / room / door / the / left).

They _____ .

☐ **265** (　) 内の動詞を適切な形に変えなさい。

Wash your hands before (eat) lunch.　_____

語句　**264**「～が得意である」be good at

第8章 ● 動名詞

Point 44　動名詞の働き　▶参考書 pp.206-208

動名詞 → 動詞の **ing** 形で,「~すること」という意味を表し,**名詞**の働きをする
※ 不定詞は「これからのこと」を表し,動名詞は「習慣的行為や一般論」を表す
(1) 補語や主語になる
　動名詞が補語 → 動名詞は**主語**がどういうものなのかを説明する
　動名詞が主語 → 形式主語の **it** を用い,真の主語（**動名詞**）を後に置くこともある
(2) 目的語になる
　動名詞が他動詞の目的語 → **他動詞**の直後に動名詞を続ける
(3) 前置詞の目的語になる
　動名詞が前置詞の目的語 → 前置詞の直後に**不定詞**を置くことはできない

---

261 川で泳ぐのはとても楽しい。　⋯▶ Point 44 -(1) T-136
　Swimming は**動名詞**で,「泳ぐこと」という意味を表し,名詞の働きをしている。ここでは in the river という修飾語句を伴い,Swimming in the river が文の**主語**になっている。

262 (1) Making a quick decision is important　⋯▶ Point 44 -(1) T-136
　　　(2) My job is designing industrial robots
　(1)「すばやい決断をすること」は**動名詞** making a quick decision で表し,これを文の**主語**にする。(2)「産業用ロボットを設計すること」は**動名詞** designing industrial robots で表し,これを文の**補語**にする。

263 going / meeting　⋯▶ Point 44 -(2) T-137
　「行くことと会うことを楽しむ」と考え,go「行く」と meet「会う」を**動名詞**（動詞の ing 形）にして **enjoy** の目的語にする。〈**enjoy -ing**〉で「~することを楽しむ」という意味になる。

264 (1) is good at translating English into Japanese　⋯▶ Point 44 -(3) T-138
　　　(2) left the room without closing the door
　「~すること」は名詞的用法の不定詞や動名詞で表すことができるが,**前置詞の後に置**くときは,**動名詞**にしなければならない。(1) be good at「~が得意である」の後に動名詞を続ける。〈**be good at -ing**〉で「~することが得意だ」という意味になる。「~を…に翻訳する」は translate ~ into ... で表す。(2)「彼らは部屋を出ていった」は They left the room で表す。「ドアを閉めずに → ドアを閉めることなしに」と考え,**前置詞 without**「~なしに」の後に動名詞句 closing the door「ドアを閉めること」を続ける。〈**without -ing**〉で「~せずに」という意味になる。

265 eating　⋯▶ Point 44 -(3) T-138
　before はここでは「~よりも前に」という意味の**前置詞**。したがって,eat を**動名詞** eating にする。〈**before -ing**〉で「~するよりも前に」という意味になる。
　訳〉昼食を食べる前に手を洗いなさい。

☐ 266 今朝は私を起こしてくれてありがとう。

Thank you (　　)(　　)(　　)(　　) this morning.

☐ 267 ほぼ同じ意味の文になるように，(　)に適語を入れなさい。

(1) (a) He insisted that she should pay the bill.
(b) He insisted on (　　)(　　)(　　)(　　).

(2) (a) I'm sure that my son will pass the test next year.
(b) I'm sure of (　　)(　　)(　　)(　　)
(　　) next year.

☐ 268 お役に立てなくて申し訳ありません。

I'm sorry (able / not / help / to / for / you / being).

I'm sorry _____.

Level 2 ★★　　　　　　　　　　　▶参考書 pp.211-220

☐ 269 私は交通渋滞に巻き込まれるのが嫌いだ。

I hate (　) in a traffic jam.

① being catch　　　　② being caught
③ been catching　　　④ been caught

☐ 270 ほぼ同じ意味の文になるように，(　)に適語を入れなさい。

(a) She is proud that she accomplished the task.
(b) She is proud (　　)(　　)(　　) the task.

☐ 271 (1) 彼女は彼が嘘をついたことが信じられない。

She can't imagine (　　)(　　)(　　) a lie.

(2) 私は父にしかられたことを恥ずかしく思っている。

I'm ashamed of (　　)(　　)(　　) by my father.

語句　267 insist on「～を主張する」 be sure of「～を確信する」
　　　270 accomplish「(仕事・義務など)を成し遂げる」　271「～をしかる」scold

第 8 章 ●動名詞

Point 45　動名詞の意味上の主語と否定語の位置
▶参考書 pp.209-210

(1) 意味上の主語を示さない場合
　示す必要がない場合 → 意味上の主語が**文の主語**と一致する場合,「**一般の人**」の場合,
　　　　　　　　　　　　文脈から明らかな場合
(2) 意味上の主語を示す場合
　示す必要がある場合 → 動名詞の意味上の主語を**動名詞**の直前に置く
　意味上の主語が代名詞 → **所有格か目的格**
　意味上の主語が名詞 → **所有格**かそのままの形
(3) 否定の副詞の位置
　動名詞を否定する **not** や **never** → 動名詞の**直前**に置く

Point 46　動名詞のさまざまな形
▶参考書 pp.211-212

(1) 受動態の動名詞
　「～されること」という受け身の意味を表す動名詞 → 〈**being**＋過去分詞〉
(2) having＋過去分詞（完了形の動名詞）
　述語動詞が表す時よりも以前のことを表す動名詞 → 〈**having**＋過去分詞〉

---

266 for waking me up　　　　　　　　　　　　…▶ Point 45 -(1)　T-139
〈**thank you for -ing**〉の動名詞の意味上の主語は明らかに you なので示さない。

267 (1) her paying the bill　(2) my son('s) passing the test　…▶ Point 45 -(2)　T-140
(1)〈**insist on -ing**〉で表し, 動名詞の**意味上の主語** her を paying の前に置く。(2)〈**be sure of -ing**〉で表し, 動名詞の**意味上の主語** my son('s) を passing の前に置く。
訳 (1) (a)(b) 彼は, 彼女が勘定を払うことを主張した。
　　(2) (a)(b) 息子が来年試験に合格することを, 私は確信している。

268 for not being able to help you　　　　　　…▶ Point 45 -(3)　T-141
〈**be sorry for -ing**〉で「～することを申し訳なく思う」。**not** は動名詞の直前に置く。

269 ②　　　　　　　　　　　　　　　　　　　…▶ Point 46 -(1)　T-142
「～に巻き込まれる」は **be caught in**。受動態の動名詞にして hate の目的語にする。

270 of having accomplished　　　　　　　　　…▶ Point 46 -(2)　T-143
〈**be proud of -ing**〉で「～することを誇りに思う」。(a) の accomplished は述語動詞 is よりも以前のことを表すので,(b) は完了形の動名詞〈**having**＋過去分詞〉にする。
訳 (a)(b) 彼女はその仕事を達成できたことを誇りに思っている。

271 (1) his[him] having told　(2) having been scolded　…▶ Point 46 -(2)　T-143
(1)「嘘をついたこと」は**完了形の動名詞**で表し, 意味上の主語 his[him] をその前に置く。(2)「しかられたこと」なので完了形で受動態の動名詞にする。

272 (1) 私はニックネームで呼ばれることに慣れている。
I am used (　　　)(　　　)(　　　) by my nickname.

(2) 私はこの夏，キャンプに行くのを楽しみにしている。
I'm looking (　　　)(　　　)(　　　) camping this summer.

273 (1) だれが優勝するかはわからない。
(win / is / telling / will / there / no / who) first prize.
_____ first prize.

(2) 彼らが結婚するのを止めようとしてもむだだよ。
(them / is / to / use / stop / no / getting / it / from / trying) married.
_____
married.

274 この器具の使い方を教えていただけませんか。
Would you mind (　　) me how to use this tool?
① for showing ② to show ③ show ④ showing

275 次の文の誤りを訂正しなさい。
I don't feel like to talk about it tonight.
_____ → _____

276 ジェフはようやくレポートを書き終えた。
Jeff finally finished (　　) his report.
① write ② writing ③ to write ④ to writing

277 次の文の誤りを訂正しなさい。
She decided applying for that job.
_____ → _____

語句　**277** apply for「〜に申し込む」

第 8 章 ● 動名詞

Point 47　動名詞を使った重要表現
▶参考書 pp.213-215

(1) 不定詞を使わないように注意すべき表現
　〈**be used**[**accustomed**] **to -ing**〉「〜することに慣れている」，
　〈**look forward to -ing**〉「〜を楽しみに待つ」など
(2) 動名詞を使った慣用表現
　〈**There is no -ing**〉「〜できない」，〈**It is no use**[**good**] **-ing**〉「〜してもむだだ」，
　〈**Would you mind -ing**?〉「〜していただけませんか」など

Point 48　動名詞と不定詞 - 1
▶参考書 pp.216-217

(1) 動名詞を目的語にする他動詞
　avoid「避ける」，**enjoy**「楽しむ」，**finish**「終える」，**give up**「あきらめる」など
(2) 不定詞を目的語にする他動詞
　decide「決心する」，**hope**[**want**]「したいと思う」，**refuse**「拒む」など

272 (1) to being called　(2) forward to going　　…▶ Point 47 -(1)　T-144
(1)「〜することに慣れている」は〈**be used to -ing**〉。「呼ばれること」は受動態の動名詞にする。(2)「〜することを楽しみにする」は〈**look forward to -ing**〉。to につられて，後に動詞の原形を続けないように注意。

273 (1) There is no telling who will win　　…▶ Point 47 -(2)　T-145
(2) It is no use trying to stop them from getting
(1)〈**There is no -ing**〉「〜できない」を用い，動名詞 telling の後に who will win「だれが勝つか」を続ける。(2)「〜してもむだだ」は〈**It is no use -ing**〉。「彼らが結婚するのを止める」は，〈**stop O from -ing**〉「O が〜するのを止める」で表す。

274 ④　　…▶ Point 47 -(2)　T-145
mind は動名詞を目的語にする動詞。〈**Would you mind -ing?**〉で「〜していただけませんか」という依頼を表す表現にする。

275 to talk → talking　　…▶ Point 47 -(2)　T-145
〈**feel like -ing**〉で「〜したい気がする」という意味になる。like は前置詞なので，直後に to 不定詞を置くことはできない。
訳〉今夜はそのことを話す気分ではない。

276 ②　　…▶ Point 48 -(1)　T-146
finish は動名詞を目的語にする動詞なので② writing を選ぶ。

277 applying → to apply　　…▶ Point 48 -(2)　T-147
decide は不定詞を目的語にする動詞。動名詞を目的語にすることはできない。
訳〉彼女はその仕事に応募しようと決心した。

☐ **278** 私はスーザンにメールを送るのをすっかり忘れてしまった。

I completely forgot (　) an e-mail to Susan.

① sending　　② having sent　③ to send　　④ to have sent

☐ **279** (　) 内の動詞を適切な形に変えなさい。

I remember (visit) Geneva when I was a child.

_____

☐ **280** 日本語に直しなさい。

(1) I regret saying such a thing to her.

_____

(2) I regret to say that I'm leaving this town tomorrow.

_____

☐ **281** 彼女はもっとよい英語の勉強法を見つけようとした。

She tried (　) a better way of learning English.

① find　　　② to find　　③ finding　　④ to finding

☐ **282** (　) 内の動詞を適切な形に変えなさい。

My wife continued (work) as a nurse after having our baby.

_____

☐ **283** 日本語に直しなさい。

(1) He stopped chatting with his friends.

_____

(2) He stopped to chat with his friends.

_____

☐ **284** 私はぜひ転職したいと思っている。

I'm very anxious (　) jobs.

① about changing　　　② about to change

③ to change　　　　　④ to changing

語句　**279** Geneva「ジュネーブ」

Point 49　動名詞と不定詞 - 2

▶参考書 pp.217-220

(3) 目的語が動名詞と不定詞で意味が異なる他動詞
動名詞は「すでに起こった事柄」，不定詞は「まだ起こってない事柄」を表す
〈**forget** -ing〉「～したことを忘れる」/〈forget + to 不定詞〉「～し忘れる」
〈**remember** -ing〉「～したことを覚えている」/〈remember + to 不定詞〉「忘れずに～する」　など

(4) 目的語が動名詞でも不定詞でもよい他動詞
〈**start** -ing / to 不定詞〉「～し始める」，〈**love** -ing / to 不定詞〉「～するのが大好きだ」　など

(5) 動名詞と不定詞の使い分けに注意すべき表現
〈**stop** -ing〉「～するのをやめる」/〈stop + to 不定詞〉「立ち止まって～する」　など

---

278 ③　　　　　　　　　　　　　　　　　　　　　　　　…▶ Point 49 -(3)　T-148
「～し忘れる」は〈**forget + to 不定詞**〉で表す。〈forget -ing〉は「～したことを忘れる」。

279 visiting　　　　　　　　　　　　　　　　　　　　　…▶ Point 49 -(3)　T-149
when I was a child から，remember の目的語は「すでに起こった事柄」とわかるので，〈**remember -ing**〉「～したことを覚えている」の形にする。〈remember + to 不定詞〉とすると「忘れずに～する」という意味になるので注意。
訳〉私は子どものころジュネーブを訪れたことを覚えている。

280 (1) 私は彼女にそんなことを言ったことを後悔している。　…▶ Point 49 -(3)　T-150
(2) 残念ながら，明日この町を去ることになっています。
(1)〈**regret -ing**〉は「～したことを後悔する」という意味。(2)〈**regret + to 不定詞**〉は「残念ながら～しなければならない」。

281 ②　　　　　　　　　　　　　　　　　　　　　　　　…▶ Point 49 -(3)　T-151
〈**try + to 不定詞**〉は「～しようと試みる」，〈try -ing〉は「(試しに) ～してみる」。「見つけようとした」は実際に見つかったかどうかわからないので，try to find とする。

282 working [to work]　　　　　　　　　　　　　　　　　…▶ Point 49 -(4)　T-152
〈**continue -ing**〉でも〈**continue + to 不定詞**〉でも「～し続ける」という意味を表せる。
訳〉私の妻は出産後も看護師として働き続けた。

283 (1) 彼は友達とおしゃべりするのをやめた。　　　　　　…▶ Point 49 -(5)　T-153
(2) 彼は友達とおしゃべりするために立ち止まった[立ち止まって友達とおしゃべりした]。
(1)〈**stop -ing**〉は「～するのをやめる」。(2)〈**stop + to 不定詞**〉は「～するために立ち止まる，立ち止まって～する」。この to 不定詞は「目的」を表す副詞的用法。

284 ③　　　　　　　　　　　　　　　　　　　　　　　　…▶ Point 49 -(5)　T-154
「ぜひ～したいと思っている → ～することを切望している」と考え，〈**be anxious + to 不定詞**〉で表す。なお，〈be anxious about -ing〉は「～を心配している」という意味。

Level 3 ★★★

▶参考書 pp.201-220

285 田舎に住んでいたころは，早起きには慣れていた。
While I was living in the country, I (　) early in the morning.
① used to getting up　　② was used to get up
③ was used to getting up　　④ used to have got up
〈成城大〉

286 Would you mind (　) the air conditioner? I feel a little bit cold.
① turning off　　② to be turned off
③ turn off　　④ to turn off
〈法政大〉

287 My school uniform needs (　), but I don't have time to go to the laundry now.
① wash　　② be washed　　③ to wash　　④ washing
〈南山大〉

288 (　) the weather is always a risky business.
① Predict　　② Prediction　　③ Predicted　　④ Predicting
〈京都産業大〉

289 All the information is on television. It's hardly worth (　) a newspaper.
① buying　　② buy　　③ bought　　④ have to buy
〈上智大〉

290 After visiting the travel agent, we went to a coffee shop and (　) to Okinawa on spring break.
① talk about to go　　② talked about going
③ talked about to go　　④ talking about going
〈慶應義塾大〉

語句　**288** risky「危険な」

285 ③

「～することに慣れている」は〈**be used to -ing**〉。したがって，be 動詞 was があり，to の後が**動名詞**になっている③が正解。この **to** は**前置詞**なので，後に動詞の原形が続いている②は誤り。過去の習慣や状態を表す助動詞 used to と混同しないように注意。

286 ①

〈**Would you mind -ing?**〉で「～していただけませんか」という**依頼**を表すことができるので，①の**動名詞** turning off を入れる。
訳〉エアコンのスイッチを切っていただけませんか。少し寒いんです。

287 ④

〈**need -ing**〉で「～する必要がある」という意味になるので，④の**動名詞** washing を入れる。同じ内容を to 不定詞を用いて表す場合には，〈need to be + 過去分詞〉という形になる。
訳〉私の制服は洗濯する必要があるが，今はクリーニング店に行く時間がない。

288 ④

is の前までが文の主語になっていることに着目し，④の**動名詞** Predicting を用いて，Predicting the weather「天気を予測すること」を**文の主語**とする。①の動詞の原形は文の主語になれない。②は名詞で直後に名詞 the weather を続けることはできない。③は過去形または過去分詞だが，主語としても修飾語としても不適切。
訳〉天気を予測することは常にリスクを伴う仕事だ。

289 ①

〈**It is worth -ing**〉で「～することは**価値がある**」という意味になるので，①の**動名詞** buying を入れる。文頭の It は形式主語で，真の主語は動名詞。
訳〉あらゆる情報はテレビで放送されている。新聞を買うことにはほとんど価値がない。

290 ②

空所の前にある and が何と何をつなぐかを考える。and の前の部分が we went to a coffee shop「私たちは喫茶店に行った」なので，「そして～について話した」となるように，went に合わせてまず過去形の動詞 talked がくる。また，**about** は**前置詞**なので，後にくることができるのは to 不定詞ではなく**動名詞**。したがって，② talked about going が正解。
訳〉旅行代理店を訪れた後，私たちは喫茶店に行き，春の休暇に沖縄に行くことについて話した。

291 After six months of hard work, he is now sure of (　) the examination.
① pass　　② to pass　　③ passing　　④ have passed
〈大阪薬科大〉

292 Next summer I really hope (　) my grandfather in Germany.
① visit　　② visited　　③ visiting　　④ to visit
〈東海大〉

293 青少年を取り巻く環境には厳しいものがあるのは事実だ。
(　)(　)(　)(　)(　)(　)(　)(　) are very harsh.
① conditions　② denying　③ is　　④ no
⑤ people　　⑥ surrounding　⑦ that　⑧ there
⑨ young
〈東京理科大〉

294 I don't like (　)(＊)(　)(　)(＊)(　) were a child.
① after　② as　③ being　④ I　⑤ if　⑥ looked
〈立教大〉

295 Oh no, I left my purse at home! Is there (　)(＊)(　)(＊)(　) some money until tomorrow?
① of　　② any chance　③ you
④ me　　⑤ lending
〈センター試験〉

296 ほぼ同じ意味の文になるように，(　) に入る適切なものを選びなさい。
(a) I regret that I didn't work harder.
(b) I regret (　) harder.
① not had worked　② not have worked
③ not having worked　④ not to work
⑤ to have worked
〈中央大〉

語句　293 harsh「(事実・現実などが) つらい，厳しい」　295 purse「(女性の) 財布」

291 ③

前置詞 of の後に続けられるのは，名詞か動名詞。したがって，③の**動名詞** passing が正解。〈**be sure of -ing**〉で「～することを確信する」という意味になる。

訳▶ 6カ月間しっかり勉強したので，彼は今，試験に合格することを確信している。

292 ④

hope は **to 不定詞を目的語**にとり，動名詞を目的語にとらない動詞なので，④ to visit が正しい。〈**hope ＋ to 不定詞**〉で「～することを望む」という意味になる。

訳▶ この次の夏に，ドイツにいる祖父を訪ねることを心から希望している。

293 ⑧③④②⑦①⑥⑨⑤

There is no denying that conditions surrounding young people (are very harsh.)
まず，与えられた語句の is, no, there に着目し，〈**There is no -ing**〉「～できない」を組み立てる。There is no denying that ... とすると「～であることは否定できない」となり，日本文の内容とほぼ同じになる。that 以下は「青少年を取り巻く環境には厳しいものがある」という内容で，主語に conditions「環境」を置き，これを現在分詞 surrounding young people「若者を取り巻く」で修飾する形にする（→ T-155 ）。

294 ⑥／⑤

(I don't like) being looked after as if I (were a child.)
まず，like の後にくる目的語を動名詞で表すことを考え，being looked after という**受動態の動名詞**の形を作り，「世話をされること」という受け身の意味を表す。次に，as と if を用いて〈**as if ＋ 仮定法過去**〉の形を作り，「まるで～であるかのように」という仮定の意味を表す（→ T-245 ）。

訳▶ 私は子どものように世話をされることが好きではない。

295 ①／⑤

(Is there) any chance of you lending me (some money until tomorrow?)
〈there is ...〉の文の疑問文なので，there の後には主語となる名詞 any chance がくる。どんな chance「可能性」かを説明するため，後に of ～を続ける（→ Plus 100 ）。1つ目の文が「私は財布を忘れてきた」という内容なので，「あなたが私にお金を貸してくれる可能性」と考え，まず動名詞 lending me some money「私にいくらかお金を貸してくれること」を組み立て，lending の**意味上の主語** you（目的格）をその前に置く。

訳▶ あら，財布を家に忘れてきちゃった！ 明日までいくらかお金を貸してもらえないかしら？

296 ③

regret は目的語が動名詞と不定詞で意味が異なる動詞で，〈**regret -ing**〉は「～したことを後悔する」，〈**regret＋to 不定詞**〉は「残念ながら～しなければならない」という意味になる。(a) は「～しなかったことを後悔する」という意味なので，同じ意味を表すために (b) では that 節の代わりに**動名詞**を用いる。「～しなかったこと」と，主節の動詞 regret よりも以前のことを表すので，**完了形の動名詞** having worked の前に否定の副詞 **not** が置かれている③が正しい。

訳▶ (a)(b) 私はもっと熱心に働かなかったことを後悔している。

第9章 分詞

Level 1 ★

▶参考書 pp.226-237

297 (1) 白いシャツを着ている男性は，私の父です。

(white / man / is / wearing / shirt / the / a) my father.

_____ my father.

(2) トムは私にパーティーで撮った写真を何枚か送ってくれた。

Tom sent (at / pictures / me / party / taken / some / the).

Tom sent _____ .

298 (　) 内の動詞を適切な形に変えなさい。

(1) There is no (write) record of the meeting.　_____

(2) Don't wake up the (sleep) baby.　_____

299 I read an (　) article about new software in today's newspaper.

① interest　② interested　③ interesting　④ interestingly

300 日本語に直しなさい。

He kept working until the middle of the night.

_____

301 (1) 子どもたちは歌いながら教室に入ってきた。

The children (　　　)(　　　) into the classroom.

(2) そのホテルは森に囲まれて建っている。

The hotel (　　　)(　　　) by the forest.

302 玄関のドアはいつも閉めておいてください。

(front / keep / the / closed / please / door) at all times.

_____ at all times.

語句　**298** record「記録」　**299** article「記事」　software「ソフトウエア」

Point 50　名詞を修飾する分詞（限定用法）　▶参考書 pp.226-228

(1) 現在分詞と過去分詞
　　〈名詞＋現在分詞〉→ 名詞と分詞は〈する側〉と〈する行為〉を表し，能動の関係
　　〈名詞＋過去分詞〉→ 名詞と分詞は〈される側〉と〈される行為〉を表し，受動の関係
　　分詞に修飾される名詞 → 分詞の意味上の主語
(2) 分詞が名詞の前に置かれる場合
　　名詞を修飾する1語の分詞 → 修飾する名詞の直前に置く
(3) 形容詞となった分詞（分詞形容詞）
　　現在分詞（-ing）の形容詞 → 能動の意味　過去分詞（-ed）の形容詞 → 受動の意味

Point 51　補語になる分詞（叙述用法）　▶参考書 pp.228-230

(1) SV＋分詞
　　SVC の文型で，分詞が文の補語になる → **S** is **C** の関係が成り立つ
　　〈動作を表す自動詞＋分詞〉→ walk, sit, come, stand など
　　　　現在分詞 →「～しながら，～して」（能動）　過去分詞 →「～されて」（受動）
(2) SVO＋分詞
　　SVOC の文型で，分詞が文の補語になる → **O** is **C** の関係が成り立つ

297　(1) The man wearing a white shirt is　⋯▶ Point 50 -(1)　T-155
　　　　(2) me some pictures taken at the party
　　(1)「～を着ている」の意味を表す**現在分詞**を The man の直後に置く。(2) SVOO の文。「写真」が「撮られた」という受動の関係なので**過去分詞**を some pictures の直後に置く。

298　(1) written　(2) sleeping　⋯▶ Point 50 -(2)　T-156
　　直後の名詞との関係が「～された」なら**過去分詞**に，「～している」なら**現在分詞**にする。
　　訳〉(1) その会議の文書記録はありません。　(2) 眠っている赤ちゃんを起こさないで。

299　③　⋯▶ Point 50 -(3)　T-157
　　空所の語が article を修飾して「興味深い記事」という意味になると判断し，他動詞 interest「(人)に興味を起こさせる」からきた**現在分詞の形容詞 interesting** を選ぶ。
　　訳〉今日の新聞で，新しいソフトウエアに関する興味深い記事を読んだ。

300　彼は真夜中まで働き続けた。　⋯▶ Point 51 (1)　T-158
　　SVC の文で，working が補語。〈**keep**＋**現在分詞**〉で「～し続ける」の意味を表す。

301　(1) came singing　(2) stands surrounded　⋯▶ Point 51 -(1)　T-159
　　「～しながら」は**現在分詞**で，「～されて」は**過去分詞**で表し，動詞の直後に置く。

302　Please keep the front door closed　⋯▶ Point 51 -(2)　T-160
　　「Oを～された状態にしておく」は〈SV (keep) O＋過去分詞〉の形で表す。

□ 303 (　)内の動詞を適切な形に変えなさい。
She always has her computer (run). _____

□ 304 (1) 私はカメラをその店で修理してもらった。(1語不要)
I (camera / at / fixing / fixed / had / my) the store.
I _____ the store.

(2) 彼は地震で家に被害を受けた。(1語不要)
He (was / in / house / got / damaged / his) the earthquake.
He _____ the earthquake.

□ 305 日本語に直しなさい。
I have to get this work done in a week.
_____

□ 306 (1) 彼はドアが背後で閉まるのを聞いた。
He (door / behind / heard / him / the / closed).
He _____ .

(2) 私たちは彼らが音楽に合わせて楽しそうに踊っているのを見た。
We (dancing / saw / the / to / music / them) happily.
We _____ happily.

□ 307 カレンはその少女が自分を見ていることに気づいた。
Karen (　　　) the girl (　　　)(　　　) her.

語句　304 damage「〜に被害を及ぼす」 earthquake「地震」

第9章●分詞

Point 52　have＋O＋分詞 / see＋O＋分詞　▶参考書 pp.231-233

(1) have / get＋O＋現在分詞
　〈have / get＋O＋現在分詞〉→「**O を〜させる / させておく**」
(2) have / get＋O＋過去分詞
　〈have / get＋O＋過去分詞〉→「**O を〜してもらう**」「**O を〜される**」「**O を〜し終える**」
(3) see＋O＋現在分詞 / 過去分詞
　〈see[hear / feel]＋O＋現在分詞〉→「**O が〜しているのを見る[聞く / 感じる]**」
　〈see[hear / feel]＋O＋過去分詞〉→「**O が〜されるのを見る[聞く / 感じる]**」
　※〈see＋O＋動詞の原形〉→ その動作が始まってから終わるまでのすべてを見る
　　〈see＋O＋現在分詞〉→ その動作の一時点を見る

---

303 running　　　…▶ Point 52 -(1)　T-161

「(パソコンを) 動かせておく」という意味を表すと考え，〈**have＋O＋現在分詞**〉の文にする。run の現在分詞は running。
訳〉彼女はいつも自分のパソコンをつけっぱなしにしている。

304 (1) had my camera fixed at　　…▶ Point 52 -(2)　T-162
　　(2) got his house damaged in

(1)「カメラを修理してもらう」を〈**have＋O＋過去分詞**〉「**O を〜してもらう**」の形で表す。fixing が不要。(2)「被害を受けた → 被害を与えられた」と考え，〈**get＋O＋過去分詞**〉「**O を〜される**」の形で表す。was が不要。この形で使われる have と get は使役動詞。〈have＋O＋動詞の原形〉，〈have＋O＋現在分詞〉の文と比較して，O と動詞の原形[現在分詞 / 過去分詞]の意味関係が異なることを確かめておくとよい。

305 私は1週間でこの仕事を終わらせなければなりません。　…▶ Point 52 -(2)　T-162

〈**get＋O＋過去分詞**〉の形になっていることに着目すると，do の過去分詞 done で「(仕事が) 終えられる」という**受動**の意味を表しているとわかる。

306 (1) heard the door closed behind him　…▶ Point 52 -(3)　T-163
　　(2) saw them dancing to the music

(1) 与えられた語句の中の過去分詞 closed に着目し，「ドアが閉められるのを聞いた」と考えて，〈**hear＋O＋過去分詞**〉の語順にする。(2) 与えられた語句の中の現在分詞 dancing に着目し，「彼らが踊っているのを見た」を〈**see＋O＋現在分詞**〉の形で表す。「音楽に合わせて踊る」は，dance to the music。

307 noticed / looking at　　…▶ Point 52 -(3)　T-163

「〜に気づく」は **notice** で表すが，これは see や hear などと同じ**知覚動詞**。したがって，〈**notice＋O＋現在分詞**〉の形を用いて「**O が〜しているのに気づく**」の意味を表すことができる。

308 （　）内の動詞を適切な形に変えなさい。

(1) リサは夕焼けを見ながら，テラスに立っていた。

Lisa was standing on the terrace (watch) the sunset.

_____

(2) 高いビルに囲まれ，その時計塔は小さなおもちゃのように見えた。

(Surround) by tall buildings, the clock tower looked like a tiny toy. _____

309 彼はラジオを聞きながら英語の勉強をした。

He (the / English / radio / studied / to / listening).

He _____.

310 次の文の誤りを訂正しなさい。

Talked with my father on the phone, I noticed he was a bit tired.

_____ → _____

311 日本語に直しなさい。

Taking off our shoes, we stepped into the temple.

_____

312 ほぼ同じ意味の文になるように，（　）に適語を入れなさい。

(a) Since he felt tired from the long walk, he took a rest.

(b) (　　　)(　　　) from the long walk, he took a rest.

313 何をすべきかわからず，私は彼女のアドバイスを求めた。

(　　　)(　　　)(　　　)(　　　)(　　　), I asked for her advice.

語句　**308** terrace「テラス」 tiny「とても小さい」　**311** temple「寺院，神殿」
312 rest「休息」

第9章●分詞

Point 53　分詞構文
▶参考書 pp.234-237

(1) 分詞構文の形と働き
　分詞構文 → **現在分詞**や**過去分詞**の導く句が，文の情報を補足する
　分詞構文の意味上の主語 → **文の主語**と同じになるのが原則
(2) 分詞構文が表す内容
　付帯状況（その時していること）→「**〜しながら**」
　時（何をしている時なのか）→「**〜している時，〜しているあいだ**」
　　　　　　　　　　　　　　　　（= when 〜，while 〜）
　動作の連続（動作が続いて起こること）→「**〜して，そして…**」（=〜 and ...）
　原因や理由 →「**〜なので**」（= because 〜，since 〜，as 〜）
(3) 分詞構文での否定語の位置
　分詞を否定する **not** や **never** → 分詞の**直前**に置く

308 (1) watching　(2) Surrounded　　⋯▶ Point 53 -(1)　T-164
(1) （　）の前が Lisa was standing on the terrace「リサはテラスに立っていた」という完全な文になっており，その文に「〜しながら」という意味をつけ加えるので，**現在分詞**にする。(2) コンマ以下の文に「高いビルに囲まれ」という情報をつけ加えるので，「〜されて」の意味を表す**過去分詞**にする。

309 studied English listening to the radio　　⋯▶ Point 53 -(2)　T-165
「彼は英語の勉強をした」He studied English という文に，現在分詞 listening を用いて「ラジオを聞きながら」という**付帯状況**の意味をつけ加える。

310 Talked → Talking　　⋯▶ Point 53 -(2)　T-166
コンマの前後の意味関係から，コンマの前の部分は「〜している時」という意味を表す**分詞構文**と考えられる。分詞構文の意味上の主語は文の主語と同じIなので，「私」が「話していた」となる。したがって，過去分詞ではなく**現在分詞**を用いるのが正しい。
訳〉父と電話で話していた時，父がちょっと疲れていることに気づいた。

311 私たちは靴をぬぎ，寺院に足を踏み入れた。　　⋯▶ Point 53 -(2)　T-167
文脈より，「靴をぬぐ」という動作の後に，引き続き「寺院に足を踏み入れた」という動作が行われたと考えられる。**動作の連続**を表す分詞構文なので「〜して，（そして）…した」と訳す。take off は「（衣服・靴など）を脱ぐ」，step into は「〜に踏み込む」。

312 Feeling tired　　⋯▶ Point 53 -(2)　T-168
(a) の Since he felt tired は「彼は疲れたと感じたので」という理由を表す。(b) ではこれを**理由**を表す**分詞構文**を用いて書き換える。
訳〉(a)(b) 長いこと歩いて疲れを感じたので，彼は休息をとった。

313 Not knowing what to do　　⋯▶ Point 53 -(3)　T-169
「わからず → わからないので」と考え，**理由**を表す**分詞構文**にする。**not** は現在分詞 knowing の**直前**に置く。「何をすべきか」は〈疑問詞（what）+ to 不定詞〉の形で表す。

Level 2 ★★

▶参考書 pp.238-244

□ **314** ほぼ同じ意味の文になるように, ( ) に適語を入れなさい。
(a) Because he had met her before, he recognized her at once.
(b) (　　　)(　　　) her before, he recognized her at once.

□ **315** フランス語を勉強したことがなかったので, 私はその本が読めなかった。
(　　　)(　　　)(　　　)(　　　), I couldn't read that book.

□ **316** 彼は部屋で勉強している時に, 寝入ってしまった。
(　　　)(　　　) in his room, he fell asleep.

□ **317** (1) バスの便がなかったので, 私は公園まで歩かなければならなかった。
(service / being / there / bus / no), I had to walk to the park.
＿＿＿＿＿＿＿＿＿＿＿＿＿＿＿＿, I had to walk to the park.

(2) 外はとても寒かったので, 彼らは1日中ずっと家にいた。
(cold / being / it / outside / very), they stayed at home all day.
＿＿＿＿＿＿＿＿＿＿＿＿＿＿＿＿, they stayed at home all day.

□ **318** (1) 一般的に言って, 日本人は感情を素直に表現するのが苦手だ。
(　　　)(　　　), the Japanese are poor at expressing their feelings frankly.

(2) アクセントから判断すると, 彼は関西出身のようだ。
(　　　)(　　　) his accent, he seems to be from the Kansai area.

□ **319** 日本語に直しなさい。
(1) Speaking of Jim, I heard he moved to Paris.
＿＿＿＿＿＿＿＿＿＿＿＿＿＿＿＿＿＿＿＿＿＿＿＿＿＿＿＿

(2) Strictly speaking, Mexico is a part of North America.
＿＿＿＿＿＿＿＿＿＿＿＿＿＿＿＿＿＿＿＿＿＿＿＿＿＿＿＿

語句 **314** recognize「～をそれとわかる」 **316** asleep「眠って」

Point 54　分詞構文の応用

(1) 分詞構文のさまざまな形
　　完了形の分詞 → 〈**having** + 過去分詞〉　文の述語動詞の表す時より以前のこと
　　分詞の前に when や while などの接続詞を置く → 分詞構文の意味を明確にする
(2) 独立分詞構文
　　分詞の意味上の主語が文の主語と異なる場合 → 分詞の直前に意味上の主語を置く
　　〈There + be 動詞 ...〉の分詞構文 → **There being** ... / **There having been** ...
　　慣用的な分詞構文 → **frankly speaking**「率直に言って」,
　　　　　　　　　　　speaking[**talking**] **of** ...「…と言えば」,
　　　　　　　　　　　generally speaking「一般的に言って」,
　　　　　　　　　　　judging from ...「…から判断すると」など

▶参考書 pp. 238-240

314　Having met　　　　　　　　　　　　　　⇒ Point 54 -(1)　T-170
(a) の because 節の動詞 had met は文の動詞 recognized より以前のことを表すので,
(b) で分詞構文に書き換える場合は, **完了形の分詞**〈**having**＋**過去分詞**〉を用いる。
訳〉(a)(b) 以前に彼女に会ったことがあったので, 彼はすぐに彼女だとわかった。

315　Never[Not] having studied French　　　⇒ Point 54 -(1)　T-170
「フランス語を勉強したことがなかった」のは「その本が読めなかった」よりも以前のことなので, **完了形の分詞**〈**having**＋**過去分詞**〉を用いる。否定語の **never**[**not**] は having の直前に置く。

316　While[When] studying　　　　　　　　⇒ Point 54 -(1)　T-171
「部屋で勉強している時に」は studying in his room という分詞構文で表すことができるが, ここでは空所の数より接続詞 **while**[**when**] を分詞の前に置き,「時」を表すことを明確にする。

317　(1) There being no bus service　　　　　⇒ Point 54 -(2)　T-172
　　　(2) It being very cold outside
(1) Because there was no bus service の意味を分詞構文で表す。there を分詞の前に置き, **There being** ... の形にする。(2) Because it was very cold outside の意味を分詞構文で表す。文の主語 they と分詞構文の主語 it が異なるので, 分詞の意味上の主語 **It** を being の前に置き, 独立分詞構文 **It being** ... の形にする。

318　(1) Generally speaking　(2) Judging from　⇒ Point 54 -(2)　T-173
(1)「一般的に言って」は慣用的な分詞構文 **Generally speaking** で表せる。
(2)「…から判断すると」は, **Judging from** ... で表せる。

319　(1) ジムと言えば, 彼はパリに引っ越したと聞きました。⇒ Point 54 -(2)　T-173
　　　(2) 厳密に言えば, メキシコは北米の一部だ。
(1) **Speaking of** ... は「…と言えば」という意味を表す分詞構文。
(2) **Strictly speaking** ... は「厳密に言えば」という意味を表す分詞構文。

320 He sat comfortably on the sofa (　).
① with his legs crossing　　② with crossing his legs
③ with his legs crossed　　④ with crossed his legs

321 スティーブはエンジンをかけっぱなしにして車の中にいた。
Steve stayed (running / in / with / his / engine / the / car).
Steve stayed _____ .

322 中国には野生のパンダが約 1,000 頭残っている。
There (　　　　) about 1,000 wild pandas (　　　　) in China.

323 次の文の誤りを訂正しなさい。
I went to fishing in the river with my friends last Sunday.
_____ → _____

324 (1) 私は難なく彼の家を見つけることができた。
I (finding / trouble / no / his / had / house).
I _____ .

(2) 彼女は週末は読書をして過ごした。
She (weekend / books / the / reading / spent).
She _____ .

語句　**320** comfortably「心地よく，くつろいで」

第9章●分詞

| Point 55 | 付帯状況を表すwith＋(代)名詞＋分詞 | ▶参考書 pp.241-242 |

〈with ＋ (代)名詞 ＋ 分詞〉→ 同時に起こっている事柄を補足的に説明する
　　　　　　　　　　　　　(代)名詞は分詞の意味上の主語
現在分詞が使われる場合 →「～が…したままで」と能動態に相当する内容を表す
過去分詞が使われる場合 →「～が…されたままで」と受動態に相当する内容を表す

| Point 56 | 分詞を使った表現 | ▶参考書 pp.242-244 |

〈There ＋ be 動詞 ＋ 名詞 ＋ 分詞〉→ 何かの存在を伝え，その状況も表す
その他の分詞を使った表現 →〈go -ing〉「～しに行く」
　　　　　　　　　　　　　〈be busy -ing〉「～するのに忙しい」
　　　　　　　　　　　　　〈spend ＋ 時間 ＋ -ing〉「～して〈時間〉を過ごす」
　　　　　　　　　　　　　〈have trouble -ing〉「～するのに苦労する」

320 ③　　　　　　　　　　　　　　　　　　　…▶ Point 55　T-174
空所の部分は「脚を組んで → 彼の脚が組まれた状態で」という**付帯状況**の意味になると判断し，〈**with＋名詞**（his legs）**＋過去分詞**（crossed）〉の語順で表す。
訳▷ 彼は脚を組んで心地よさそうにソファーに座っていた。

321 in his car with the engine running　　　　…▶ Point 55　T-174
stayed in his car「車の中にいた」の後に，〈**with＋名詞＋現在分詞**〉の形を用いて，「エンジンが動いている状態で」という**同時に起こっている事柄**の説明をつけ加える。

322 are / left　　　　　　　　　　　　　　　　…▶ Point 56　T-175
「野生のパンダ」が「残されている」という**受動**の意味関係から，There are about 1,000 wild pandas という〈**There＋be 動詞＋名詞**〉の文の後に**過去分詞** left を続け，パンダがどのような状況にあるのかを示す。

323 to fishing → fishing　　　　　　　　　　　…▶ Point 56　T-175
「～しに行く」という意味は，〈**go -ing**〉の形で表すので，to は不要。
訳▷ この前の日曜日に友人たちと川へ釣りに行った。

324 (1) had no trouble finding his house　　　…▶ Point 56　T-175
　　　(2) spent the weekend reading books
(1) 与えられた語句の finding, trouble, had に着目し，〈**have trouble -ing**〉の形を用いることを考える。「難なく見つけた → 見つけるのに苦労しなかった」ということなので，trouble の前に否定を表す no を入れればよい。(2) 与えられた語句の weekend, reading, spent に着目し，〈**spend＋時間＋-ing**〉の形で「～して〈時間〉を過ごす」という意味を表す。

Level 3 ★★★

▶参考書 pp.221-244

☐ **325** The prime minister entered the reception hall proudly, (　　) in token of his power.
① his head held high　② his head holding high
③ his head held highly　④ his head holding highly
〈東京理科大〉

☐ **326** The audience came out of the lecture hall (　　).
① looked inspired　② looking inspired
③ looked inspiring　④ looking inspiring
〈青山学院大〉

☐ **327** We are going to try that (　　) on the corner this weekend.
① new opening restaurant　② newly opened restaurant
③ restaurant new opened　④ restaurant of new opening
〈日本女子大〉

☐ **328** (　　) his work, Peter went home and took a long hot shower.
① All finishing　② Finished
③ Have finishing　④ Having finished
〈慶應義塾大〉

☐ **329** If the river is clear, you can see the beautiful scene (　　) on it.
① reflect　② reflects　③ reflected　④ to reflect
〈青山学院大〉

☐ **330** With the most respected liberal leaders (　　), there was no one in government left to appeal to.
① go　② to go　③ going　④ gone
〈青山学院大〉

語句　**325** in token of「～のしるしとして」　**326** audience「聴衆，観客」
329 reflect「(鏡・水などが) ～を映す」　**330** liberal「進歩的な，リベラルな」

第9章●分詞

325 ①
空所に his head と held か holding という分詞が入ることに着目する。コンマの前後の意味関係から，コンマの後の部分は「〜しながら」という意味を表す**分詞構文**と考えられる。his head は**分詞構文の意味上の主語**。「頭」が「あげられた」という受動の関係なので，過去分詞 held を用いる。hold one's head high で「頭を高くあげる」の意味。
訳〉首相は権力のしるしとして頭を高くあげ，誇らしげに祝賀会場に入った。

326 ②
空所より前の部分が完全な文の形になっていることに着目し，空所には**付帯状況**を表す**分詞構文**が入ると考えられる。選択肢に使われている **look** は**自動詞**で「〜のように見える」という意味を，**inspired** と **inspiring** はいずれも他動詞 inspire「(人)を刺激する」からきた分詞形容詞で，それぞれ「心を動かされた」と「心を動かす」という意味を表す。分詞構文の主語は文の主語 The audience と同じで，「聴衆」が「心を動かされたように見える」という意味関係が成り立つので，**現在分詞** looking と**過去分詞の形容詞** inspired の組み合わせが正しい。
訳〉聴衆は感動した様子で講堂から出てきた。

327 ②
文の意味と選択肢から，空所には「新しく開店したレストラン」の意味を表す語句が入ると考えられる。「レストラン」が「開店される」という**受動**の関係が成り立つので，**受動**の意味を表す**過去分詞** opened を用いるのが適切。過去分詞を修飾できるのは形容詞 new ではなく副詞の newly「新しく」。したがって，**限定用法**の過去分詞 newly opened が restaurant を前から修飾する形が正しい。
訳〉角のところにあるあの最近開店したレストランへ今週末に行ってみるつもりです。

328 ④
コンマ以下が完全な文になっているので，コンマより前の部分は**分詞構文**と考えられる。「仕事を終えた」時は「帰宅した」時よりも前なので，**完了形の分詞〈having＋過去分詞〉**を用いるのが正しい。②の過去分詞 Finished は，分詞の意味上の主語が Peter なので不適切。
訳〉仕事を終え，ピーターは家に帰ってじっくり熱いシャワーを浴びた。

329 ③
知覚動詞 see があることに着目する。〈see＋O (the beautiful scene)＋動詞の原形 [分詞]〉の形にすることを考えるが，「美しい風景」が「川の水に映される」という**受動の関係**が成り立つので，③の**過去分詞** reflected を用いて〈**see＋O＋過去分詞**〉「Oが〜されるのを見る」の形にする。
訳〉川の水が澄んでいれば，水に映った美しい風景が見られます。

330 ④
コンマの前の部分までが〈**with＋名詞＋分詞**〉で**付帯状況**を表すと考える。「指導者たち」が「いなくなる (be gone)」という意味関係が成り立つので，**過去分詞**を選ぶ。
訳〉もっとも尊敬されているリベラルな指導者たちがいなくなって，興味をひかれる人は政府の中にだれもいなくなった。

- **331** My son, ( ) to stay home, gave up going outdoors.
    ① be persuaded　② having persuaded
    ③ persuaded　④ persuading　⑤ to be persuaded
    〈明治学院大〉

- **332** Please complete and return the form ( ) in the envelope at your earliest convenience.
    ① enclose　② enclosed　③ encloses
    ④ enclosing　⑤ to enclose
    〈北里大〉

- **333** 自家用飛行機で空を飛ぶ人の数は，過去10年間で劇的に増加した。
    The ( )( )(*)( )( ) in the past decade.
    ① private jets　② has risen dramatically
    ③ on　④ number of people　⑤ flying
    〈東京理科大〉

- **334** When I heard ( )(*)( )(*)( ) home, I stopped immediately to find out what was wrong.
    ① while　② the back of my car　③ a funny noise
    ④ coming from　⑤ driving
    〈センター試験〉

- **335** My grandmother ① makes it a rule to ② see her dentist once ③ every six months to have her teeth ④ to check.
    〈学習院大〉

- **336** ほぼ同じ意味の文になるように，（ ）に適語を入れなさい。
    (a) Because I didn't know what to do, I telephoned the police.
    (b) Not ( ) what to do, I telephoned the police.
    〈立教大〉

語句　**332** enclose「～を同封する」　**333** decade「10年間」

第9章●分詞

331 ③

文の主語 My son の後に置かれているコンマにはさまれた部分が**分詞構文**と考えられる。選択肢にある persuade は〈**persuade＋O＋ to 不定詞**〉で「**O を説得して〜させる**」という意味を表す（→ T-116 ）。「私の息子」が「説得される」という**受動**の意味関係が成り立つので，③の**過去分詞** persuaded を用いるのが正しい。
訳〉私の息子は家にいるようにと説得され，外出するのをあきらめた。

332 ②

the form は complete と return の目的語。したがって，（　）in the envelope の部分は the form を後ろから修飾していると考えられる。enclose は「〜を同封する」という意味。「用紙」が「同封されている」という**受動**の意味関係が成り立つので，**過去分詞**を用いるのが正しい。
訳〉封筒に同封されている用紙にご記入のうえ，できるだけ早くご返送ください。

333 ③

(The) number of people flying on private jets has risen dramatically (in the past decade.)
文の主語は「自家用飛行機で空を飛ぶ人の数」。選択肢より，「人の数」は The number of people，「自家用飛行機で空を飛ぶ」は**現在分詞** flying on private jets で表すことができると考えられるので，これを**修飾される名詞**「**人**」people の後に置く。この主語の後に述語動詞 has risen dramatically を続ければよい。

334 ④ / ①

(When I heard) a funny noise coming from the back of my car while driving (home, I stopped immediately to find out what was wrong.)
まず，他動詞 heard「聞いた」の後には目的語 a funny noise「変な音」が続くと考えられる。さらに，**hear** は知覚動詞なので，「**O が〜しているのを聞く**」という意味を表すように〈**hear＋O** (a funny noise) **＋現在分詞**（coming from the back of my car)〉の形を作る。その後に**時**を表す**分詞構文** while driving home を続ければ，意味の通る文が完成する。
訳〉帰宅しようと車を走らせていた時に車の後部から変な音が聞こえたので，何がおかしいのかを確認するため，すぐに車を停めた。

335 ④ (to check → checked)

④を含む to have 以下の部分は「歯を検査してもらうために」という意味になると考えられるので，「**O を〜してもらう**」の意味を表す〈**have＋O＋過去分詞**〉の形にするのが正しい。〈make it a rule to 不定詞〉は「〜するのを決まりにしている」。
訳〉祖母は歯を検査してもらうため，6カ月に1回，歯科医院に行くことにしている。

336 knowing

(a) のコンマの前までの Because 節を，(b) では**理由**を表す**分詞構文**に書き換える。「わからなかったので」という**否定**の意味なので，**not** の直後に**現在分詞** knowing を置く。
訳〉(a)(b) どうすればよいのかわからなかったので，私は警察に電話した。

第10章 比較

Level 1 ★　　　　　　　　　　　　　　▶参考書 pp.254-271

☐ **337** (1) アンはジェフと同じくらい上手に日本語を話す。
　　　　Ann speaks Japanese (　　　)(　　　)(　　　) Jeff.
　　(2) その映画は小説と同じくらいおもしろい。
　　　　The film is (　　　)(　　　)(　　　) the novel.

☐ **338** 日本語に直しなさい。
　　Basketball is not as popular as baseball in Japan.
　　_____

☐ **339** 彼は私と同じくらいの数の CD を持っている。
　　He (do / has / CDs / many / as / as / I).
　　He _____ .

☐ **340** (1) このカメラは私のカメラの3倍の値段だ。
　　　　This camera is (　　　)(　　　) as (　　　)(　　　)
　　　　(　　　).
　　(2) このビルは東京タワーの半分の高さだ。
　　　　This building is (　　　)(　　　)(　　　)(　　　)
　　　　the Tokyo Tower.

☐ **341** できるだけ早く帰ってきます。
　　I will (back / as / as / be / possible / soon).
　　I will _____ .

☐ **342** ほぼ同じ意味の文になるように，(　) に適語を入れなさい。
　　(a) I drove as carefully as possible in the rain.
　　(b) I drove (　　　) carefully (　　　)(　　　)(　　　)
　　　　in the rain.

語句　**342** carefully「注意深く」

Point 57　原級を使った比較　　　▶参考書 pp.258-262

(1)「～と同じくらい…だ」を表す
　〈as＋原級＋as ～〉→ 2つのものが同じくらいであることを表す
(2)「～ほど…ではない」を表す
　〈not as[so]＋原級＋as ～〉→ 2つのものが同じくらいではないことを表す
(3)「～と同じくらい…の」を表す
　〈as＋形容詞＋名詞＋as ～〉→ 形容詞と名詞を離すことはできない
(4)「のX倍…だ」を表す
　〈X times as＋原級＋as ～〉→ twice「2倍」, half「2分の1」など
(5)「できるだけ…」を表す
　〈as＋原級＋as possible〉〈as＋原級＋as S can〉

337 (1) as well as　(2) as interesting as　　…▶ Point 57 -(1)　T-176

「～と同じくらい…だ」は〈as＋原級＋as ～〉。(1) 副詞 well「上手に」を用いて as well as とする。Ann と Jeff を「日本語のうまさ」の点で比べ、同じくらいであることを表す。(2) 形容詞 interesting「おもしろい」を用いて, as interesting as とする。「映画」と「小説」を「おもしろさ」の点で比べ、同じくらいであることを表す。

338 日本では, バスケットボールは野球ほど人気が高くない。　…▶ Point 57 -(2)　T-177

〈not as＋原級(popular)＋as ～〉「～ほど…ではない」の形の文。「バスケットボール」と「野球」を「人気」の点で比べ,「野球ほど人気が高くない」ことを表す。

339 has as many CDs as I do　　　…▶ Point 57 -(3)　T-178

「～と同じくらい…の」は〈as＋形容詞＋名詞＋as ～〉で表す。× He has CDs as many as I do. のように, 形容詞 many と名詞 CDs を離さないように注意。

340 (1) three times / expensive as mine　　…▶ Point 57 -(4)　T-179
　　　(2) half as tall as

「のX倍…だ」は〈X times as＋原級＋as ～〉で表す。(1)「3倍の値段だ → 3倍高価である」と考え, 形容詞 expensive「高価な」を用いて, three times as expensive as とする。「私のカメラ」は mine「私のもの」で表す。(2)「半分の高さだ」は形容詞 tall「(建物が)高い」を用いて, half as tall as とする。

341 be back as soon as possible　　…▶ Point 57 -(5)　T-180

与えられた語句の中に possible があるので,「できるだけ…」はここでは〈as＋原級 (soon)＋as possible〉で表す。soon は副詞。「帰ってくる」は be back。

342 as / as I could　　　…▶ Point 57 -(5)　T-180

(a) の〈as＋原級＋as possible〉「できるだけ…」は,〈as＋原級＋as S can〉で書き換えることができる。ここでは, S が文の主語の I で, 時制は過去なので, as carefully as I could となる。carefully は副詞。
〈訳〉(a)(b) 私は雨の中をできるだけ注意して運転した。

☐ **343** (1) 富士山は高尾山より高い。

　　　　Mt. Fuji is (　　　)(　　　) Mt. Takao.

　　(2) 弟は私よりもたくさん本を読む。

　　　　My brother reads (　　　)(　　　)(　　　) I do.

☐ **344** (　) 内の語を適切な形に変えなさい。

　　(1) Quality is (important) than quantity.　_____

　　(2) My flu is (bad) today than yesterday.　_____

☐ **345** 日本語に直しなさい。

　　Jane is not taller than her brother.

　　_____

☐ **346** (1) 私の夫はあなたより5歳年上だ。

　　　　My husband (older / you / is / years / five / than).

　　　　My husband _____ .

　　(2) 姉は私よりはるかにピアノを弾くのがうまい。

　　　　My sister (do / plays / piano / the / better / I / far / than).

　　　　My sister _____ .

☐ **347** ほぼ同じ意味の文になるように，(　) に適語を入れなさい。

　　(a) Riding a horse is not as easy as riding a bike.

　　(b) Riding a horse is (　　　) easy (　　　) riding a bike.

☐ **348** この仕事は思っていたよりもずっと難しい。

　　This task (I / is / expected / than / more / much / difficult).

　　This task _____ .

語句　**344** quality「質」 quantity「量」 flu「インフルエンザ」

Point 58　比較級を使った比較　▶参考書 pp.262-267

(1)「～より…だ」を表す
　〈比較級 + than ～〉→ 2つのものを比べて差があることを表す
(2)「～より…ということはない」を表す
　〈not + 比較級 + than ～〉→ 2つのものが「同じかそれよりも…」ということ
(3) 差が大きいことを表す，差を具体的に表す
　「～よりもずっと［はるかに］…」→ 〈much[far] + 比較級 + than ～〉
　「～よりも少し…」→ 〈a little[a bit] + 比較級 + than ～〉
　「～より（差を表す表現）だけ…だ」→ 〈差を表す表現 + 比較級 + than ～〉
(4) less を用いて「～ほど…でない」を表す
　〈less + 形容詞［副詞］+ than ～〉→ less の後には原級を置く
(5) 何と何を比べているか
　He looks much younger than he really is.
　　→「彼のみかけ」の年齢と「本当の」年齢を比べている

343 (1) higher than　(2) more books than　⋯▶ Point 58 -(1)　T-181
「～より…だ」は〈比較級＋than ～〉。(1) 形容詞 high「高い」の比較級 higher を用いて，higher than とする。(2) 形容詞 many「たくさんの」の比較級 more を用いて，more books than とする。more と books を離さないように注意。

344 (1) more important　(2) worse　⋯▶ Point 58 -(1)　T-181
〈than ～〉があるので，比較級の文。(1) important の比較級は **more important**。(2) bad の比較級は **worse**。
訳 (1) 量よりも質が重要だ。　(2) 私のインフルエンザは昨日より今日の方がひどい。

345 ジェーンが兄［弟］より背が高いということはない。　⋯▶ Point 58 -(2)　T-182
〈not＋比較級＋than ～〉「～より…ということはない」の文。Jane は「兄［弟］と同じくらいの身長か，それよりも低い」ということ。

346 (1) is five years older than you
　　(2) plays the piano far better than I do　⋯▶ Point 58 -(3)　T-183
(1)「5歳」は2人の年齢の差を表すので，five years を比較級の前に置く。(2) **better** は副詞 well「上手に」の比較級。「はるかに」は **far** を比較級の前に置いて表す。

347 less / than　⋯▶ Point 58 -(4)　T-184
(a) の not as easy as ～は「～ほど簡単ではない」という意味。(b) ではこれと同じ意味を〈less＋形容詞（easy）＋than ～〉「～ほど…でない」の形で表す。
訳 (a)(b) 馬に乗るのは，自転車に乗るのほど簡単ではない。

348 is much more difficult than I expected　⋯▶ Point 58 -(5)　T-185
「ずっと難しい」は is much more difficult で，「思っていたよりも」は than I expected で表す。「思っていた」難しさと「実際の」難しさを比べている。

□ 349 (1) ミシシッピーはアメリカ合衆国でもっとも長い川だ。

The Mississippi is (　　)(　　)(　　)(　　) the U.S.A.

(2) あの絵がこの美術館のすべての絵の中で一番有名だ。

That is (　　)(　　)(　　)(　　) all the paintings in this museum.

□ 350 次の文の誤りを訂正しなさい。

Hillary sang that song better of the four girls.

_____ → _____

□ 351 カスピ海は世界でずば抜けて大きな湖だ。

The Caspian Sea (in / lake / far / the / by / largest / is) the world.

The Caspian Sea _____ the world.

□ 352 彼はチームでもっとも印象の薄い選手だった。

He was (　　)(　　) impressive player in the team.

□ 353 彼女はわが国でもっとも優れたピアニストの1人だ。

She is (the / one / in / greatest / of / pianists) this country.

She is _____ this country.

□ 354 この教会は町で2番目に古い建物だ。

This church is (　　)(　　)(　　)(　　) in our town.

語句　352 impressive「印象的な」

第 10 章 ● 比較

Point 59 　最上級を使った比較
▶ 参考書 pp. 267 - 269

(1) 「〜の中でもっとも…だ」を表す
　〈**the** + 最上級 + **of**[**in**] 〜〉→ 3 者以上の中で一番であることを表す
　　　　　　　　　　　　　　　　副詞の最上級は **the** をつけないことが多い
　比較の範囲 → 比べる相手がその中に入っているような場合：〈**in** + 名詞（代名詞）〉
　　　　　　　比べる相手を個別に意識しているような場合：〈**of** + 名詞（代名詞）〉
(2) 「抜群に…だ」を表す
　〈**by far**[**much**] + **the** + 最上級〉〈**the very** + 形容詞の最上級（+ 名詞)〉
(3) 「もっとも…でない」を表す
　〈**the least** + 形容詞［副詞］〉→ least の後には原級を置く
(4) 「もっとも…なものの 1 つ」を表す
　〈**one of the** + 形容詞の最上級 + 複数形の名詞〉
(5) 「X 番目に…だ」を表す
　「2 番目に…な〜」→〈**the second** + 形容詞の最上級 + 単数形の名詞〉

349 (1) the longest river in　(2) the most famous of　　⋯▶ **Point 59** -(1)　**T-186**
(1)「もっとも長い」は形容詞 long の**最上級** longest を用いて表す。「（アメリカ合衆国）で」は **in** を用いる。(2)「一番有名だ」は形容詞 famous の**最上級** most famous を用いて表す。「（〜のすべての絵の中）で」は **of** を用いる。

350 better → (the) best　　⋯▶ **Point 59** -(1)　**T-186**
of the four girls「4 人の少女の中で」より，「ヒラリーがもっとも上手に歌った」という**最上級**の内容を表していることがわかる。したがって，well の比較級 better ではなく最上級 **best** を用いる。best はここでは副詞なので，the はつけなくてもよい。
訳　ヒラリーはその歌を 4 人の少女の中でもっとも上手に歌った。

351 is by far the largest lake in　　⋯▶ **Point 59** -(2)　**T-187**
「世界でもっとも大きな湖」を the largest lake in the world で表し，**by far**「ずば抜けて」を〈the + 最上級〉の前に置く。

352 the least　　⋯▶ **Point 59** -(3)　**T-188**
impressive は「印象的な」という意味の形容詞なので，「もっとも印象の薄い」を表すには，〈**the least** + 形容詞〉「もっとも…でない」を用いて the least impressive とする。

353 one of the greatest pianists in　　⋯▶ **Point 59** -(4)　**T-189**
「もっとも…なものの 1 人」は〈**one of the** + 形容詞の最上級 + 複数形の名詞〉で表す。名詞 pianist が複数形であることに注意する。「（わが国）で」は **in** を用いる。

354 the second oldest building　　⋯▶ **Point 59** -(5)　**T-190**
「2 番目に…な〜」〈**the second** + 形容詞の最上級 + 単数形の名詞〉を用いて，the second oldest building とする。

355 ほぼ同じ意味の文になるように，（ ）に適語を入れなさい。

(a) Tokyo is the largest city in Japan.
(b) (　　　)(　　　) city in Japan is (　　　)(　　　) (　　　) Tokyo.

356 ティムはもっとも若いバンドのメンバーだ。

(younger / band / no / member / the / is / than / other / of) Tim.
_____ Tim.

357 ボブはクラスのほかのどの生徒よりもテニスがうまい。

Bob plays tennis (　　　)(　　　)(　　　)(　　　) (　　　) in the class.

Level 2 ★★
▶参考書 pp.272-288

358 ほぼ同じ意味の文になるように，（ ）に適語を入れなさい。

(a) This book is a novel rather than a travel journal.
(b) This book is not (　　　)(　　　) a travel journal (　　　) a novel.

359 (1) トニーはあいかわらず冷静に見える。

Tony (calm / ever / as / as / looks).
Tony _____ .

(2) 彼女はきわめて勤勉な生徒です。

She is (I / diligent / student / as / know / as / any).
She is _____ .

360 彼らは1カ月間に15もの国を訪問したいと考えている。

They want to visit (　　　)(　　　)(　　　) fifteen countries within a month.

語句　**358** journal「雑誌，定期刊行物」　**359** diligent「勤勉な」

Point 60 原級・比較級を使って最上級の意味を表す ▶参考書 pp.270-271

(1) 原級を使って「～ほど…なものはない」を表す
　〈**No (other)**＋単数形の名詞 … **as[so]**＋原級＋**as** ～〉
(2) 比較級を使って「～よりも…なものはない」を表す
　〈**No (other)**＋単数形の名詞 … 比較級＋**than** ～〉
(3) 比較級を使って「ほかのどの～よりも…だ」を表す
　〈比較級＋**than any other**＋単数形の名詞〉

Point 61 原級を用いたさまざまな表現 ▶参考書 pp.272-274

(1) not so much A as B
　「**A というよりはむしろ B**」→ 2 つの要素のどちらがより強く備わっているかを表す
(2) as … as ever ～ / as … as any ～
　〈as … as ever〉→「あいかわらず…」「きわめて…」
　〈as … as any＋単数形の名詞〉→「きわめて…」
(3) as many / much as ＋数詞
　「**～もの**」→ 数や量がかなり多いことを表す（数は **many** を、量は **much** を用いる）

355 No other / as[so] large as　　　…▶ Point 60 -(1)　T-191
(a) の the largest city という最上級の内容を、(b) では〈**No (other)**＋単数形の名詞 … **as[so]**＋原級＋**as** ～〉「～ほど…なものはない」を用いて表す。
訳 (a) 東京は日本で最大の都市だ。　(b) 東京ほど大きな都市は日本にはほかにない。

356 No other member of the band is younger than　…▶ Point 60 -(2)　T-192
与えられた語句に younger, than があるので、比較級を用いて最上級の内容を表す。「～よりも…なものはない」〈**No (other)**＋単数形の名詞 … 比較級＋**than** ～〉を用いる。

357 better than any other student　　　…▶ Point 60 -(3)　T-193
〈比較級＋**than any other**＋単数形の名詞〉で「ほかのどの～よりも…だ」を表す。

358 so much / as　　　…▶ Point 61 -(1)　T-194
(a) の B rather than A は「**A というよりはむしろ B**」という意味。(b) では〈**not so much A as B**〉を用いて同じ意味を表す。A と B の位置が逆になるので注意。
訳 (a)(b) この本は、旅行雑誌というよりはむしろ小説だ。

359 (1) looks as calm as ever　　　…▶ Point 61 -(2)　T-195
　 (2) as diligent as any student I know
(1)〈**as … as ever**〉「あいかわらず…」(2)〈**as … as any**＋単数形の名詞〉「きわめて…」

360 as many as　　　…▶ Point 61 -(3)　T-196
「（数が）～もの」は〈**as many as**＋数詞〉で表す。

□ 361 そのホテルで，私たちは空いている2つの部屋のうち大きなほうを選んだ。

At the hotel, we took (　) of the two rooms available.

① bigger　　② the bigger　　③ biggest　　④ the biggest

□ 362 (1) その村に近づくにつれて，雨はますますひどくなった。

As we approached the village, it rained (　　　)(　　　)(　　　).

(2) ますます多くの若者が携帯電話を利用するようになっている。

(　　　)(　　　)(　　　) young people are using mobile phones.

□ 363 電子決済はますます普及しつつある。

Electronic banking (more / more / is / and / becoming / popular).

Electronic banking ＿＿＿＿＿＿＿＿＿＿＿＿＿＿＿＿＿＿＿＿＿.

□ 364 年をとればとるほど，外国語を習うのが難しくなる。

(　　　)(　　　) we grow, (　　　)(　　　)(　　　) it becomes to learn a foreign language.

□ 365 次の文の誤りを訂正しなさい。

The more he made money, the more humble he became.

＿＿＿＿＿＿＿＿＿＿＿＿＿＿ → ＿＿＿＿＿＿＿＿＿＿＿＿＿＿

□ 366 (1) 課長に昇進したので，ケンはそれだけいっそう自信をつけている。

Ken is (　　) the (　　) confident (　　) he was promoted to manager.

(2) サムは優しいので，子どもたちはよりいっそう彼のことが好きだ。

The children like Sam (　　)(　　)(　　)(　　) his kindness.

語句　361 available「利用できる」　365 humble「謙虚な，つつましい」

第 10 章 ● 比較

Point 62　比較級を用いたさまざまな表現 (1)　▶参考書 pp.275 - 278

(1) the ＋比較級＋ of the two 〜
　「2つのうちで，より…なほう」→ 比較級の前に **the** がつく
(2) 比較級＋ and ＋比較級
　「ますます…」→ more 型の形容詞や副詞は〈**more and more**＋原級〉で表す
(3) the ＋比較級＋ SV ..., the ＋比較級＋ SV 〜
　「…すればするほど，ますます〜」→ 比例の関係を表す
(4) all the ＋比較級 〜
　「それだけ…，ますます…」
　→〈all the ＋比較級〉の後に〈**for**＋名詞（句）〉か〈**because**＋節〉を置く

361 ②　　　…▶ Point 62 -(1)　T-197
「2つのうちで，より大きいほう」ということなので，〈**the**＋比較級〉の形になっている②を選び，the bigger of the two とする。比較級に the がつくことに注意。

362 (1) harder and harder　(2) More and more　…▶ Point 62 -(2)　T-198
「ますます…」は〈比較級＋and＋比較級〉の形で表す。(1)「ひどく」は副詞 hard で表せるので，「ますますひどく」は harder and harder とする。(2)「多くの若者」は many young people で表せるので，many の比較級 **more** を用いて，more and more young people とする。

363 is becoming more and more popular　…▶ Point 62 -(2)　T-198
popular「人気の高い」は more 型の形容詞。したがって，「ますます…」は〈**more and more**＋原級〉で表す。

364 The older / the more difficult　…▶ Point 62 -(3)　T-199
「…すればするほど，ますます〜」は〈**the**＋比較級＋SV ..., **the**＋比較級＋SV 〜〉で表す。old「年とった」を The older として前の空所に入れ，difficult「難しい」を the more difficult として後の空所に入れる。

365 The more he made money → The more money he made
　　　　　　　　　　　　　　　　…▶ Point 62 -(3)　T-199
〈**the**＋比較級＋SV ..., **the**＋比較級＋SV 〜〉「…すればするほど，ますます〜」の文。「より多くのお金」more money のように〈形容詞の比較級＋名詞〉になる場合は，more と money は離さないで，The more money をひとまとまりにして扱う。
訳　彼はお金を得れば得るほど，ますますつつましくなった。

366 (1) all / more / because　(2) all the more for　…▶ Point 62 -(4)　T-200
「それだけ…，ますます…」は〈**all the**＋比較級〜〉で表す。(1) confident の比較級は more confident。「〜なので」の部分は he was promoted to manager という節で表されているので，ここでは **because** を用いる。(2)「〜なので」の部分は his kindness と名詞句で表されているので，ここでは **for** を用いる。

367 その映画はわくわくするというよりはむしろ怖かった。

The movie was (　　　) scary (　　　) exciting.

368 彼は5キロのレースも走れないのだから，ましてやマラソンなど走れるわけがない。

He can't run a five-kilometer race, (　) a marathon.

① much less　② much more　③ all the more　④ less than

369 (1) わが社の新しいソフトウエアは既存の製品よりも優れている。

Our new software is (　　　)(　　　) existing products.

(2) 映画を見に出かけるより，図書館で本を読むほうがいい。

I (　　　) reading in the library (　　　) going out to see movies.

370 政府は高等教育の制度を変えようとしている。

The government is going to change the system of (　) education.

① very high　② much high　③ higher　④ highest

371 (1) これらの家の間取りはほぼ同じだ。

The floor plans of these houses are (　　　) or (　　　) the same.

(2) いずれ犯人は発見され，逮捕されるだろう。

(　　　) or (　　　) the criminal will be found and arrested.

372 彼は賭け事に全財産をつぎ込むような愚か者ではない。

He (all / than / money / spend / knows / his / better / on / to) gambling.

He _____ gambling.

語句　**367** scary「怖い，恐ろしい」　**369** existing「既存の」

Point 63　比較級を用いたさまざまな表現 (2)　▶参考書 pp.278-281

(1) more B than A
　「**A** というよりはむしろ **B**」→ -er 型の形容詞も〈**more** + 原級〉で表す
(2) much[still] less ～
　「**なおさら…でない，まして…でない**」→ 否定文の直後に続ける
(3) superior to ～ / prefer A to B
　〈superior to ～〉「**～より優れた**」，〈prefer A to B〉「**B よりも A を好む**」
(4) 具体的な比較対象を持たない比較級（絶対比較級）
　全体を 2 つに分けてどちらにあるのかを比較級で表す
　　　例：the <u>younger</u> generation「全体の中で若い方の世代→若い世代の人たち」
(5) 比較級を用いたその他の表現
　〈**more or less**〉「多かれ少なかれ，ある程度は」
　〈**sooner or later**〉「遅かれ早かれ，いつかは」
　〈**know better than to 不定詞**〉「～するほど愚かではない」

---

367 more / than　　　…▶ Point 63 -(1)　T-201

〈**more B than A**〉「**A** というよりはむしろ **B**」を用い，more scary than exciting で「わくわくするというよりはむしろ怖い」とする。A，B が形容詞の場合，原級を用いることに注意。

368 ①　　　…▶ Point 63 -(2)　T-202

「まして～ではない」は〈**much less ～**〉で表す。「5 キロのレースも走れない」という内容を受け，「マラソンなどなおさら走れるわけがない」と述べている。

369 (1) superior to　(2) prefer / to　　　…▶ Point 63 -(3)　T-203

比較の対象を than ではなく to で表す表現。(1)「～より優れた」は〈**superior to ～**〉で表す。(2)「**B** よりも **A** を好む」は〈**prefer A to B**〉で表す。

370 ③　　　…▶ Point 63 -(4)　T-204

「高等教育」は「教育全体の中で高い方の教育」と考え，**higher education** で表す。全体を 2 つに分けてどちらにあるのかを表す，絶対比較級の表現。

371 (1) more / less　(2) Sooner / later　　　…▶ Point 63 -(5)　T-205

(1)「ほぼ（同じ）→ ある程度（同じ）」と考え，〈**more or less**〉で表す。(2)「いずれ → 遅かれ早かれ」と考え，〈**sooner or later**〉で表す。

372 knows better than to spend all his money on　　　…▶ Point 63 -(5)　T-205

「～するほど愚かではない」は〈**know better than to 不定詞**〉で表す。to 以下は「賭け事に全財産をつぎ込む（こと）」という内容なので，〈spend + お金 + on ～〉「～に〈お金〉を使う」の形を用いて，(to) spend all his money on gambling とする。

- 373 その MP3 プレーヤーはマッチ箱と同じくらいの大きさしかない。
  The MP3 player is (　　　) bigger (　　　) a match box.

- 374 ピーターは父と同じように俳優としては有名ではない。
  Peter is no (　　　) famous as an actor (　　　) his father.

- 375 ほぼ同じ意味の文になるように，(　) に適語を入れなさい。
  (a) Good rest is as important as good exercise.
  (b) Good rest is no (　　　) important (　　　) good exercise.

- 376 (1) ホテルに着くには，ほんの10分しかかからないだろう。
  It will take (　　　)(　　　) than ten minutes to get to the hotel.
  (2) バスにはせいぜい10人しか乗客がいなかった。
  There were (　　　)(　　　) than ten passengers on the bus.

- 377 ほぼ同じ意味の文になるように，(　) に適語を入れなさい。
  (1) (a) She spent as much as fifty thousand yen for cosmetics.
  　　(b) She spent (　　　)(　　　) than fifty thousand yen for cosmetics.
  (2) (a) This novel has been translated into at least thirty languages.
  　　(b) This novel has been translated into (　　　)(　　　) than thirty languages.

語句　377 cosmetics「化粧品」

Point 64　no を使った比較表現　　▶参考書 pp.281-285

(1) no ＋比較級＋ than
　「同じ程度にしか…でない」→ 比べている性質に差がないことを示す
(2) no more ... than ~ / no less ... than ~
　〈no more ... than ~〉→「~と同じように…でない」 両者がともに否定の意味
　〈no less ... than ~〉→「~に劣らず…」 両者がともに肯定の意味
(3) no more than ＋数詞 / not more than ＋数詞
　〈**no more than** ＋数詞〉→「（ほんの）~しか」 数量が少ないことを強調する
　〈**not more than** ＋数詞〉→「（多くて）せいぜい~」 数量の上限を表す
(4) no less than ＋数詞 / not less than ＋数詞
　〈**no less than** ＋数詞〉→「~ほども多く」 数量が多いことを強調する
　〈**not less than** ＋数詞〉→「少なくとも~」 数量の下限を表す

373　no / than　　　　　　　　　　　　　　　⋯▶ Point 64 -(1)　T-206
〈**no**＋比較級＋**than**〉「同じ程度にしか…でない」を用いて，no bigger than「~と同じくらいの大きさしかない」とする。「MP3 プレーヤー」と「マッチ箱」を比べて，大きさに差がないことを表している。

374　more / than　　　　　　　　　　　　　⋯▶ Point 64 -(2)　T-207
〈**no more ... than ~**〉「~と同じように…でない」を用いる。Peter と his father を「俳優としての知名度」の面で比べている。「父が有名でない」という否定的な事柄と比べて，「ピーターも有名でない」と述べている。

375　less / than　　　　　　　　　　　　　　⋯▶ Point 64 -(2)　T-207
(a)の as important as ~ は「~と同じくらい大切な」という意味。(b)では no に着目し，〈**no less ... than ~**〉「~に劣らず…」を用いて，no less important than「~に劣らず大切な」とする。
　訳　(a) 十分な休息は，よく運動することと同じくらい大切だ。
　　　(b) 十分な休息は，よく運動することに劣らず大切だ。

376　(1) no more　(2) not more　　　　　　⋯▶ Point 64 -(3)　T-208
(1)「ほんの~しか」は数量が少ないことを強調しているので，〈**no more than**＋数詞〉で表す。(2)「せいぜい~」は数量の上限を表している。〈**not more than**＋数詞〉で表す。

377　(1) no less　(2) not less　　　　　　　⋯▶ Point 64 -(4)　T-209
(1) (a)の〈as much as ~〉「~もの」は量が多いことを強調した表現。(b)では〈**no less than**＋数詞〉を用いてほぼ同じ意味を表す。(2) (a)の at least「少なくとも」は数量の下限を表す表現。(b)では〈**not less than**＋数詞〉を用いてほぼ同じ意味を表す。
　訳　(1) (a)(b) 彼女は化粧品に 50,000 円も使った。
　　　(2) (a)(b) この小説は少なくとも 30 の言語に翻訳されている。

378 このチョコレートは冷蔵庫で少し冷やすともっともおいしい。

This chocolate tastes (　) when it is slightly chilled in the refrigerator.

① best　　② the best　　③ more best　　④ much best

379 この地域の降雪は2月がもっとも多い。

The snowfall is (　) in February in this area.

① heavier　② the heavier　③ heaviest　④ the heaviest

380 日本語に直しなさい。

The brightest student in this school will not be able to solve this math problem.

---

381 (1) あなたの時計を修理するにはせいぜい10ドルしかかかりません。

It will cost (　　　)(　　　) ten dollars to fix your watch.

(2) 彼女は少なくとも5ヵ国語が話せる。

She is able to speak (　　　)(　　　) five languages.

382 日本語に直しなさい。

(1) I'm at my best early in the morning.

(2) You should finish this report by the end of this month at the latest.

語句　**378** taste「～の味がする」 chill「(飲食物など)を冷やす」

Point 65　最上級を用いたさまざまな表現

▶参考書 pp. 285-288

(1) 比較の対象がほかの人や物ではない場合
　　自分自身の中での比較 → 最上級に the をつけない。
　　　例：This lake is deepest here.（同じ湖の中で一番深い地点はどこかを表す）
(2) 「〜でさえ」という意味を表す最上級
　　主語に形容詞の最上級がついている場合 →「どんなに…な〜でさえ」
(3) at (the) most / at (the) least
　　〈at (the) most〉→「多くとも〜，せいぜい〜」　後の内容が最大であることを表す
　　〈at (the) least〉→「少なくとも〜」　後の内容が最小であることを表す
(4) at one's best / at (the) best
　　〈at one's best〉→「最高の状態の」　何かが最高の状態にあることを表す
　　〈at (the) best〉→「最高でも」　やや否定的な意味合いを含む

---

378 ①　　　　　　　　　　　　　　　　　　…▶ Point 65 -(1)　T-210

「このチョコレート」をほかのものと比較しているのではなく，「このチョコレートに関してもっともおいしいのはどんな場合なのか」を表しているので，**the** をつけない最上級の① best が適切。

379 ③　　　　　　　　　　　　　　　　　　…▶ Point 65 -(1)　T-210

「この地域の降雪」をほかの地域の降雪と比較しているのではなく，「この地域で降雪がもっとも多いのはいつなのか」を表しているので，**the** をつけない最上級の③ heaviest が適切。

380 この学校のどんなに優秀な生徒でも，この数学の問題を解くことはできないだろう。
　　　　　　　　　　　　　　　　　　　　　　…▶ Point 65 -(2)　T-211

主語 The brightest student in this school に，形容詞の最上級 brightest がついていることに着目する。「もっとも優秀な生徒」と「この数学の問題を解くことはできないだろう」という組み合わせから，「どんなに優秀な生徒でさえ」という意味であることをつかむ。

381 (1) at most　(2) at least　　　　　　　…▶ Point 65 -(3)　T-212

(1)「せいぜい 10 ドルしか」は，10 ドルが最大であることを表しているので，〈**at (the) most**〉を用いる。(2)「少なくとも 5 カ国語」は，5 カ国語が最小であることを表しているので，〈**at (the) least**〉を用いる。

382 (1) 私は早朝がもっとも調子がいい。　　　…▶ Point 65 -(4)　T-213
　　　(2) あなたは遅くとも今月末までにはこの報告書を仕上げなければならない。

(1)〈**at one's best**〉は「最高の状態の」を表す。ここでは，「私」が早朝においてもっともよい状態であることを表している。(2)〈**at (the) latest**〉は「(いくら)遅くても」という意味になる。

Level 3 ★★★

▶参考書 pp.249-288

□ **383** Mary is (　) student in my class.
　　① a tallest third　　　② a third tallest
　　③ the tallest third　　④ the third tallest
〈日本女子大〉

□ **384** I think you are overestimating the situation here in Japan. Things are (　) in Japan than anywhere else in the world.
　　① no better　② not well　③ so good　④ the worst
〈明治大〉

□ **385** Mary is beautiful, but her sister is (　) more beautiful.
　　① most　　② much　　③ so　　④ very
〈日本女子大〉

□ **386** A: I'm not used to mountain climbing. My legs are getting tired.
　　B: We are over the (　) part. It's not so steep from here.
　　① worse　② worst　③ least　④ most　⑤ more
〈法政大〉

□ **387** 近頃，商業と芸術の間の境界線は不明瞭というよりも失われている。
　　Recently, the line between (　)(　)(*) so (　)(*)(　)(　).
　　① as　　　　② is　　　　　③ missing　　④ not
　　⑤ much　　⑥ commerce and art　　　　⑦ unclear
〈北里大〉

□ **388** 健康が他の何よりも大切であることは言うまでもない。
　　It (　)(　)(　)(*)(　)(　)(*)(　)(　) else.
　　① anything　② goes　③ health　④ important　⑤ is
　　⑥ more　　 ⑦ saying　⑧ than　　　⑨ that　　⑩ without
〈青山学院大〉

語句　**384** overestimate「〜を過大評価する」　**386** steep「険しい」

383 ④

選択肢より,「3番目に背の高い」という内容と推測できる。「**3番目に…な~**」は〈**the third**＋形容詞の最上級＋単数形の名詞〉の語順になるので,the third tallest student となる④が正解。
> 訳 メアリーは私のクラスで3番目に背の高い生徒だ。

384 ①

〈**no**＋比較級＋**than**〉「同じ程度にしか…でない」を用いて,no better than「~と同じくらい良くない」とする。「日本の状況」と「世界中のほかのところの状況」を比べて,良さに差がないことを表している。
> 訳 あなたはここ日本の状況を過大評価していると思います。状況は世界中のほかのところと同じくらい良くありません。

385 ②

比較級の前に置いて,「~よりもずっと」のように,比較する**2者の差が大きい**ことを表すことができるのは,選択肢の中では② **much**。ほかの語は比較級を強調することはできない。
> 訳 メアリーは美しいが,彼女の姉[妹]はもっと美しい。

386 ②

文脈より,「**最も悪い**」という意味を表す bad の**最上級**② **worst** を用いる。
> 訳 A「私は登山に慣れていません。足が疲れてきました。」
> B「私たちは最悪の部分を越えました。ここからはそれほど険しくありませんよ。」

387 ④ / ⑦

(Recently, the line between) commerce and art is not (so) much unclear as missing (.)
文中の so と与えられた語句の as, not, much に着目し,〈**not so much A as B**〉を用いて「**A というよりはむしろ B**」という意味を表す。

388 ⑨ / ⑥

(It) goes without saying that health is more important than anything (else.)
文頭に It があるので,〈It goes without saying that ...〉「~は言うまでもない」という慣用表現を用いる。that 節内は,与えられた語句の more, important, than に着目し,**比較級**の文にする。文末に else があることから,比較の対象である than 以下を **anything else**「ほかの何(よりも)」とする。比較級の文だが,表しているのは最上級の意味であることに注意。

389 彼は以前ほどじょうぶではない。

He ( )( )( )( )( )( )( )( ).

① as ② be ③ he ④ is ⑤ not
⑥ so ⑦ strong ⑧ to ⑨ used

〈東京理科大〉

390 For nature lovers, ( )(*)( )(*)( ) pure cold water from a mountain stream.

① is ② more ③ nothing ④ refreshing ⑤ than

〈センター試験追試〉

391 A: How was your trip?
B: We were worried about transportation, but the situation was (*)( )( )(*)( )( ).

① expected ② had ③ less ④ than
⑤ serious ⑥ we

〈立教大〉

392 We walked ① <u>a little</u> ② <u>more fast</u> to ③ <u>make</u> it ④ <u>in</u> time to catch the 8:24 train.

〈学習院大〉

393 One of the most important factors in ① <u>adjusting</u> to a new culture is the age at which the person goes abroad. ② <u>The more</u> years a person has spent in his own country, ③ <u>harder</u> it is ④ <u>to accept</u> new patterns of life.

〈中央大〉

394 ほぼ同じ意味の文になるように，( ) に適語を入れなさい。

(a) She has 40 CDs while I have 20.
(b) She has ( )( )( ) CDs as I have.

〈東京理科大〉

語句 **390** stream「小川」 **391** transportation「交通機関，移動」

389 ④⑤⑦①③⑨⑧②

(He) is not so strong as he used to be (.)
「現在の彼」と「以前の彼」を比べる文にする。〈**not as[so]＋原級＋as ～**〉「～ほど…ではない」を用いて，He is not so strong as「彼は～ほどじょうぶではない」とし，比較の対象である as 以下は he used to be「以前の彼」とする。この used to は「過去の状態」を表す（…▶ T-079 ）。

390 ①／④

(For nature lovers,) nothing is more refreshing than (pure cold water from a mountain stream.)
与えられた語句の more と than より，比較級の文と推測する。〈**nothing … 比較級＋than ～**〉「～よりも…なものは何もない」を用いて，比較級の部分に more refreshing を置き，「～よりもすがすがしいものは何もない」という内容の文にする。比較級で最上級に相当する内容を表す文。
訳〉自然愛好家にとって，山の小川のきれいで冷たい水よりもすがすがしいものはない。

391 ③／⑥

(We were worried about transportation, but the situation) was less serious than we had expected (.)
与えられた語句の less と than に着目し，比較級の文と推測する。〈**less＋形容詞＋than ～**〉「～ほど…でない」を用いて，less serious than「～ほど深刻ではない」とする。than 以下は we had expected「私たちが予想していた（よりも）」とする。
訳〉A「旅行はいかがでしたか。」
B「移動を心配していたのですが，状況は思ったほど深刻ではありませんでした。」

392 ②（more fast → faster）

〈than ～〉という比較の対象を表す語句はないが，文の意味から，「（通常よりも）少し速めに」という内容の比較の文と考えられる。fast は -er 型の副詞なので，**比較級は faster** で，more fast にはならない。比較級の前の a little は差が小さいことを表す。
訳〉8時24分の電車に間に合うように，私たちは少し速めに歩いた。

393 ③（harder → the harder）

2つ目の文は，〈**the＋比較級＋SV …, the＋比較級＋SV ～**〉「…すればするほど，ますます～」の形。コンマの後の比較級③ harder の前に the が必要。
訳〉新しい文化に慣れる際にもっとも重要な要素の1つは，その人が海外に行くときの年齢である。自分自身の国で過ごす年月が長ければ長いほど，新しい生活様式を受け入れるのがますます難しくなる。

394 twice as many

(a) の内容から「彼女は私の2倍の CD を持っている」ことがわかるので，(b) では〈**X times as＋原級＋as ～**〉を用いて「～の X 倍…だ」という意味を表す。
訳〉(a) 彼女は CD を40枚持っているが，私は20枚持っている。
(b) 彼女は私の2倍の CD を持っている。

第11章 関係詞

Level 1 ★　　　　　　　　　　　　　　　　　　▶参考書 pp.293-311

395 （　）に that 以外の適切な関係代名詞を入れなさい。

(1) I know a boy (　　　) can play the violin very well.

(2) We saw a movie (　　　) was based on a true story.

396 この工場で働いている人々はとても腕がいい。（1語不要）

(are / factory / which / the / this / people / in / work / who) very skillful.

_____

very skillful.

397 次の2文を that 以外の関係代名詞を用いて1文にしなさい。

(1) Where is the book?　You borrowed it from the library.

Where is _____ ?

(2) The man is a famous writer.　I interviewed him yesterday.

The man _____ .

398 ロンドンで買った地図をあなたにお見せしましょう。

I'll (map / London / I / in / you / bought / the / show).

I'll _____ .

399 (1) あの長髪の男の人を見てよ。

Look at the man (　　　)(　　　) is long.

(2) 彼女はとても美しいカバーの本を私にくれた。

She gave me a book (　　　)(　　　) was very beautiful.

400 次の文の誤りを訂正しなさい。

He was singing a song which title I didn't know.

_____ → _____

語句　**395** be based on「～に基づく」　**396** skillful「熟練した」

152

Point 66　関係代名詞の基本 - 1

▶参考書 pp.293-296

(1) who と which（主格）
　主格の関係代名詞 → 関係詞節（関係詞が導く節）中で主語として働く
　先行詞が人の場合は **who**，人以外の場合は **which**
(2) whom と which（目的格）
　目的格の関係代名詞 → 関係詞節中で動詞の目的語として働く
　先行詞が人の場合は **whom**[**who**]，先行詞が人以外の場合は **which**
　目的格の関係代名詞は省略されることが多い
(3) whose（所有格）
　所有格の関係代名詞 → 関係代名詞が所有の意味を表す
　先行詞に関わらず〈**whose** + 名詞〉の形になる

395 (1) who　(2) which　　　⋯▶ Point 66 -(1)　T-214
(1) 先行詞 a boy は人で，関係詞節で主語の働きをするので，**who** を用いる。(2) 先行詞 a movie は人以外で，関係詞節で主語の働きをするので，**which** を用いる。
訳 (1) 私はバイオリンがとても上手に弾ける男の子を知っている。
　　(2) 私たちは実話に基づいた映画を見た。

396 The people who work in this factory are　⋯▶ Point 66 -(1)　T-214
「この工場で働いている」を関係詞節にして，「人々」The people の後に続ける。先行詞 The people は人なので，主格の関係代名詞は **who** が適切。which が不要。

397 (1) the book which you borrowed from the library　⋯▶ Point 66 -(2)　T-215
(2) whom[who] I interviewed yesterday is a famous writer
(1) it = the book なので，先行詞 the book（人以外）の後に目的格の関係代名詞 **which** を置き，it を除いた2つ目の文を関係詞節にして続ける。(2) The man = him なので，先行詞 The man（人）の後に目的格の関係代名詞 **whom**[**who**] を置き，him を除いた2つ目の文を関係詞節にして続ける。
訳 (1) あなたが図書館から借りた本はどこにありますか。
　　(2) 私が昨日インタビューした男性は有名な作家だ。

398 show you the map I bought in London　⋯▶ Point 66 -(2)　T-215
「ロンドンで買った」を関係詞節にして，「地図」the map の後に続ける。ここでは，目的格の関係代名詞 **which** が省略されていることに注意。

399 (1) whose hair　(2) whose cover　⋯▶ Point 66 -(3)　T-216
(1) his hair is long ということ。所有格の関係代名詞を用いて，〈**whose**+名詞〉の形にする。(2) its cover was very beautiful ということ。〈**whose**+名詞〉の形にする。

400 which → whose　⋯▶ Point 66 -(3)　T-216
I didn't know a song's title ということなので，〈**whose**+名詞(title)〉の形が正しい。
訳 彼は私の知らない曲名の歌を歌っていた。

- **401** これは私が今までに読んだうちでもっともおもしろい本だ。
  This is (ever / interesting / the / have / read / most / book / I / that).
  This is _____.

- **402** ( ) に適切な関係代名詞を入れなさい。
  (1) 彼女は私が信頼できる唯一の人だ。
  　　She is the only person (　　　) I can trust.
  (2) 真っ先に思い浮かべたのは父の言葉だった。
  　　The first thing (　　　) came to my mind was my father's words.

- **403** (1) 考えなければいけない問題がいくつかある。
  　　There are some issues (　　　) we should think (　　　).
  (2) 私には何でも話し合える友達がいる。
  　　I have a friend (　　　)(　　　) I can discuss anything.

- **404** 彼らはあなたが世話をしている子どもたちですか。
  Are they (of / children / are / who / taking / the / you / care) ?
  Are they _____ ?

- **405** (1) 彼は言うこととやることが違う。
  　　(　　　) he says is different from (　　　) he does.
  (2) 君が手に持っているものを見せてくれないか。
  　　Will you show me (　　　)(　　　)(　　　) in your hand?

- **406** 次の文の誤りを訂正しなさい。
  母は私に夕食に食べたいものを尋ねた。
  My mother asked me that I wanted to eat for dinner.
  _____ → _____

語句　**404**「〜の世話をする」take care of

Point 67　関係代名詞の基本 - 2

(4) that
　関係代名詞 that → **主格**・**目的格**として，**which** の代わりによく使われる
　that がよく使われる場合
　　→ 先行詞が人以外で，**特定の 1 つのもの**であることを示す修飾語を伴う場合
　　　　　例：**the first**「最初の」，**the only**「唯一の」など
　　　先行詞が「**すべて**」「**まったく～ない**」という意味を表す修飾語を伴う場合
　　　　　例：all，every，any，no など

(5) 前置詞と関係代名詞
　目的格の関係代名詞 → 関係代名詞が前置詞の目的語の働きをすることがある
　　前置詞を関係詞節の最後に置く（関係代名詞が省略されることも多い）
　　〈前置詞＋whom[which]〉の形にして関係詞節の先頭に置く

(6) what
　関係代名詞 what →「～すること［もの］」の意味で，先行詞なしで使う
　　　　　　　　what の導く節は名詞節で，文の主語・目的語・補語になる

---

401 the most interesting book that I have ever read　⋯▶ Point 67 -(4)　T-217
先行詞 the most interesting book を that が導く関係詞節で説明する。先行詞が特定の 1 つのものを示す〈**the＋最上級**〉を伴うので，**関係代名詞は that** が使われている。

402 (1) that [whom / who]　(2) that [which]　⋯▶ Point 67 -(4)　T-217
先行詞に含まれる (1) の **the only**「唯一の」，(2) の **the first**「最初の」は，いずれも特定の 1 つであることを示す修飾語なので，**関係代名詞は that** を用いることが多い。

403 (1) which [that] / about [of]　(2) with whom　⋯▶ Point 67 -(5)　T-218
(1) 先行詞 some issues と関係詞節は we should think about [of] some issues という関係なので，前置詞 about [of] の目的語になる目的格の **which [that]** を用い，節の最後に前置詞を置く。(2) I can discuss anything with a friend という関係なので，先行詞 a friend が前置詞の目的語になる。〈前置詞＋**whom**〉を関係詞節の先頭に置く。

404 the children who you are taking care of　⋯▶ Point 67 -(5)　T-218
you are taking care of the children という関係なので，the children を先行詞として関係詞節を続けるが，群動詞の前置詞は前へ出さず，群動詞の形のままで用いる。

405 (1) What / what　(2) what you have　⋯▶ Point 67 -(6)　T-219
(1) **関係代名詞 what** を用いて，文の**主語**である「(彼の) 言うこと」は what he says で，文の**補語**である「(彼の) すること」は what he does で表す。(2)「手に持っているもの」は述語動詞 show の目的語。**関係代名詞 what** を用いて，what you have で表す。

406 that → what　⋯▶ Point 67 -(6)　T-219
that の前に先行詞がないことに着目する。「(私が) 食べたいもの」は，「～すること［もの］」の意味を表す**関係代名詞 what** を用いて what I wanted to eat とする。

☐ **407** 日本語に直しなさい。

(1) There were only a few people who agreed to his plan.

(2) There were only a few people, who agreed to his plan.

☐ **408** (　) に適切な関係代名詞を入れなさい。

(1) I like this hotel, (　　　) is very comfortable to stay in.

(2) His father, (　　　) is a famous musician, is living in New York now.

☐ **409** 日本語に直しなさい。

(1) He lent me a book, which I found boring.

(2) My friend introduced me to her brother, who became my husband a year later.

☐ **410** この本は，簡単な英語で書かれているので，子どもにも読める。

This book, (　　　)(　　　)(　　　) in plain English, can be read by a child.

☐ **411** 日本語に直しなさい。

He said he had no money, which was not true.

☐ **412** その少年はうそをつき，そのことが母親を非常に怒らせた。

The boy told a lie, (　　　)(　　　) his mother very angry.

語句　**410** plain「明らかな，平易な」

第 11 章 ● 関係詞

Point 68　関係代名詞の継続用法
▶参考書 pp.300-304

(1) 限定用法と継続用法
　限定用法 → 関係代名詞の前にコンマを置かず，先行詞の意味を限定する
　継続用法 → 関係代名詞の前にコンマを置いて，先行詞の補足説明をする
(2) 継続用法の表す意味
　継続用法は文脈により，**and**「そして」，**but**「しかし」，**because**「なぜなら」などの接続詞の意味を込めて使われることがある
(3) 継続用法の which の用法
　継続用法の which
　　→ 直前の文の内容全体，文中の一部の語句や節を先行詞とすることがある

407　(1) 彼の計画に賛成する人はほんの少数しかいなかった。　⇢ Point 68 -(1) T-220
(2) ほんの少ししか人はいなかったが，その人たちは彼の計画に賛成した。
(1) 関係代名詞 **who** の前にコンマがないことに着目する。関係詞節は先行詞 only a few people の意味を限定している。彼の計画に賛成しなかった人がほかにいたことになる。(2) **who** の前にコンマがあるので継続用法。関係詞節は先行詞 only a few people に情報をつけ加えている。彼の計画に賛成しなかった人はいなかったことになる。

408　(1) which　(2) who　⇢ Point 68 -(1) T-220
(1) 継続用法の **which** を用いて，先行詞 this hotel についての説明を加える。
(2) 継続用法の **who** を用いて，先行詞 His father についての説明を加える。
訳　(1) 私はこのホテルが気に入っている。というのはとても泊まり心地がよいからだ。
　　(2) 彼の父親は，有名な音楽家なのだが，現在ニューヨークに住んでいる。

409　(1) 彼は私に本を貸してくれたが，それはつまらなかった。　⇢ Point 68 -(2) T-221
(2) 友達が私を彼女の兄［弟］に紹介してくれ，1 年後，その人が私の夫になった。
(1) **which** の前にコンマがあるので継続用法。「本を貸してくれた」「その本はつまらなかった」という内容なので，関係詞節は **but** の意味で説明を加えている。
(2) **who** の前にコンマがあるので継続用法。「兄［弟］に紹介してくれた」「その人が私の夫になった」という内容なので，関係詞節は **and** の意味で説明を加えている。

410　which is written　⇢ Point 68 -(2) T-221
コンマにはさまれた部分は継続用法の関係詞節。先行詞 This book に **because** の意味で説明を加えている。**which** は主格の関係代名詞。

411　彼はお金をまったく持っていないと言ったが，それは本当ではなかった。
⇢ Point 68 -(3) T-222
この関係代名詞 **which** は，直前の文中の節 he had no money を先行詞としている。

412　which made　⇢ Point 68 -(3) T-222
「その少年がうそをついた」The boy told a lie という文全体が関係詞節の先行詞になると考えられるので，継続用法の **which** を用いる。〈make＋O＋C〉で「O を C にする」。

- **413** 昨日，私たちが昼食を食べたレストランはとてもよかった。
  - (1) The restaurant (　　　) we ate lunch yesterday was very good.
  - (2) The restaurant (　　　)(　　　) we ate lunch yesterday was very good.

- **414** この川は，私が子どものころよく泳いだ川です。
  This is (in / to / used / where / the / I / swim / river) my childhood.
  This is _____ my childhood.

- **415** 月曜日は定例会がある日です。
  - (1) Monday is the day (　　　) we have regular meetings.
  - (2) Monday is the day (　　　)(　　　) we have regular meetings.

- **416** (1) 彼が試験に失敗した理由は明らかだった。
  (　　　)(　　　)(　　　) he failed the exam was obvious.
  (2) 6月はたくさん雨が降る。そういうわけで私はその月がきらいだ。
  It rains a lot in June. (　　　)(　　　) I don't like that month.

- **417** このようにしてその爆発は起きた。
  - (1) This is (　　　) the explosion happened.
  - (2) This is (　　　)(　　　) the explosion happened.

- **418** 日本語に直しなさい。
  - (1) He went to Paris, where he stayed for a month.
    _____
  - (2) My cousin got married in 2001, when I was eight years old.
    _____

語句　**415** regular「定期的な」　**416** obvious「明らかな」　**417** explosion「爆発」
418 cousin「いとこ」

Point 69　関係副詞

関係副詞 → 関係詞節中で副詞の役割を果たす
(1) where
　関係副詞 where ＝〈場所を表す前置詞＋関係代名詞〉→ 先行詞は「場所」を表す語
(2) when
　関係副詞 when ＝〈時を表す前置詞＋関係代名詞〉→ 先行詞は「時」を表す語
(3) why
　関係副詞 why → 先行詞は **the reason** で，「〜する理由」という意味の節をつくる
　　　　　　　　先行詞が省略された形もよく用いられる
　　　　　　　　〈**This**[**That**] **is why** ...〉「こういう［そういう］わけで…」
(4) how
　関係副詞 how →〈**This**[**That**] **is how** ...〉「これが［それが］…するやり方だ」
　　　　　　　　「…するやり方［方法］」は **the way** (**in which**) ... でも表せる
　　　　　　　　× the way how ... という形は使われない
(5) 関係副詞の継続用法
　継続用法で使える関係副詞 → **where** と **when**（why と how には継続用法はない）

413　(1) where　(2) in which　　　　　　　　　　　▶ Point 69 -(1)　T-223
「場所」を表す先行詞 The restaurant を「その場所で〜する」という意味で限定するので，(1) 関係副詞なら **where**，(2)〈前置詞＋関係代名詞〉なら **in which** を用いる。

414　the river where I used to swim in　　　　　　▶ Point 69 -(1)　T-223
This is the river. という文の補語 the river を，関係副詞 **where** を用いて「その場所で〜する」という意味で限定する。「子どものころ」は in my childhood で表す。

415　(1) when　(2) on which　　　　　　　　　　　▶ Point 69 -(2)　T-224
「時」を表す先行詞 the day に，「その時〜する」という説明を加えるので，(1) 関係副詞なら **when**，(2)〈前置詞＋関係代名詞〉なら **on which** を用いる。

416　(1) The reason why　(2) That's why　　　　　▶ Point 69 -(3)　T-225
(1)「〜する理由」は関係副詞 **why** を用いて〈**the reason why** ...〉という形で表す。
(2)「そういうわけで…」という意味を表す〈**That's**[**That is**] **why** ...〉を用いる。

417　(1) how　(2) the way　　　　　　　　　　　　▶ Point 69 -(4)　T-226
「このようにして…」は，関係副詞 **how** を用いた定型表現〈**This is how**[**the way**] ...〉「これが…するやり方［方法］だ」の形で表すことができる。

418　(1) 彼はパリに行き，そこに 1 カ月滞在した。　　▶ Point 69 -(5)　T-227
(2) 私のいとこは 2001 年に結婚したが，その時私は 8 歳だった。
(1) 関係副詞 **where** の前にコンマがあるので継続用法。where は「そしてその場所に…」という意味で情報をつけ加えている。(2) 関係副詞 **when** の前にコンマがあるので継続用法。when は「そしてその時…」という意味で情報をつけ加えている。

419 (1) パーティーには来たい人ならだれでも招待するつもりです。

We'll invite (　　　) wants to come to the party.

(2) 人を傷つけるようなことは何でも避けるべきだ。

You should avoid (　　　) might hurt people.

420 I have two bicycles; you can use (　　) you like.

① whoever　② whichever　③ whatever　④ anyone

421 (1) いつでも君の都合のよい時に，私の家に来てください。

You can (house / to / convenient / come / whenever / it / my / is) for you.

You can _____

_____ for you.

(2) どこでも行きたいところに連れて行ってあげるよ。

I'll (you / want / take / wherever / to / you / go).

I'll _____ .

Level 2 ★★
▶参考書 pp.312-322

422 (　) に入れるのに適切な語を下から1つずつ選んで入れなさい。

(1) Don't forget to write me, (　　　) happens.

(2) (　　　) may say that, I won't believe it.

(3) (　　　) way you take, you can get to the station.

[whoever / whichever / whatever]

423 (　) に入れるのに適切な語を下から1つずつ選んで入れなさい。

(1) He can get along well with his neighbors (　　　) he lives.

(2) (　　　) difficult the problem is, I'll do my best.

(3) I feel good (　　　) I listen to her song.

[however / whenever / wherever]

語句　**423** get along with「(人)と仲がよい」

第 11 章 ● 関係詞

Point 70　複合関係詞
▶参考書 pp.310-311

(1) 複合関係代名詞
　whoever「〜する人はだれでも」, **whichever**「〜するものはどれ［どちら］でも」,
　whatever「〜するものは何でも」→ 名詞節を作る
(2) 複合関係副詞
　whenever「〜する時ならいつでも」, **wherever**「〜するところならどこでも」
　→ 副詞節を作る

Point 71　「譲歩」を表す複合関係詞
▶参考書 pp.312-314

(1) whoever / whichever / whatever
　whoever「だれが〜しようとも」, whichever「どれを［どちらを］〜しようとも」,
　whatever「何が［を］〜しようとも」→「譲歩」の意味を表す副詞節を作る
(2) however / whenever / wherever
　〈however + 形容詞［副詞］〉「どれほど〜でも」, whenever「いつ〜しようとも」,
　wherever「どこで［へ］〜しようとも」→「譲歩」の意味を表す副詞節を作る

419 (1) whoever　(2) whatever　　　　…▶ Point 70 -(1)　T-228
(1)「〜ならだれでも」は **whoever** を用いて表す。関係詞節は invite の目的語。
(2)「〜することは何でも」は **whatever** を用いて表す。関係詞節は avoid の目的語。

420 ②　　　　…▶ Point 70 -(1)　T-228
2 台の自転車のうち「好きなどちらでも」ということなので，**whichever** を選ぶ。
訳▷ 私は自転車を 2 台持っている。どちらでも好きなほうを使っていいよ。

421 (1) come to my house whenever it is convenient　　…▶ Point 70 -(2)　T-229
　　 (2) take you wherever you want to go
(1) **whenever** を用いて「君の都合のよい時ならいつでも」の意味を表す節を作る。
(2) **wherever** を用いて「君の行きたいところならどこでも」の意味を表す節を作る。

422 (1) whatever　(2) Whoever　(3) Whichever　　…▶ Point 71 -(1)　T-230
譲歩の意味を表す複合関係詞。(1) **whatever**「何が〜しようとも」(2) **whoever**「だれが〜しようとも」(3) **whichever way**「どちらの道を〜しようとも」
訳▷ (1) 何が起ころうとも，私に手紙を書くことを忘れないで。　(2) だれがそう言おうとも，私は信じない。　(3) どちらの道を行っても，駅に着くことができます。

423 (1) wherever　(2) However　(3) whenever　　…▶ Point 71 -(2)　T-231
譲歩の意味を表す複合関係詞。(1) **wherever**「どこに〜しようとも」(2)〈**however** +形容詞〉「どれほど〜でも」(3) **whenever**「いつ〜しようとも」
訳▷ (1) どこに住んでも，彼は近所の人たちとうまくやっていける。　(2) どんなに課題が困難でも，私は最善を尽くします。　(3) 彼女の歌はいつ聞いても，気分がいい。

424 (1) 私は彼が持っているのと同じ自転車を買いたい。

I want to buy (　　　　)(　　　　) bike (　　　　) he has.

(2) 後になってわかったように，彼はいい人だった。

(　　　　) we discovered later, he was a nice person.

425 You have more money (　　) I have.

① what　　　② as　　　③ than　　　④ which

426 ディビッドは，有名な小説家になると私が信じている少年です。

David is (I / a boy / a famous novelist / believe / will / who / become).

David is _____

_____ .

427 次の文の誤りを訂正しなさい。

The man whom I thought was honest deceived me.

_____ → _____

428 次の文をほぼ同じ意味を表す2種類の文に書き換えなさい。

I attended the meeting whose purpose was to make a sales plan.

(1) I attended the meeting (　　　　)(　　　　) the purpose was to make a sales plan.

(2) I attended the meeting the (　　　　)(　　　　)(　　　　) was to make a sales plan.

語句　**427** deceive「(人)をだます」　**428** purpose「目的」

第 11 章 ● 関係詞

Point 72　関係代名詞の働きをする as と than
▶参考書 pp.314-315

(1) as
　関係代名詞として使われる as → 節の中で主語・補語・目的語の働きをする
　〈the same ... as ～〉「～するのと同じ…」,〈such ... as ～〉「～するような…」
　関係代名詞 which と同じように, 直前の節全体を先行詞とすることもできる
(2) than
　関係代名詞として使われる than → 節の中で主語や目的語の働きをする

Point 73　関係代名詞のさまざまな用法 - 1
▶参考書 pp.316-317

(1) 関係代名詞の後に I think などが続く文
　〈関係代名詞 + SV + V ...〉→ SV には **I think**, **I believe**, **I know** などがくる
　　　　　　　　　　　　　　SV をカッコに入れて考えるとわかりやすい
(2) 所有格を表す of which
　所有格を表す of which → 先行詞が人以外の場合に使われる
　〈**whose** + 名詞〉や〈**the** + 名詞 + **of which**〉の形でも表せる

424 (1) the same / as　(2) As　　　…▶ Point 72 -(1)　T-232
(1)「～するのと同じ…」の意味を〈the same ... as ～〉で表す。(2) 関係代名詞の働きをする **as** を用いる。ここでは, コンマの後の節全体が as の先行詞。

425 ③　　　…▶ Point 72 -(2)　T-233
比較級 more に着目し,「私が持っているよりも」という意味を than I have の形で表す。**than** は have の目的語の働きをすると考える。
訳〉あなたは私よりたくさんお金を持っている。

426 a boy who I believe will become a famous novelist　…▶ Point 73 -(1)　T-234
「有名な小説家になると私が信じている少年」は, まず a boy who will become a famous novelist の形を作り, 関係代名詞 who の直後に **I believe** を挿入すればよい。

427 whom → who[that]　　　…▶ Point 73 -(1)　T-234
関係代名詞 whom の後の **I thought** という SV をカッコに入れて考えると, The man whom (I thought) was honest となる。関係代名詞は節の動詞 was の主語の働きをしているので, 目的格の whom ではなく主格の **who[that]** を用いるのが正しい。
訳〉誠実だと思っていた男の人が私をだました。

428 (1) of which　(2) purpose of which　　　…▶ Point 73 -(2)　T-235
(1) では所有格の関係代名詞 whose の代わりに **of which** を用いる。先行詞は the meeting。the purpose of the meeting was ... の of the meeting を of which とし, 名詞 the purpose の前に置く。(2) では〈**the** + 名詞 + **of which**〉の形にする。
訳〉私は販売計画を立てることを目的とする会議に出席した。

429 日本語に直しなさい。

The woman with whom I fell in love at first sight was Ann's sister.

_____

430 彼女はたくさんの本を書いているが，その大部分は動物に関する本だ。

She has written a lot of books, ( )( )( ) are about animals.

431 (1) 葉の植物に対する関係は，肺の動物に対する関係と同じだ。

Leaves (to / what / are / lungs / are / a plant / to) an animal.

Leaves _____ an animal.

(2) 人々のライフスタイルは以前とは異なっている。

People's lifestyles (be / not / to / what / are / used / they).

People's lifestyles _____ .

432 (1) 彼女はコンテストで優勝し，そのうえ 10 万円の賞金をもらった。

She won the contest, and ( )( )( ), she received 100,000 yen as the prize.

(2) 彼はいわゆるストリート・ミュージシャンだ。

He is ( )( )( ) a street musician.

433 (1) ジョンはわずかながら持っていたお金をすべて使ってしまった。

John (what / little / he / spent / money / has / had).

John _____ .

(2) 弟はできる限りの努力をした。

My brother (he / make / effort / what / could / made).

My brother _____ .

434 石油価格の上昇が見込まれており，その場合には経済成長が鈍るだろう。

Oil prices are expected to rise, ( )( )( ) economic growth will slow down.

語句 **429** at first sight「一目見て」

第 11 章 ● 関係詞

Point 74 関係代名詞のさまざまな用法 - 2
▶参考書 pp.317-320

(3) 注意すべき〈前置詞＋関係代名詞〉
主節に組み込まれた〈前置詞＋関係代名詞〉→ 関係詞節を見抜くことが重要
継続用法で使われる〈数量を表す表現＋of which〉→「そのうちの~」の意味を表す
　　数量を表す表現：most, all, some, many, both など
(4) what を使った慣用表現
〈**what is called** ...〉「いわゆる…」,〈**what S is (today)**〉「現在の S」,〈**what S was [used to be]**〉「かつての［昔の］S」,〈**what is more**〉「そのうえ」,〈**A is to B what C is to D**〉「A の B に対する関係は, C の D に対する関係に等しい」

Point 75 関係形容詞
▶参考書 pp.320-322

(1) what ＋名詞
〈what ＋名詞〉「…するすべての～」=〈**all the** ＋名詞＋**that** ...〉
〈what ＋形容詞＋名詞〉=〈**all the** ＋形容詞＋名詞＋**that** ...〉
(2) 継続用法の which ＋名詞
〈, which ＋名詞〉「そしてその〈名詞〉を［は／が］」,〈, 前置詞＋which ＋名詞〉

---

429 私が一目ぼれした女性はアンの妹［姉］だった。　→ Point 74 -(3)　T-236
The woman was Ann's sister. という文の主語である The woman が, with whom I fell in love at first sight という関係詞節で修飾されている。

430 most of which　→ Point 74 -(3)　T-236
空所の前のコンマに着目する。a lot of books を先行詞とし,「そのうちの大部分」という意味を,〈**most of which**〉という関係代名詞の継続用法で表す。

431 (1) are to a plant what lungs are to　→ Point 74 -(4)　T-237
(2) are not what they used to be
(1)〈**A is to B what C is to D**〉の文。a plant が B, an animal が D にあたる。
(2)「以前のそれら（ライフスタイル）」を **what** they **used to be** で表す。

432 (1) what is [was] more　(2) what is called　→ Point 74 -(4)　T-237
慣用表現。(1)「そのうえ」〈**what is more**〉(2)「いわゆる」〈**what is called**〉

433 (1) has spent what little money he had　→ Point 75 -(1)　T-238
(2) made what effort he could make
(1)〈**what** ＋形容詞（little）＋名詞（money）...〉で「少ないながらも…するすべてのお金」を表す。(2)〈**what** ＋名詞（effort）...〉で「…するすべての努力」を表す。

434 in which case　→ Point 75 -(2)　T-239
「そしてその場合には～」の意味を, 継続用法の **in which case** で表す。

Level 3 ★★★

▶参考書 pp.289-322

□ **435** Over a period of six months, Maria wrote twenty letters to Pedro, none of (　) were ever answered.
① hers　　② them　　③ which　　④ whom
〈明治大〉

□ **436** I can remember the time (　) phones were still rare.
① as　　② since　　③ until　　④ when
〈立教大〉

□ **437** He said he couldn't speak Russian, (　) was not true.
① which　　② what　　③ why　　④ where for
〈上智大〉

□ **438** Thank you, Hiromi. This book is exactly (　) I wanted.
① what　　② which　　③ of which　　④ that
〈センター試験〉

□ **439** Pack some clothes and (　) else you need for the trip.
① whatever　　② whenever　　③ whichever　　④ whoever
〈中央大〉

□ **440** (　) hard she tried, she still could not pronounce the word properly.
① Whatever　　② As　　③ Even though
④ So far as　　⑤ No matter how
〈北里大〉

□ **441** Nobody wants to employ John, (　) everybody knows is dishonest.
① what　　② which　　③ who
④ whoever　　⑤ whomever
〈明治学院大〉

|語句| **436** rare「まれな，珍しい」　　**439** pack「〜を荷物に詰める」

166

第11章 ● 関係詞

435 ③

空所の前にコンマがあることに着目する。関係詞の**継続用法**で **none** という数量を表す表現に **of which** を続けて使い，「そのうちのどれも~ない」という意味を表せばよい。先行詞 twenty letters to Pedro は人ではないので，④の whom は不可。
訳》6 カ月間にわたってマリアはペドロに 20 通の手紙を書いたが，そのうちのどれにもまったく返事はなかった。

436 ④

the time 以下は remember の目的語。phones were still rare は the time がどういう時なのかを説明している。phones were still rare then (= at the time) という関係が成り立つので，**時を表す語を先行詞**とする関係副詞の④ **when** を用いる。
訳》電話がまだ珍しかった時代を覚えています。

437 ①

空所の前にコンマがあるので，**継続用法**の関係詞を用いることを考える。用いる関係詞は，空所以下の関係詞節で主語の働きをしている。文脈より，was not true「本当ではなかった」のは，he couldn't speak Russian の部分とわかるので，**直前の文の一部を先行詞**とする関係代名詞の① **which** が正しい。
訳》彼はロシア語は話せないと言ったが，それは本当ではなかった。

438 ①

空所以下は文の補語。**先行詞がない**ことに着目し，「~すること[もの]」の意味で名詞節を作る**関係代名詞**の① **what** を用いる。
訳》ありがとう，ヒロミ。この本はまさに私が欲しいと思っていたものです。

439 ①

空所以下は，some clothes と同じように pack の目的語になると考えられる。「ほかに旅行に必要とするものは何でも」という意味の**名詞節を作る**語を空所に入れればよいので，「~するものは何でも」の意味を表す**複合関係代名詞**① **whatever** を選ぶ。③ whichever は「~するものならどれ[どちら]でも」という意味を表すので不適切。
訳》衣類と，ほかに旅行に必要なものは何でも荷物に詰めなさい。

440 ⑤

コンマより前は「どれほど~でも」という**譲歩**の意味を表す副詞節と考えられるので，複合関係詞 however と同じ意味を表す⑤の **no matter how** を用いる。
訳》どれほど一生懸命にやっても，彼女はまだその単語を適切に発音することができなかった。

441 ③

空所の直後に everybody knows という **SV** があることに着目する。この SV をはずして考えると，( ) is dishonest となり，John を**先行詞**とする**主格の関係代名詞**が入るはず。したがって，③ **who** が正しい。
訳》だれもジョンを雇いたがらない。というのも，彼が不誠実だということを皆が知っているからだ。

☐ **442** 私の郷里は30年前とは大変違っている。

My home town is (　)(　)(*)(　)(*)(　)(　)(　)(　).

① ago　② different　③ from　④ it　⑤ thirty
⑥ very　⑦ was　⑧ what　⑨ years

〈中央大〉

☐ **443** A: What do you think of the students' recent progress?

B: I can (*)(　)(　)(*)(　)(　) that things are going quite well.

① by　② look　③ tell　④ the
⑤ they　⑥ way

〈立教大〉

☐ **444** All the actors (　)(　)(*)(　)(　)(*)(　) modern dance since childhood.

① been　② had　③ in　④ interviewed
⑤ we　⑥ trained　⑦ today

〈立教大〉

☐ **445** When the final game ① <u>was over</u>, the players thanked ② <u>the fans</u> in the stadium ③ <u>who support</u> during the season ④ <u>had been</u> fantastic.

〈学習院大〉

☐ **446** 日本語の意味に合うように下の語句を並べかえるとき，不要な語を1つ選びなさい。

彼女は，その発表で持てる力はすべて発揮した。

① every　② ability　③ what　④ she
⑤ the presentation　⑥ she had　⑦ displayed
⑧ in

〈中央大〉

語句　**446** display「（感情・態度・性質など）をはっきりと示す」

第11章 ● 関係詞

442 ③ / ④

(My home town is) very different from what it was thirty years ago (.)
与えられた語句から,「～とは大変違っている」は (is) very different from で表す。残りの語句を使って「30年前(の郷里)」を表すことを考えるが, what に着目して,「**かつての S**」〈**what S was**〉の形にする。

443 ③ / ⑥

(I can) tell by the way they look (that things are going quite well.)
空所の前の I can, 後の that 節から, 文全体を I can tell that …「私は…だとわかる」の形にすることを考える。残りの語句に the, way があるので, **the way (in which) …** の形で「…するやり方」を表す。by the way they look「彼らの見え方によって」の語順に並べればよい。
訳 A「生徒たちの最近の伸びをどう思われますか。」
　　B「彼らの様子を見れば, 非常にうまくいっていることがわかりますね。」

444 ⑦ / ⑥

(All the actors) we interviewed today had been trained in (modern dance since childhood.)
文末の since childhood から, 与えられた語句の been, had, trained を用いて had been trained という過去完了の形を作る。in は modern dance の前に置く。残りの語句を使って All the actors を修飾する節を作ればよい。ここでは**目的格の関係代名詞**が与えられていないので, All the actors の後に直接 we interviewed today を続けることに注意。
訳 私たちが今日インタビューした俳優はみんな, 子どものころからモダンダンスの訓練を受けていた。

445 ③ (who support → whose support)

③の who support の who は the fans in the stadium を先行詞とする関係代名詞と考えられるが, 文末の had been fantastic の主語は「ファンの支援」のはずなので, この support は名詞。したがって, **関係代名詞は所有格 whose** でなければならない。
訳 決勝戦が終わった時, 選手たちは, シーズン中の支援がすばらしかった競技場のファンに対して感謝した。

446 ①

She displayed what ability she had in the presentation.
まず,「彼女はその発表で…を発揮した」という文の骨組みを, She displayed … in the presentation で表す。残りの語句を使って「持てる力はすべて」を表すことを考えるが, what に着目して,〈**what＋名詞**〉の形で「…するすべての～」を表す。what ability she had を displayed の目的語として直後に続ければよい。① every が不要。

第12章 仮定法

Level 1 ★

▶参考書 pp.334-342

447 日本語に直しなさい。

(1) If she listens to her parents, she won't get into trouble.

_____

(2) If he was at home, he would help me with my homework.

_____

448 私がネコなら，1日中寝てすごすのにな。

If I (　　　) a cat, I (　　　)(　　　) all day sleeping.

449 もし私に十分なお金があれば，彼にお金を貸してくれとは頼まないのに。

If (ask / money, / would / him / I / enough / I / not / had) to lend me some money.

If _____

to lend me some money.

450 If I (　　) more time, I could have checked my report again.

① have　　② would have　　③ had　　④ had had

451 (1) バスが時間どおりに到着していたら，私たちはそれに乗れたのに。

If the bus (　　　)(　　　) on time, we (　　　)

(　　　)(　　　) on it.

(2) もし道に迷わなかったら，もっと早く空港に来ていたでしょう。

We (　　　)(　　　)(　　　) to the airport earlier, if we (　　　)(　　　) our way.

452 次の文の誤りを訂正しなさい。

If I knew about his illness, I would have sent him a get-well card.

_____ → _____

語句　**452** illness「病気」 get-well card「お見舞いのカード」

第 12 章 ● 仮定法

Point 76　if を使った仮定法 - 1　　▶参考書 pp.334 - 337

(1) 直説法と仮定法
　　直説法 → 現実のことや現実に起こる可能性のあることを表す動詞の形
　　仮定法 → 現実とは違うことを表す動詞の形
(2) 仮定法過去：「もし~なら，…だろうに」
　　〈If + S + 動詞の過去形, S + would [could / might] + 動詞の原形〉
　　　　→ 現在の事実と違うと思っている事柄や現実に起こる可能性のないことを表す
　　if 節中の be 動詞は，主語の人称や数に関係なく **were** を使うことができる
(3) 仮定法過去完了：「もし~だったなら，…だったろうに」
　　〈If + S + 動詞の過去完了形, S + would [could / might] + have + 過去分詞〉
　　　　→ 過去の事実とは違うと思っている事柄を表す

447 (1) 両親の言うことを聞けば，彼女は面倒なことにはならないだろう。
　　　(2) もし彼が家にいたら，宿題を手伝ってくれるだろうに。　… Point 76 -(1)　T-240
　　　(1) listens, won't get は直説法で，現実に起こる可能性のあることを表している。
　　　(2) was, would help は仮定法で，現実とは違うと思っている事柄を表す。

448 were [was] / would spend　… Point 76 -(2)　T-241
　　「私がネコなら」は，「実際はネコではないが，ネコだったなら」という現在の事実に
　　反する仮定を表すので，仮定法過去を用いる。仮定法では，主語の人称や数に関係なく，
　　be 動詞には **were** を使うが，口語では 1 人称単数・3 人称単数の場合, was も使われる。

449 I had enough money, I would not ask him　… Point 76 -(2)　T-241
　　「もし私に十分なお金があれば」は，「十分なお金など持っていないが，もしあれば」と
　　いう現在の事実と違うと思っている事柄を表すので，仮定法過去の文にする。

450 ④　… Point 76 -(3)　T-242
　　「実際には時間がなかったのだが，もしもっと時間があったら」という過去の事実に反
　　する仮定を表すので，仮定法過去完了の文にする。
　　訳〉もっと時間があったら，レポートをもう 1 度チェックすることができたのに。

451 (1) had arrived / could have gotten [got]　… Point 76 -(3)　T-242
　　　(2) would have come / hadn't lost
　　仮定法過去完了の文。(1)「実際はバスは時間どおりに到着しなかったのだが，もし時
　　間通りに到着していたら」という過去の事実に反する仮定を表す。(2)「実際は道に迷
　　ってしまったのだが，もし迷わなかったら」という過去の事実に反する仮定を表す。

452 knew → had known　… Point 76 -(3)　T-242
　　knew は仮定法過去，would have sent は仮定法過去完了になっている。if 節の内容
　　は「実際には彼の病気を知らなかったのだが，もし知っていたら」という過去の事実
　　に反する仮定と考えられるので，仮定法過去完了の形 had known が正しい。
　　訳〉もし彼の病気のことを知っていたら，私は彼にお見舞いのカードを送ったのに。

453 もしも足を折らなかったら，今ごろはハワイにいるのに。
If I had not broken my leg, I (　　) in Hawaii now.
① had been　　　　　　② would be
③ would have been　　　④ are

454 朝食を食べていたら，今，空腹ではないでしょうに。
If you (　　　)(　　　　) your breakfast, you (　　　　)
(　　　　) hungry now.

455 (1) 父が車を売らなければよかったのに。
(father / his / sold / car / I / my / hadn't / wish).
_____.

(2) 彼は，彼女が隣に住んでいればいいのにと思っている。
(to / him / next / he / she / lived / door / wishes).
_____.

456 前の日にあの靴を買っておけばよかったと彼は思った。
He (　　　) he (　　　)(　　　　) those shoes the day before.

457 (1) 彼女は丸一日何も食べていないかのように見えた。
She looked (　　　)(　　　) she (　　　)(　　　　)
nothing all day.

(2) 彼はまるですべてを知っているかのように話す。
He talks (　　　)(　　　) he (　　　　) everything.

458 その風景は，まるで私たちがほかの惑星に住んでいるかのように感じさせる。
The landscape makes us (were / planet / if / on / feel / living / we / another / as).
The landscape makes us _____
_____.

語句　**458** landscape「風景，景観」

Point 77　if を使った仮定法 - 2
▶参考書 pp.337-338

(4) if 節と主節で，表す時が異なる場合
「もし（あの時）〜だったなら，（今）…だろうに」
→ if 節は**仮定法過去完了**，主節は**仮定法過去**。動詞が表す時のズレに注意

Point 78　wish や as if の後の仮定法
▶参考書 pp.338-342

(1) wish:「〜なら[だったら]なあ」
　wish に続く節で使われる仮定法 → 実現できそうもない願望を表す
　〈I wish + 仮定法過去〉「〜ならなあ」→「願っている時」と同時のこと
　〈I wish + 仮定法過去完了〉「〜だったらなあ」→「願っている時」より前のこと
(2) as if:「まるで〜である[あった]かのように」
　as if に続く節で使われる仮定法 → 事実とは異なる空想を表す
　〈as if + 仮定法過去〉「まるで〜であるかのように」→ 主節が表す時と同時のこと
　〈as if + 仮定法過去完了〉「まるで〜であったかのように」→ 主節が表す時より前のこと

453 ②　　　　　　　　　　　　　　　　…▶ Point 77 -(4)　T-243
　if 節は仮定法過去完了だが，主節は now「今ごろは」とあるので，**現在の事実と違う**と思っている事柄を表している。したがって，**仮定法過去**の② would be を選ぶ。

454 had eaten[had] / wouldn't be　　　…▶ Point 77 -(4)　T-243
　「朝食を食べていたら」は**過去の事実に反する仮定**なので，if 節は**仮定法過去完了**。「今，空腹ではないでしょうに」は**現在の事柄**について述べているので，主節は**仮定法過去**。

455 (1) I wish my father hadn't sold his car　…▶ Point 78 -(1)　T-244
　(2) He wishes she lived next door to him
　(1)「父が車を売らなければ」は**過去の事実に反する仮定**で，「私が思っている」時より前なので，〈**I wish + 仮定法過去完了**〉。(2)「彼女が隣に住んでいれば」は**現在の事実に反する仮定**で，「彼が思っている」のと同時なので，〈**He wishes + 仮定法過去**〉。

456 wished / had bought　　　　　　　…▶ Point 78 -(1)　T-244
　「思った」は**過去**のことなので **wished** と過去形で表す。「買っておけば」は「彼が思った」時よりも前の事実に反する仮定なので，**仮定法過去完了**を用いる。

457 (1) as if / had eaten[had]　(2) as if / knew　…▶ Point 78 -(2)　T-245
　「まるで〜かのように」は **as if** で表す。(1)「何も食べていない」は「見えた」時よりも前の事実に反する空想なので，**仮定法過去完了**で表す。(2)「すべてを知っている」という事実に反する空想は「話す」時と同時なので，**仮定法過去**で表す。

458 feel as if we were living on another planet　…▶ Point 78 -(2)　T-245
　現在の事実に反する空想を〈**as if + 仮定法過去**〉で表す。仮定法過去が進行形になっている。

Level 2 ★★ ▶参考書 pp.343-352

□ **459** もし無人島に1年間住むようなことがあったら，何を持っていきますか。
If you (　　　)(　　　) live on a desert island for a year, what (　　　) you (　　　) with you?

□ **460** もし明日死ぬことになったら，最後の食事に何を食べますか。
(tomorrow / if / to / were / you / die), what would you eat for your last meal?
_____ , what would you eat for your last meal?

□ **461** 万一その火山が噴火したら，私たちの町は灰に覆われるだろう。
If the volcano (　　　) erupt, our town (　　　)(　　　) covered in ash.

□ **462** If he (　) me while I am out, please give him this message.
① should call　② would call　③ called　④ had called

□ **463** (1) 彼に助けを求めていたら，私は困ったことにならなかったのだが。
(him / I / help / asked / for / had), I wouldn't have been in trouble.
_____ , I wouldn't have been in trouble.

(2) 万一支払いがこれ以上遅れる場合には，すぐにお知らせください。
(further / payment / should / be / of / delay / there), please let us know immediately.
_____ , please let us know immediately.

□ **464** もし僕が君なら，彼女に自分の気持ちを打ち明けるけどな。
(　　　)(　　　) you, I (　　　)(　　　) her my feelings.

語句 **461** volcano「火山」 erupt「(火山が) 噴火する」 ash「灰」

Point 79　未来のことを表す仮定法
▶参考書 pp.343-344

(1) were to
〈if + S + were + to 不定詞〉「もし~するようなことがあれば，仮に~すれば」
→ 未来の事柄についての仮定を表す。実現の可能性は文脈から判断する
(2) should
〈if + S + should ~〉「もし（万一）~するようなら」
→ 実現の可能性が低いという話し手の判断を表す。不可能な場合には使えない

Point 80　if が出てこない仮定法 - 1
▶参考書 pp.344-345

(1) if の省略
if を省略すると，後ろの **SV** は倒置され，**疑問文**と同じ語順になる
If I were you, ... → **Were** I you, ...
If we had known that, ... → **Had** we **known** that, ...
If there should be an earthquake, ... → **Should** there **be** an earthquake, ...

---

459 were to / would / bring[take]　　⋯▶ Point 79 -(1)　T-246

「もし住むようなことがあったら」という**未来の事柄**についての仮定は **were to** を用いて表す。主節には**仮定法過去**を用いる。

460 If you were to die tomorrow　　⋯▶ Point 79 -(1)　T-246

与えられた語句の to, were に着目し，〈**if + S + were + to 不定詞**〉「もし~するようなことがあれば」を用いる。

461 should / would be　　⋯▶ Point 79 -(2)　T-247

「万一~したら」は〈**if + S + should ~**〉で表す。主節には**仮定法過去**を用いる。

462 ①　　⋯▶ Point 79 -(2)　T-247

「万一彼が電話をかけてきたら」という**実現の可能性が低い**ことを表す文になるように，〈**if + S + should ~**〉の形にする。この表現では，主節が命令文になることもある。
訳　万一彼が私の外出中に電話をかけてきたら，彼にこの伝言を伝えてください。

463 (1) Had I asked him for help　　⋯▶ Point 80 -(1)　T-248
　　(2) Should there be further delay of payment

(1) If I had asked him for help で表せるが，**if** が与えられていないので**省略**し，Had I asked ... と**倒置**する。(2) If there should be further delay of payment で表せるが，**if** が与えられていないので**省略**し，Should there be ... と**倒置**する。

464 Were I / would tell　　⋯▶ Point 80 -(1)　T-248

「もし僕が君なら」は If I were you で表せるが，空所が足りないので **if** を**省略**し，Were I you と**倒置**する。主節も**仮定法過去**で表す。

- **465** (1) 母が送ってくれたお金がなかったら，私は家賃が払えなかっただろう。
    (　　　) the money my mother sent me, I (　　　　)
    (　　　)(　　　) the rent.
  (2) 水がなければ，地球上には何も生きていないだろう。
    (　　　)(　　　) water, nothing (　　　)(　　　) alive on the earth.

- **466** ほぼ同じ意味の文になるように，(　) に適語を入れなさい。
  (a) If I had had a dictionary, I could have answered the question.
  (b) (　　　) a dictionary, I could have answered the question.

- **467** I called my parents; (　) they would have been worried about me.
  ① as if　　② if　　③ otherwise　　④ without

- **468** 日本語に直しなさい。
  To look at him, you would take him for a Japanese.

- **469** 20年前には，だれもインターネットの普及を予測しなかっただろう。
  Twenty years ago, no one (　　　)(　　　)(　　　) the growth of the Internet.

- **470** プロだったら，そんな退屈な漫画を描くことはないだろう。
  A professional (　) such boring comics.
  ① won't draw　　② wouldn't draw
  ③ won't have drawn　　④ wouldn't have drawn

語句　**465** alive「生きて」　**468** take 人 for「(人) を～と思う [見なす]」

Point 81　ifが出てこない仮定法 - 2　　▶参考書 pp.345 - 348

(2) if節に相当する「もし〜なら」の表現
〈**but for** 〜〉〈**without** 〜〉「〜がなければ，〜がなかったら」
〈**with** 〜〉「〜があれば，〜があったら」
otherwise「そうでなければ」→ 1語で if節と同じ内容を表す
to 不定詞 →「〜すれば」の意味を表し，if節の代わりになる
主語や**副詞句**に仮定の意味が込められることもある。

465 (1) Without / couldn't have paid　　⋯▶ Point 81 -(2)　T-249
(2) But for / would be
(1)「〜がなかったら」を 1語で表すと **without**。過去の事実に反する仮定なので，仮定法過去完了を用いる。(2)「〜がなければ」を 2語で表すと **but for**。現在の事実に反する仮定なので，仮定法過去を用いる。

466 With　　⋯▶ Point 81 -(2)　T-250
(a) の If I had had a dictionary は「もし辞書を持っていたなら」という意味。(b) では **with**「〜があれば」を用いて同じ意味を表す。
訳〉(a) もし辞書を持っていたなら，その問題に答えられただろうに。
　　(b) 辞書があったら，その問題に答えられただろうに。

467 ③　　⋯▶ Point 81 -(2)　T-251
セミコロン (;) の前は「両親に電話をかけた」という過去の事実を表す。空所の後は仮定法過去完了になっているので，「もし電話をかけていなかったなら」という**事実と反対の仮定を 1語で表す otherwise**「そうでなければ」を入れる。if I hadn't called my parents と同じ意味になる。
訳〉私は両親に電話をかけた。そうでなければ，彼らは私のことを心配していただろう。

468 彼を見たら，日本人と思うだろう。　　⋯▶ Point 81 -(2)　T-252
would take は仮定法過去。if節の代わりに **to 不定詞**が仮定の内容を表している。If you looked at him と同じ意味になる。

469 would have expected　　⋯▶ Point 81 -(2)　T-253
Twenty years ago という**副詞句**に「20 年前だったら」という**仮定の意味**が込められている。「(その時には) 予測しなかっただろう」と過去の事実とは違うと思っている内容を述べているので，主節は**仮定法過去完了**になる。

470 ②　　⋯▶ Point 81 -(2)　T-253
主語の A professional に「プロだったら」という**仮定の意味**が込められている。「(今) そんな退屈な漫画を描くことはないだろう」と現在の事実とは違うと思っている内容を述べているので，**仮定法過去の**② wouldn't draw を選ぶ。

471 (1) コンピュータがなかったら，全部の仕事を1日でやることはできなかっただろう。

If it ( )( )( )( ) the computer,
I ( )( )( ) all the work in a day.

(2) 携帯電話がなかったら，生活はどのようなものになるだろうか。

Were ( )( )( ) the mobile phone,
what ( ) life ( ) like?

472 ( ) 内の動詞を適切な形に変えなさい。

そろそろ夫が帰ってきてもいいころだ。

It's about time my husband (come) back home.

_____

473 彼の住所を知ってさえいればなあ！

If ( )( )( ) his address!

474 彼女が私に本当のことを話してさえいたらなあ！

(had / if / me / she / told / truth / only / the)!

_____!

475 私たちのチームに加わっていただけると助かるのですが。

(would / join / nice / if / could / be / you / it) our team.

_____ our team.

476 日本語に直しなさい。

I was wondering if you could pick me up at the station.

_____

語句　**476** pick 人 up「(車で)(人)を迎えに行く」

Point 82 仮定法を使った慣用表現
▶参考書 pp.348-350

(1) if it were not for ～ / if it had not been for ～
〈if it were not for ～〉「もし～がなければ」→ 仮定法過去の表現
〈if it had not been for ～〉「もし～がなかったならば」→ 仮定法過去完了の表現
(2) it's time ～
〈it's time + 仮定法過去〉「もう～してもよいころだ」
(3) if only ～
〈if only + 仮定法過去〉「～でありさえすれば」≒〈I wish + 仮定法過去〉
〈if only + 仮定法過去完了〉「～でさえあったならば」≒〈I wish + 仮定法過去完了〉

Point 83 仮定法を使ったていねいな表現
▶参考書 pp.350-352

(1) would を使ったていねいな表現
依頼や許可を求める表現で仮定法の **would** を使うとていねいな表現になる
(2) I wonder if ～を使ったていねいな表現
〈I wonder if + 仮定法過去〉→ wonder を過去形や進行形にするとよりていねいになる

---

471 (1) had not been for / couldn't have done ⋯▶ Point 82 -(1) T-254
(2) it not for / would / be

(1)「コンピュータがなかったら」は過去の事実に反する仮定なので，**仮定法過去完了**を用いる。〈**if it had not been for ～**〉「もし～がなかったら」で表す。(2)「携帯電話がなかったら」は現在の事実に反する仮定なので，仮定法過去を用いる。〈**if it were not for ～**〉「もし～がなければ」の if を省略して倒置した形で表す。

472 came ⋯▶ Point 82 -(2) T-255
「そろそろ～してもよいころだ」は〈**it's about time** + 仮定法過去〉の形で表す。

473 only I knew ⋯▶ Point 82 -(3) T-256
「知ってさえいればなあ」は現在の事実に反する仮定。〈**if only** + 仮定法過去〉で表す。

474 If only she had told me the truth ⋯▶ Point 82 -(3) T-256
「話してさえいたらなあ」は過去の事実に反する仮定。〈**if only** + 仮定法過去完了〉で表す。

475 It would be nice if you could join ⋯▶ Point 83 -(1) T-257
〈**It would be nice if ～**〉で，「～していただけると助かるのですが」という，ていねいな依頼の表現になる。

476 駅まで私を迎えにきていただけないでしょうか。 ⋯▶ Point 83 -(2) T-258
〈**I was wondering if** + 仮定法過去〉は「～していただけないでしょうか」と遠回しに依頼するていねいな表現。

Level 3 ★★★

▶参考書 pp.329-352

477 その朝彼は寝過ごしたが，そうでなかったら事故に巻き込まれていただろう。

He overslept that morning; otherwise, he (　) involved in the accident.

① would be　　　　　　② were
③ should be　　　　　　④ would have been

〈成蹊大〉

478 It's time you (　) those trousers.

① are washing　　　　　② had washed
③ wash　　　　　　　　④ washed

〈明治大〉

479 If the miners hadn't been saved fairly soon after the accident, they (　) their lives because poisonous gas gradually filled the tunnel.

① would lose　　　　　　② had lost
③ will lose　　　　　　　④ would have lost

〈北里大〉

480 I do not deny that your information was invaluable. (　) it, I could never have formed our plan.

① Far from　　② In spite of　　③ With　　④ Without

〈青山学院大〉

481 (　) him talk, they would think he was an actor.

① Hear　　　② Heard　　　③ In hearing
④ To hear　　⑤ To hearing

〈明治学院大〉

語句　**479** miner「坑夫」　poisonous gas「有毒ガス」
　　　480 invaluable「大いに役立つ，非常に貴重な」

第 12 章 ● 仮定法

477 ④

otherwise は，ここでは「そうでなかったら → もしその朝彼が寝過ごさなかったら」という過去の事実に反する仮定を表す。主節の「事故に巻き込まれていただろう」は**過去の事実と違うと思っている事柄**を表しているので，**仮定法過去完了**の④ would have been が正解。

478 ④

〈**it's time ＋仮定法過去**〉で「もう〜してもよいころだ」という意味を表す。仮定法過去の動詞の形になっている④ washed が正解。
訳〉あなたはあのズボンをもう洗濯してもいいころだ。

479 ④

if 節が hadn't been saved と**仮定法過去完了**になっていることに着目する。文脈より，主節は**過去の事実に反する事柄**を表していると考えられるので，〈**would have ＋過去分詞**〉の形になっている④ would have lost が正解。
訳〉もし事故の後すぐに坑夫たちが救助されなかったら，有毒ガスが次第にトンネルに充満したために彼らは命を失っていただろう。

480 ④

1つ目の文の「あなたの情報が大いに役立ったことを否定しない」と，2つ目の文のコンマ以下の「私たちの計画を立てることができなかったでしょう」という内容から，「それ（＝あなたの情報）がなかったら」という意味になるように，④の **without**「〜がなかったら」を選ぶ。
訳〉あなたの情報が大いに役立ったことを私は否定しません。それがなかったら，私たちの計画を立てることができなかったでしょう。

481 ④

主節の would think は**仮定法過去**。**to 不定詞**を用いて「〜すれば」という**仮定の意味**を表すように，④を選ぶ。
訳〉彼が話すのを聞けば，彼らは彼が俳優だと思うだろう。

482 労働条件がもっとよくなれば，女性はより多くの子どもをもつようになるだろうに。

Women would have (　)(*)(　)(　)(*)(　) better.

① were　　② the working　③ children　　④ conditions
⑤ more　　⑥ if

〈東京理科大〉

483 気分が悪いと知っていたら，決して彼を誘わなかったのに。

(　)(*)(　)(　)(　)(　)(　), I (　)(　)(　) him to come.

① asked　　② feeling　　③ had　　　④ have
⑤ he　　　　⑥ I　　　　　⑦ known　⑧ never
⑨ not　　　⑩ was　　　　⑪ well　　⑫ would

〈青山学院大〉

484 (*)(　)(　)(　) information, please visit our website.

① you　　② more　　③ should　　④ need

〈青山学院大〉

485 A: They greeted and hugged each other (*)(　)(　)(*)(　)(　) for years.

B: Yes, they're a loving family.

① as　　② had　　③ if　　④ met
⑤ not　⑥ they

〈立教大〉

486 I wish I ① have time to talk, but I'm afraid I'm ② too busy today. ③ Would you mind ④ coming back tomorrow?

〈南山大〉

語句　**485** greet「あいさつをする」　hug「抱き合う」

482 ③ / ④

(Women would have) more children if the working conditions were (better.)
「もし〜なら，…だろうに」という**仮定法過去**の文にする。与えられた語句の中にifがあるので，「労働条件がもっとよくなれば」という**現在の事実に反する事柄**は，if the working conditions were better とする。

483 ⑥

Had I known he was not feeling well (, I) would never have asked (him to come.)
「もし〜だったなら，…だったろうに」という**仮定法過去完了**の文にする。与えられた語句の中にifがないので，If I had known ... の**if を省略**して倒置した形の **Had I known** で文を始める。「(彼の) 気分が悪い」は he was not feeling well で表す。「決して彼を誘わなかったのに」は，否定語 never を would と have の間に入れ，I would never have asked him to come とする。

484 ③

Should you need more (information, please visit our website.)
「もし〜するようなことがあれば」という**未来の事柄についての仮定**を表すには〈**if＋S＋should 〜**〉を用いる。与えられた語句の中にifがないので，If you should need ... の **if を省略**して倒置した形の Should you need で文を始める。
訳▷ もしもっと情報が必要になるようなことがあれば，私たちのウェブサイトをご覧ください。

485 ① / ②

(They greeted and hugged each other) as if they had not met (for years.)
与えられた語句の①asと③ifに着目し，**as if**「まるで〜かのように」の表現を用いる。残りの語句で**仮定法過去完了**の**否定形** they had not met を組み立て，「まるで何年も会わなかったかのように」という意味の文にする。
訳▷ A「彼らはまるで何年も会わなかったかのようにあいさつをして抱き合ったね。」
B「ええ，彼らは愛情深い家族だからね。」

486 ① (have → had)

1つ目の文のコンマ以下の内容から，「今日は話をする時間がない」ことがわかる。したがって，〈**I wish＋仮定法過去**〉を用いて「話をする時間があればいいのに」という**現在の事実に反する願望**を表す文にするのが正しい。wish に続く節の動詞は，had という仮定法過去の形にする。
訳▷ 話をする時間があればいいのですが，私は今日は忙しすぎると思います。明日また来ていただけませんか。

□ **487** ほぼ同じ意味の文になるように，（ ）に入る適切なものを選びなさい。

(a) But for her speech, the decision would have been otherwise.
(b) (　) for her speech, the decision would have been otherwise.

① Had it not been　　② Had not it been　　③ Have not it been
④ Were it not　　　　⑤ Without

〈中央大〉

□ **488** ほぼ同じ意味の文になるように，（ ）に入る適切なものを選びなさい。

(a) A true friend would have acted differently.
(b) If he (　) a true friend, he would have acted differently.

① had been　　② has been　　③ was
④ were　　　　⑤ would be

〈中央大〉

語句　**487** be otherwise「（状況などが）違っている」

487 ①

いずれも主節の動詞が would have been と**仮定法過去完了**であることに着目する。(a) の 〈**but for ~**〉は「～がなかったなら」という意味。同じ意味を〈**if it had not been for ~**〉で表せるが，if を省略すると倒置が起こり，Had it not been for ～となるので，①が正解。

訳〉(a)(b) 彼女のスピーチがなかったなら，その決定は違ったものになっていただろう。

488 ①

(a) の動詞も (b) の主節の動詞も would have acted と**仮定法過去完了**であることに着目する。(a) は A true friend という主語に「もし彼が真の友人であったなら」という仮定の意味が含まれている。(b) ではこれを if 節を用いて表すので，**仮定法過去完了**の①を選ぶ。

訳〉(a) 真の友人なら，違ったふうに行動していただろう。
　　(b) 彼が真の友人であったなら，彼は違ったふうに行動していただろう。

第13章 疑問詞と疑問文

Level 1 ★

▶参考書 pp.357-369

- **489** (1) "(　　　) made this fabulous dinner?" "Bob did."

  (2) "(　　　) is her name?" "Her name is Debbie."

- **490** あなたはこの2つの色ではどちらのほうが好きですか。

  (　　　) of these two colors (　　　)(　　　) like better?

- **491** (1) "(　　　) did you do last Sunday?" "I went shopping with my friend."

  (2) "(　　　) did you meet in the library?" "Alan and Tim."

- **492** "(　) is this computer?" "It's my father's."

  ① What　②Which　③ Who　④ Whose

- **493** (1) どんな種類の音楽を聞いているの？

  (of / what / to / are / kind / you / music / listening) ?

  _____ ?

  (2) どんな国を訪ねてみたいですか。

  (you / want / what / to / do / visit / country) ?

  _____ ?

- **494** "(　) car is yours, the red one or the green one?" "The red one is."

  ① What　② Which　③ Who　④ Whose

語句　**489** fabulous「すばらしい」

第 13 章 ● 疑問詞と疑問文

Point 84　疑問詞の種類と用法 - 1
▶参考書 pp.357-359

(1) 疑問代名詞
　疑問代名詞 → 尋ねたい事柄が「人」や「物事」のような名詞の場合に用いる
　who「だれ？」，**what**「何？」，**which**「どれ？，どちら？」
　who[**whom**]「だれを？」，**what**「何を？」，**whose**「だれの？，だれのもの？」
(2) 疑問形容詞
　疑問形容詞 → 名詞の前に置いて使う
　〈**whose** + 名詞〉「だれの…？」，〈**what** + 名詞〉「どんな…？」
　〈**what kind of** + 名詞〉「どんな（種類の）…？」
　〈**which** + 名詞〉「どの…？，どちらの…？」

489 (1) Who　(2) What　　　　　⇢ **Point 84** -(1)　**T-259**
答えの内容に着目して，どの疑問詞を用いるかを考える。(1) 夕食を作った「人」について「だれなのか」を尋ねる文なので，**who** を用いる。(2) 彼女の名前という「物事」について「何なのか」を尋ねる文なので，**what** を用いる。
訳〉(1)「だれがこのすばらしい夕食を作ったの？」「ボブが作りました。」
　　(2)「彼女の名前は何というの？」「彼女の名前はデビーです。」

490 Which / do you　　　　　　⇢ **Point 84** -(1)　**T-260**
2つの色について「この中でどちら？」と尋ねる文なので，**which** を用いる。

491 (1) What　(2) Who[Whom]　⇢ **Point 84** -(1)　**T-261**
(1) 答えで，この前の日曜日にしたことを述べているので，動詞 do の目的語になる「物事」について「何を？」と尋ねる文にする。(2) 答えで，図書館で会った人の名前を述べているので，動詞 meet の目的語になる「人」について「だれに？」と尋ねる文にする。
訳〉(1)「この前の日曜日には何をしましたか。」「友達と買い物に行きました。」
　　(2)「図書館でだれに会ったのですか。」「アランとティムに会いました。」

492 ④　　　　　　　　　　　　⇢ **Point 84** -(1)　**T-262**
答えで，「父のものです」とコンピュータの所有者について述べているので，who の所有格 **whose** を用いて，「だれのもの？」と尋ねる文にする。
訳〉「このコンピュータはだれのですか。」「父のものです。」

493 (1) What kind of music are you listening to　⇢ **Point 84** -(2)　**T-263**
(2) What country do you want to visit
(1)「どんな種類の音楽？」とものの種類を尋ねるには，〈**what kind of** + 名詞（music）〉の形を用いる。(2)「どんな国？」と尋ねるには，〈**what** + 名詞（country）〉の形を用いる。

494 ②　　　　　　　　　　　　⇢ **Point 84** -(2)　**T-264**
2つの選択肢のうちで「どちらの～？」と尋ねるので，〈**which** + 名詞（car）〉の形にする。
訳〉「どちらの車があなたの？ 赤いほう？ それとも緑のほう？」「赤いほうです。」

☐ **495** (1) "(　　　　) did you buy the jacket?" "Last month."
　　　 (2) "(　　　　) did she get the dictionary?" "At the bookstore on the corner."

☐ **496** (1) どうしてこの本を書こうと決めたのですか。(1語不要)
　　　　　(what / you / did / why / write / book / to / this / decide)?
　　　　　_____?
　　　 (2) どうして彼女がロイを愛してるってわかったの？(1語不要)
　　　　　(Roy / you / why / loves / know / how / she / did)?
　　　　　_____?

☐ **497** (1) "(　　　　) was your stay in London?" "It was wonderful."
　　　 (2) "(　　　)(　　　) does it take to get there?" "About 30 minutes by bus."
　　　 (3) "(　　　)(　　　) did this camera cost?" "It was 500 dollars."

☐ **498** "(　　) does this train leave?" "In five minutes."
　　　① How soon　② How often　③ How early　④ How far

☐ **499** (1) 昨日, だれと映画に行ったの？
　　　　　(　　　　) did you go to see the movie (　　　　) yesterday?
　　　 (2) だれに電話をつなげばいいですか。
　　　　　(　　　)(　　　) should I transfer the call?

語句　**499** transfer「(内線などで) (電話) をつなぐ」

Point 85 疑問詞の種類と用法 - 2

▶参考書 pp.360-363

(3) 疑問副詞
疑問副詞 → **場所**や**時**, **理由**などを表す**副詞**について尋ねたいときに用いる
when「いつ？」(時), **where**「どこ？」(場所), **why**「なぜ？」(理由),
how「どのように？」(方法) /「どんな具合 [状態] ？」(様子や状態)
〈**how** + 形容詞 [副詞]〉「どのくらい…なのか」(程度)

(4) 疑問詞と前置詞
前置詞の目的語について尋ねる場合 → **疑問代名詞**だけを文頭に出すのが一般的
〈**前置詞** + **疑問詞**〉でまとめて文頭に出す場合 → **疑問詞**は目的格を使う

---

495 (1) When (2) Where ···▶ Point 85 -(3) T-265
(1)「先月です」と**時**を答えていることに着目し,「いつ？」と尋ねる文にする。
(2)「角の本屋でです」と**場所**を答えていることに着目し,「どこで？」と尋ねる文にする。
訳〉(1)「その上着をいつ買いましたか。」「先月です。」
　　(2)「彼女はその辞書をどこで買ったのでしょうか。」「角の本屋でですよ。」

496 (1) Why did you decide to write this book ···▶ Point 85 -(3) T-266
(2) How did you know she loves Roy
(1) この文の「どうして」は「**なぜ？**」の意味で, **理由**を尋ねている。したがって, 疑問詞は **why** を用いる。what が不要。(2) この文の「どうして」は「どのようにして？」の意味で, **方法**を尋ねている。したがって, 疑問詞は **how** を用いる。why が不要。

497 (1) How (2) How long (3) How much ···▶ Point 85 -(3) T-267
(1) 相手が「すばらしかった」と**様子**を答えているので, **how** を用いて「どんな具合？」と尋ねる文にする。(2) 相手が所要時間を答えているので, **how long**「どのくらいの時間？」と尋ねる文にする。(3) 相手が値段を答えているので, **how much**「どのくらいの金額？」と尋ねる文にする。
訳〉(1)「ロンドンでの滞在はどうだった？」「すばらしかったよ。」
　　(2)「そこへ行くにはどのくらい時間がかかる？」「バスで約 30 分だね。」
　　(3)「このカメラいくらだった？」「500 ドルだったよ。」

498 ① ···▶ Point 85 -(3) T-267
答えの In five minutes. は,「5分後に, あと5分で」という意味。「どのくらいすぐに？」と尋ねる①の **How soon** が適切。
訳〉「この電車はあとのどのくらいで発車しますか。」「5分後です。」

499 (1) Who / with (2) To whom ···▶ Point 85 -(4) T-268
(1)「～と映画に行く」は go to see the movie with ～の形で表すので,「だれと？」と尋ねるときは前置詞 with の目的語 who を文頭に出し, **Who ～ with?** の形にする。(2)「～に電話をつなぐ」は transfer the call to ～の形で表す。「だれに？」と尋ねる文にするが, ここでは〈前置詞＋疑問詞〉を文頭に出し, **To whom ～?** の形にする。前置詞のすぐ後に疑問詞が続くので, **目的格** whom を用いることに注意。

☐ **500** (1) スーザンがいつ東京を出発するか知っていますか。
(know / leave / when / you / Susan / do / will) Tokyo?
_____ Tokyo?

(2) お祭りがいつ開かれるのか教えてください。
Please (me / be / festival / when / tell / will / held / the).
Please _____.

☐ **501** 次の文の誤りを訂正しなさい。
I don't have any information about whom wrote this letter.
_____ → _____

☐ **502** 「今朝，朝食を食べなかったの？」「うん，食べなかったんだ。」
"(　　　)(　　　) have breakfast this morning?"
"(　　　), I (　　　)."

☐ **503** 「あなたのデジタルカメラを使ってもいいですか。」「どうぞ。」
"Do you (　　　)(　　　) I use your digital camera?"
"(　　　)(　　　) all."

☐ **504** 次の問いに対する答えとして不適切なものを選びなさい。
Can you take a picture of us?
① Of course.　　　　② Certainly.
③ Sorry, you can't.　　④ I'm afraid I can't.

☐ **505** (1) だれが大統領に選ばれると思いますか。
(think / you / who / elected / will / do / be) president?
_____ president?

(2) 彼女は何歳だと思いますか。
(you / how / is / do / she / old / suppose) ?
_____ ?

語句　**505** suppose「〜と思う，推測する」

Point 86　疑問文のさまざまな形 (1)　　▶参考書 pp.363-366

(1) 間接疑問
　　間接疑問 → 文の一部に組み込まれた疑問文。文中で**名詞節**として働く
　　疑問詞の後は平叙文と同じ語順〈**S + V**〉。疑問詞が主語の場合は〈**疑問詞 + V**〉
(2) 否定疑問文
　　否定疑問文 → 否定の意味で尋ねる場合や意外な気持ちを表すときに用いる
　　答え方 → 答えが肯定の内容なら **Yes** を用い，否定の内容なら **No** を用いる

Point 87　疑問文への答え方　　▶参考書 pp.366-369

(1) Do you mind ... ? の疑問文への答え方
　　Do you mind ... ? に「いいですよ」と答えるとき
　　　→ Not at all. / Of course not. / Certainly not.（否定の返事をする）
(2) Yes / No 以外の答え方
　　Can I ... ? に「いいですよ」と答えるとき → Sure. / Certainly. / OK. / Of course.
　　Can I ... ? に「だめだよ」と答えるとき → No, you can't. / Sorry, you can't.
(3) Yes / No で答えるか，具体的に答えるか
　　「何［だれ］だと思いますか？」→〈疑問詞 + **do you think** ... ?〉
　　「何［だれ］だか知っていますか？」→〈**Do you know** + 疑問詞 ... ?〉

---

500 (1) Do you know when Susan will leave　　…▶ Point 86 -(1)　T-269
　　　(2) tell me when the festival will be held
　　　(1) は Do you know の後に，(2) は Please tell me の後に〈疑問詞＋S＋V〉を続ける。

501 whom → who　　…▶ Point 86 -(1)　T-269
　　about の目的語が**間接疑問**になっている文。疑問詞は wrote の主語なので**主格**にする。
　　訳〉だれがこの手紙を書いたのかについて私は何の情報も持っていません。

502 Didn't you / No / didn't　　…▶ Point 86 -(2)　T-270
　　「…しなかったの？」は **Didn't you ... ?** で表し，答えは**否定**の内容なので **No** で答える。

503 mind if / Not at　　…▶ Point 87 -(1)　T-271
　　「…してもいいですか」は **Do you mind if ... ?** で尋ね，**Not at all.** と**否定**で答える。

504 ③　　…▶ Point 87 -(2)　T-272
　　③は **Can you ... ?** に対する答えとしては不適切。①②は**承諾**の，④は**拒否**の返事。
　　訳〉「私たちの写真を撮ってくれませんか。」「①②いいですよ。／④撮れません。」

505 (1) Who do you think will be elected　　…▶ Point 87 -(3)　T-273
　　　(2) How old do you suppose she is
　　〈疑問詞＋do you think [suppose] ... ?〉の形にする。(1) の who は主格の疑問詞。

Level 2 ★★

▶参考書 pp.370-376

506 (1) あなたのお父さんはお医者さんではありませんよね。
　　　Your father isn't a doctor, (　　　)(　　　)?
(2) 彼女は免許証を持っていますよね。
　　　She has a driver's license, (　　　)(　　　)?
(3) 彼はギターが弾けませんよね。
　　　He cannot play the guitar, (　　　)(　　　)?

507 There is little milk in the fridge, (　　)?
① isn't it　　② is it　　③ isn't there　　④ is there

508 We seldom go on a trip abroad, (　　)?
① do we　　② don't we　　③ shall we　　④ won't we

509 そんな話はだれも信じないよ。
(　　　) would believe such a story?

510 「息子は去年，大学を卒業したよ。」「へえ，そうなの。」
"My son graduated from college last year."
"Oh, (　　　)(　　　)?"

語句　**508** go on a trip「旅行に行く」

第 13 章 ● 疑問詞と疑問文

Point 88 疑問文のさまざまな形 (2) ▶参考書 pp.370-373

(1) 付加疑問
〈助動詞［be 動詞］＋主語？〉→「～ですよね」と相手に同意や確認を求める
肯定文の後には**否定**の，否定文の後には**肯定**の付加疑問をつける

(2) 付加疑問の応用形
完了形の文 → **have[has / had]** を使う
There is ... の文 → 主語の位置に **there** を入れる
never などの否定語や little などの準否定語がある場合 → 付加疑問は**肯定**の形

(3) 修辞疑問文
相手の答えを求めない疑問文
→ 肯定の修辞疑問文は**否定**の，否定の修辞疑問文は**肯定**の気持ちを表す

(4) 平叙文のままの疑問文
平叙文の形で疑問の意味を表す → 文尾を**上昇調**のイントネーションにする

(5) 聞き返し疑問文
平叙文のままの語順で，わからなかった部分を**疑問詞**にして聞き返す

(6) 応答疑問文
Are you? や Do you? など，**疑問形**で相手が言ったことにあいづちを打つ

---

506 (1) is he (2) doesn't she (3) can he ⋯▶ Point 88 -(1) T-274

「～ですよね」と相手の同意を求める**付加疑問**を用いる。(1) **否定文**なので，be 動詞 isn't を**肯定形 is** に，主語 your father を**代名詞 he** にした付加疑問を作る。(2) **肯定文**なので，助動詞 does の**否定形 doesn't** と主語 she を用いて付加疑問を作る。(3) **否定文**なので，助動詞 cannot の**肯定形 can** と主語 he を用いて付加疑問を作る。

507 ④ ⋯▶ Point 88 -(2) T-275

There is ... の文の付加疑問は主語の位置に **there** を用いる。準否定語 **little**「ほとんど～ない」を使った文は**否定文**なので，**肯定形**の**付加疑問**を用いるのが正しい。
訳〉冷蔵庫には牛乳がほとんどないよね。

508 ① ⋯▶ Point 88 -(2) T-275

seldom は「めったに～ない」という意味の**準否定語**なので，この文は**否定文**。したがって，**付加疑問**は**肯定形**にする。助動詞を用いた文ではないので，③④のように shall や will を用いることはない。
訳〉私たちはめったに海外旅行に出かけないですよね。

509 Who ⋯▶ Point 88 -(3) T-276

疑問文の形をしているので，「だれがそんな話を信じるだろうか」という**否定**の気持ちを表す**修辞疑問文**にする。

510 did he ⋯▶ Point 88 -(6) T-279

相手の話に対して**疑問形**であいづちを打っている。相手が使った動詞 graduated を did にし，「(相手の) 息子」を he で表して，**did he?** とする。

☐ **511** ほぼ同じ意味の文になるように，（ ）に適語を入れなさい。

(a) Why are they standing in line?

(b) (　　　) are they standing in line (　　　)?

☐ **512** 明日の天気はどんなでしょうか。

(tomorrow's / be / what / weather / will / like)?

＿＿＿＿＿＿＿＿＿＿＿＿＿＿＿＿＿＿＿＿＿＿＿＿＿＿＿＿?

☐ **513** ジョンソンさんはどんな人ですか。

(　　) is Mr. Johnson like?

① How　　② What　　③ Who　　④ Whom

☐ **514** どうして東京の物価はこんなに高いの？（1語不要）

(prices / Tokyo / why / how / the / in / are / come) so high?

＿＿＿＿＿＿＿＿＿＿＿＿＿＿＿＿＿＿＿＿＿＿ so high?

語句　**511** stand in line「列を作る」

Point 89　疑問文の慣用表現

▶参考書 pp.373 - 376

(1) What ... for?
　〈**What ... for**?〉「何のために…？」，〈**What for**?〉「どうして？」
(2) What is S like?
　〈**What is S like**?〉「S はどのようなもの？」
　〈**What does S look like**?〉「S の見た目はどのようなもの？」
(3) How come + SV?
　〈**How come** + **SV**?〉「どうして…？」

---

511 What / for　　　⋯▶ Point 89 -(1)　T-280
(a) の Why「なぜ？」と同じような意味を，(b) では〈**What ... for**?〉の形で表す。これは「何のために…？」と**目的**を尋ねる表現。
訳 (a) なぜ彼らは列を作っているの？
　　(b) 彼らは何のために列を作っているの？

512 What will tomorrow's weather be like　⋯▶ Point 89 -(2)　T-281
What を用いて「どのようであるか」を尋ねる場合は，〈**What is S like?**〉の形で表す。ここでは S（主語）が tomorrow's weather で，is が未来のことを表す will be になっているので，助動詞 will を主語の前に出す。

513 ②　　　⋯▶ Point 89 -(2)　T-281
「どのような人か」を尋ねる文で，文の最後に **like** があるので，②の What を用いて〈**What is S like?**〉の形にすればよい。① How は，How is Mr. Johnson? のような形で様子や状態を尋ねる場合に用いる。③ Who「だれ？」と④ Whom「だれを？」は文意が通らない。

514 How come the prices in Tokyo are　⋯▶ Point 89 -(3)　T-282
与えられた語句の中に why と how，come があるが，「どうして？」を表すのに why を用いると 2 語余ってしまうので，〈**How come＋SV?**〉の形の文にする。How come の後の語順が〈**S＋V**〉になることに注意。なお，Why を用いる疑問文は，Why are the prices in Tokyo so high? となり，Why 以下の語順が異なる。

Level 3 ★★★

▶参考書 pp.353-376

515 It was your first time in the northern part of Japan. (　) did you find Hokkaido in winter? Was it too cold for you?
① How　　② What　　③ When　　④ Why
〈慶應義塾大〉

516 Our culture tells us (　) acceptable behavior for boys and girls.
① how are　　② how is　　③ what are
④ what is　　⑤ why is
〈明治学院大〉

517 携帯電話のない生活がどのようなものか想像できない。
I cannot (　)(　)(＊)(　)(＊)(　)(　) my cell phone.
① without　　② like　　③ what　　④ imagine
⑤ would　　⑥ life　　⑦ be
〈中央大〉

518 We have been arguing (　)(　)(　)(＊)(　)(　)(　) of.
① waste　　② disposed　　③ about　　④ be
⑤ industrial　　⑥ should　　⑦ how
〈上智大〉

519 Which do (　)(＊)　is (　)(　)(＊)(　) the two: the diamond or the pearl?
① think　　② you　　③ the　　④ precious
⑤ of　　⑥ more
〈獨協大〉

520 Mr. Harris suggested ① <u>many</u> different ② <u>ways</u> of ③ <u>solving</u> problems, ④ <u>isn't it</u>?
〈東京薬科大〉

語句　**516** acceptable「許容できる」

第 13 章 ● 疑問詞と疑問文

515 ①

2つ目の文の述語動詞は find で，その直後に Hokkaido が続いていることに着目する。この **find** は **SVOC** の文型を作り，「**O を C と思う[わかる]**」の意味を表すと考えられるので，疑問詞は C にくる形容詞を尋ねる① **How** が入る。

訳〉 あなたが日本の北部へ行ったのはそれが初めてでしたね。冬の北海道はいかがでしたか。あなたには寒すぎましたか。

516 ④

空所以下は tells の目的語なので，間接疑問の形にして名詞節を作る。文脈より「容認される少年少女の行儀とは何か」という意味の名詞節を作ればよいとわかるので，疑問詞は「**何？**」を表す**主格**の **what** を用いる。behavior は抽象名詞で，数えられない名詞（⋯▶ T-339 ）。したがって節中の be 動詞は単数形の is を用いる。①②の how や⑤の why は疑問副詞で，意味が通らないので誤り。

訳〉 容認される少年少女の行儀とはどんなものか，私たちの文化が教えてくれます。

517 ⑥ / ⑦

(I cannot) imagine what life would be like without (my cell phone.)
I cannot imagine の後に間接疑問が続く。「**S はどのようなものか**」という疑問文は〈**What is S like?**〉で表すが，間接疑問にする場合は疑問詞の後の語順を平叙文と同じにすることに注意。would be は現在の事実と違うと思っている事柄を表す仮定法過去で，without は「〜がなければ」という意味の仮定を表している（⋯▶ T-249 ）。

518 ①

(We have been arguing) about how industrial waste should be disposed (of.)
argue about で「〜について議論する」の意味を表す。この後に about の目的語が続くが，与えられた語句の中に **how**「**どのように？**」があることから**間接疑問**を目的語にすることを考える。industrial waste「産業廃棄物」，dispose of「(始末に困るものなど) を処分する」という語句を組み合わせて，how industrial waste should be disposed of という形を作る。

訳〉 私たちは産業廃棄物をどのように処分するべきかについて議論し続けています。

519 ① / ④

(Which do) you think (is) the more precious of (the two: the diamond or the pearl?)
「どちらが貴重だと思いますか？」という意味の文なので，全体を〈**疑問詞＋do you think ... ?**〉の形で表す。

訳〉 ダイヤモンドと真珠の2つのうち，どちらが貴重だと思いますか。

520 ④（isn't it → didn't he）

「〜ですよね」と相手に同意を求める**付加疑問**の文。文の主語は Mr. Harris，述語動詞は suggested で**肯定文**。したがって，助動詞 did の**否定形 didn't** と主語を表す代名詞 he を用いて付加疑問を作るのが正しい。

訳〉 ハリスさんは問題を解決する数多くの方法を示してくれましたよね。

第14章 否定

Level 1 ★
▶参考書 pp.382-392

521 日本語に直しなさい。

(1) The doctor told me not to take this medicine.

_____

(2) The doctor did not tell me to take this medicine.

_____

522 次の文の誤りを訂正しなさい。

Mike eats never raw fish.

_____ → _____

523 ほぼ同じ意味の文になるように，（ ）に適語を入れなさい。

(a) I didn't receive any e-mails from my friends today.

(b) I received (　　) e-mails from my friends today.

524 ジャックは彼女の言うことにまったく注意を払わなかった。

Jack (she / was / paid / to / what / saying / attention / no).

Jack _____ .

525 (1) ポールが試合に負けなければいいのだけれど。(1語不要)

I (that / lose / hope / not / Paul / do / will) the game.

I _____ the game.

(2) サラは中国の歴史には興味がないと思うよ。(1語不要)

I (in / Sarah / think / is / history / interested / isn't / Chinese / don't).

I _____ .

526「彼は選挙に勝つかな？」「勝たないと思うな。」

"Will he win the election?" "I'm (　　　)(　　　)."

語句　**521** medicine「薬」　**522** raw「(食べ物が) 生の」

Point 90　否定語と否定の範囲 - 1

▶参考書 pp.382 - 387

(1) not / never / no
　not → **述語動詞**を否定する場合と，直後の**語・句・節**を否定する場合がある
　never「一度も〜ない」→ **経験**の意味を表す**完了形**でよく使われる
　no「まったく〜ない，1人［1つ］も〜ない」→ **名詞**の前について強い否定を表す
(2) 否定語の位置
　〈think［believe / suppose など］+ that 節〉→ 文の**最初の動詞**を否定する
　〈hope［be afraid / fear］+ that 節〉→ **that 節の中の動詞**を否定する
(3) 節の代わりをする not
　hope や be afraid の後に，前文の内容を受けた否定の意味の that 節がくる場合
　　→ that 節の代わりに **not** 1 語を置く

---

521 (1) 医者は私にこの薬を飲まないようにと言った。　⋯▶ Point 90 -(1)　T-283
　　　(2) 医者は私にこの薬を飲むようにとは言わなかった。
(1) **not** は to take this medicine という**句**を否定している。「〜しないようにと言った」という意味。(2) **not** は述語動詞 tell を否定している。述語動詞を否定すると，**文全体の内容を否定する**ことになるので，「〜するようにとは言わなかった」という意味になる。

522 eats never → never eats　⋯▶ Point 90 -(1)　T-284
never「決して〜ない」を be 動詞以外の一般動詞とともに用いる場合には，〈**never** + 動詞〉の語順になる。なお，be 動詞を用いる場合は〈be 動詞 + never〉の語順，助動詞が含まれる場合には〈助動詞 + never + 動詞〉の語順になる。
　訳〉マイクは決して生の魚を食べない。

523 no　⋯▶ Point 90 -(1)　T-285
(a) の **not any 〜**「1つも〜ない」の意味を，(b) では **no** を用いて表す。
　訳〉(a)(b) 私は今日は友達から 1 通も電子メールを受け取らなかった。

524 paid no attention to what she was saying　⋯▶ Point 90 -(1)　T-285
「〜に注意を払う」は pay attention to 〜。「まったく注意を払わなかった」という否定の内容を表すには，**no**「まったく〜ない」を**名詞** attention の前に置く。「彼女の言うこと」は what she was saying で表す。

525 (1) hope that Paul will not lose　⋯▶ Point 90 -(2)　T-286
　　　(2) don't think Sarah is interested in Chinese history
(1) hope があるので〈I hope + that 節〉の形にする。「〜しないことを望む」と否定の内容を表す場合，**that** 節の動詞を否定形にする。Paul will not lose となり，do が不要。(2) think があるので〈I think + that 節〉の形にする。think の場合は**動詞 think を否定する**ので，I don't think Sarah is ... とする。isn't が不要。

526 afraid not　⋯▶ Point 90 -(3)　T-287
I'm afraid that he won't win the election. の否定の意味の **that** 節を **not** 1 語で表す。

527 彼の書いた字はほとんど読めなかった。

I could ( )( ) his handwriting.

528 ( ) に入れるのに，不適切なものを選びなさい。

I ( ) eat sweets before going to bed.

① hardly　　　　　　　② scarcely ever

③ rarely　　　　　　　④ seldom

529 彼女にはプレゼンテーションの準備をする時間がほとんどなかった。

She had ( ) time to prepare for her presentation.

① a few　　② a little　　③ few　　④ little

530 日本語に直しなさい。

(1) None of my friends can speak Spanish.

　――――――――――――――――――――

(2) Not all of my friends can speak Spanish.

　――――――――――――――――――――

531 値段の高いホテルが必ずしも最高だとは限らない。

Expensive hotels ( )( )( ) the best.

532 彼は重要な決定をするときは必ず上司と話し合う。

He (an / decision / never / without / important / with / talking / makes) his boss.

He ――――――――――――――――――――

his boss.

語句　**527** handwriting「（人が書いた）字，筆跡」　**528** sweets「甘いもの」

Point 91　否定語と否定の範囲 - 2
▶参考書 pp.388 - 389

(4) 準否定語
hardly[scarcely]「ほとんど～ない」→ **程度**がほとんどないことを表す副詞
rarely[seldom]「めったに～ない」→ **頻度**がほとんどないことを表す副詞
few「ほとんど～ない」→ **数えられる名詞の数**がほとんどないことを表す形容詞
little「ほとんど～ない」→ **数えられない名詞の量**がほとんどないことを表す形容詞

Point 92　部分否定・二重否定
▶参考書 pp.389 - 392

(1) 部分否定と全否定
　部分否定 →「**全部が～というわけではない**」(一部には～でないものもある)
　全否定 →「**全部が～でない**」(すべてを否定する)
(2) 部分否定の表現
　〈**not** + **全体性や完全性を表す語**〉→ all, always, necessarily, completely など
(3) 二重否定
　1つの文の中で否定語が2つ使われる → **肯定**の意味を表す

---

527 hardly[scarcely] read　　　⋯▶ Point 91 -(4)　T-288
程度について「ほとんど～ない」という意味を表すのは **hardly[scarcely]**。

528 ①　　　⋯▶ Point 91 -(4)　T-289
② **scarcely ever**，③ **rarely**，④ **seldom** は，「(頻度が) めったに～ない」という意味を表すので文意が通る。① **hardly** は「(程度が) ほとんど～ない」ことを表す。
訳〉私は寝る前には甘いものをめったに食べない。

529 ④　　　⋯▶ Point 91 -(4)　T-290
time「時間」は**数えられない名詞**。「(量が) ほとんど～ない」を表す④ **little** を用いる。

530 (1) 私の友達はだれもスペイン語が話せない。　⋯▶ Point 92 -(1)　T-291
(2) 私の友達の全員がスペイン語を話せるというわけではない。
(1) **none** は「だれも～ない」ことを表すので，この文は**全否定**。(2) **not all** は「全員が～というわけではない」という**部分否定**を表す。

531 are not necessarily[always]　⋯▶ Point 92 -(2)　T-292
「必ずしも～ない」は**部分否定**の内容なので，**not** の後に **necessarily**「必ず」または **always**「いつも，つねに」を続けて表す。

532 never makes an important decision without talking with
　　　　　　　　　　　　　　　　⋯▶ Point 92 -(3)　T-293
〈**never ... without ～**〉で「～なしで…することはない → …すれば必ず～する」を表す。never, without と否定語が2つ含まれる**二重否定**の表現。

Level 2 ★★

▶参考書 pp.393-398

533 弟は何時間もコンピュータゲームをしないではいられない。
My brother (games / for / cannot / computer / playing / hours / help).
My brother _____ .

534 読書の価値はいくら強調してもしすぎることはない。
We (_____) emphasize (_____) much the value of reading.

535 (1) まもなくその俳優がテレビに出演します。
It (long / appears / will / before / the / not / actor / be) on TV.
It _____ on TV.

(2) 彼女が電気を消すとすぐに犬がほえ始めた。
She (the light / had / turned / when / off / hardly / began / the dog) to bark.
She _____
to bark.

536 息子は8月31日になってようやく夏の宿題にとりかかった。
My son (_____) start doing his summer homework (_____) the 31st of August.

537 スティーブはもうこの家には住んでいない。(1語不要)
Steve (lives / any / house / longer / in / no / this).
Steve _____ .

538 このごろ娘は自分の部屋で漫画を読んでばかりいる。
My daughter does (_____)(_____)(_____) comic books in her room these days.

語句 **534** emphasize「〜を強調する」

202

Point 93　否定の慣用表現

▶参考書 pp.393-395

(1) cannot を用いる表現
　〈**cannot help -ing**〉「〜しないではいられない」
　　　=〈cannot (help) but +動詞の原形〉
　〈**cannot ... too 〜**〉「いくら〜してもしすぎることはない」
(2)「時」を表す表現
　〈It is not long before ...〉「まもなく…する」
　〈not ... until 〜〉「〜して初めて…する，〜になってやっと…する」
　〈hardly ... when 〜〉「…するとすぐに〜，…するかしないかのうちに〜」
　〈no sooner ... than 〜〉「…するとすぐに〜」
(3) その他の表現
　〈do nothing but +動詞の原形〉「…してばかりいる」
　〈have no choice but + to 不定詞〉「…するしかない」
　〈no longer ...〉「もはや…でない」= not ... any longer

---

533 cannot help playing computer games for hours　⋯▶ Point 93 -(1)　T-294
　〈**cannot help -ing**〉「〜しないではいられない」を用いて表す。

534 cannot / too　⋯▶ Point 93 -(1)　T-294
　「いくら〜してもしすぎることはない」は〈**cannot ... too 〜**〉で表す。

535 (1) will not be long before the actor appears　⋯▶ Point 93 -(2)　T-295
　　(2) had hardly turned off the light when the dog began
　(1) 主語が it であることに着目し，「まもなく…する」という意味を〈**it is not long before ...**〉の形で表す。ここでは未来の内容を表しているので，is not の部分が will not be になる。(2)「…するとすぐに〜」という意味を〈**hardly ... when 〜**〉の形で表す。hardly は過去完了形 had turned の had の直後に置く。

536 didn't / until　⋯▶ Point 93 -(2)　T-295
　「〜になってやっと…する」は〈**not ... until 〜**〉を用いて表す。

537 no longer lives in this house　⋯▶ Point 93 -(3)　T-296
　「もう…でない」は〈**no longer ...**〉で表す。no longer を動詞の前に置くことに注意。〈not ... any longer〉でも同じ意味を表せるが，その場合は Steve does not live in this house any longer. となるので，ここでは不適切。any が不要。

538 nothing but read　⋯▶ Point 93 -(3)　T-296
　「…してばかりいる」は〈**do nothing but +動詞の原形**〉で表す。ここでは主語が my daughter なので，do が does になっている。but の後ろには動詞の原形を置くことに注意。

539 (1) 彼女は決して取り乱さない人だ。

She is (　　　)(　　　) person (　　　) get upset.

(2) 私は昨夜，そのテレビ番組を録画しそこなった。

I (　　　)(　　　) record the TV program last night.

540 ほぼ同じ意味の文になるように，(　) に適語を入れなさい。

(a) This soup is so spicy that I can't eat it.

(b) This soup is (　　　) spicy (　　　)(　　　)(　　　)(　　　).

541 (1) 心配事のない母親などいません。

(　　　) mother can be (　　　) from worries.

(2) このベッドはとても心地よいとは言えない。

This bed is (　　　)(　　　) comfortable.

542 プラスチックごみの量を減らすのは決して簡単ではない。

Reducing the amount of plastic waste is anything (　) easy.

① so　　　② but　　　③ no　　　④ little

語句　**539** get upset「動揺する」

204

Point 94　否定語を使わない否定表現

▶参考書 pp.396-398

(1) 不定詞を用いる表現
　〈too ... to 不定詞〉「あまりに…なので~できない，~できないほど…だ」
　〈the last ... to 不定詞〉「決して~しない…，もっとも~しそうにない…」
　〈fail to 不定詞〉「~しそこなう，~できない」
　〈never fail to 不定詞〉「~しそこなうことがない，必ず~する」
(2) その他の表現
　〈anything but ...〉「決して…でない」
　〈far from ...〉「…からはほど遠い，とても…とは言えない」
　〈free from ...〉「…をまぬがれている，…がない」

---

539 (1) the last / to　(2) failed to　　⋯▶ Point 94 -(1)　T-297

(1)「決して~しない人 → ~するとしたら最後の人」と考え，〈**the last person to 不定詞**〉で表す。(2)「~しそこなう」は〈**fail to 不定詞**〉で表す。したいと思ったことができなかった場合に使われる表現。last night「昨夜」のことなので，fail は過去形 failed とする。

540 too / for me to eat　　⋯▶ Point 94 -(1)　T-297

(a) の〈so ... that S can't ~〉は「とても…なので S は~できない」という意味。(b) では同じ意味を〈**too ... to 不定詞**〉「あまりに…なので~できない」の形で表す。主語の This soup と不定詞の意味上の主語が異なるので，意味上の主語「私」を〈for ＋人（me）〉の形にして不定詞の前に置く。
訳 (a)(b) このスープはあまりに辛すぎて，私には食べられない。

541 (1) No / free　(2) far from　　⋯▶ Point 94 -(2)　T-298

(1)「~する母親などいません → どの母親も~ない」と考え，No mother を主語にして表す。主語に no を用いると文全体を否定することができる。また，2つ目の空所の後に from があるので，「心配事のない」は〈**free from ...**〉「…をまぬがれている，…がない」を用いて表す。(2)「とても心地よいとは言えない」は〈**far from ...**〉「…からはほど遠い，とても…とは言えない」を用いて表す。

542 ②　　⋯▶ Point 94 -(2)　T-298

空所の前に anything があるので，「決して簡単ではない」は〈**anything but ...**〉「決して…でない」を用いて表す。

Level 3 ★★★

▶参考書 pp.377-398

543 夏にはだれもが浜辺へ行きたがるわけではない。
( ) wants to go to the beach in the summer.
① Nobody ② Not anyone ③ Not all ④ Not everyone
〈法政大〉

544 I know you have worked very hard on this project, but I'm afraid there is very ( ) possibility that it will be approved at the executive meeting.
① big ② few ③ little ④ much
〈明治大〉

545 She is the ( ) woman I want to sit next to at dinner.
① nearest ② last ③ least ④ worst
〈東京理科大〉

546 会えばいつも彼のことを思い出してしまう。(1語不要)
We ( )( )( )( )( )( ).
① always ② being ③ him ④ meet
⑤ never ⑥ of ⑦ reminded ⑧ without
〈東京理科大〉

547 Desmond ( )( )( )( )( )( )( ). (1語不要)
① do ② had ③ idea ④ knew ⑤ Molly
⑥ no ⑦ to ⑧ wanted ⑨ what
〈東京理科大〉

548 He ① can't hardly do ② anything with his right hand ③ ever since he ④ had his accident.
〈立教大〉

語句 **544** executive meeting「重役会議」 **548** ever since「～以来ずっと」

第14章 ● 否定

543 ④

「だれもが〜というわけではない」という**部分否定**の意味は，「全員」を表す代名詞 **everyone** の前に **not** を置いて表す。③のように all を使う場合には，〈not all ...〉と all の後に名詞などが続く形になる。①の nobody は全否定の意味を表すので不適切。

544 ③

possibility「可能性」は**数えられない名詞**。文脈より，「**(量が) ほとんど〜ない**」を表す③ **little** を用いる。② few は「(数が) ほとんど〜ない」ことを表すので不可。
訳〉あなたがこのプロジェクトにとても一生懸命に取り組んでいることは知っていますが，それが重役会議で承認される可能性はほとんどないと思います。

545 ②

② last を入れると，〈**the last woman**＋関係詞節〉「決して〜しない女性，もっとも〜しそうにない女性」という表現になり，文意が成立する。関係詞節は I want to sit next to (her) at dinner ということで，前置詞 next to の目的語になる目的格の関係代名詞が省略されていることに注意。①③④は文意が通らない。
訳〉彼女は，夕食の時に私がもっとも隣に座りたくない女性だ。

546 ⑤④⑧②⑦⑥③

(We) never meet without being reminded of him (.)
与えられた語句の中に never と without があるので，「…すればいつも〜する」を〈**never ... without 〜**〉の形を用いて表す。「彼を思い出すことなしに私たちが会うことはない」と考えればよい。「彼を思い出すこと」は，remind ... of 〜「…に〜を思い出させる」を受動態にして，動名詞 being reminded of him で表す。① always が不要。

547 ②⑥③⑨⑤⑧⑦①

(Desmond) had no idea what Molly wanted to do (.)
全否定を表す **no** があることに着目する。no の後には**名詞**が続くので，had no idea として「〜がわからなかった」という意味を表す。残りの語句を使って，「モリーが何をしたいと思っているか」という意味を表す間接疑問の形を作り，had no idea の後に続ける。④ knew が不要。
訳〉デズモンドは，モリーが何をしたいと思っているかまったくわからなかった。

548 ①（can't → can）

動詞 do を修飾する **hardly** に着目する。hardly には「ほとんど〜しない」という否定の意味が含まれるので，その前に置かれた助動詞 can を否定する not は不要。
訳〉彼は事故にあって以来ずっと，右手ではほとんど何もすることができない。

第15章 話法

Level 1 ★

▶参考書 pp.408–411

549 ほぼ同じ意味の文になるように，（ ）に適語を入れなさい。
(a) Jim said, "Cathy likes chocolate very much."
(b) Jim said (　　　)(　　　)(　　　) chocolate very much.

550 ほぼ同じ意味の文になるように，（ ）に適語を入れなさい。
(a) My sister said, "I saw a famous actor on the street."
(b) My sister said (　　　)(　　　)(　　　)(　　　) a famous actor on the street.

551 ほぼ同じ意味の文になるように，（ ）に適語を入れなさい。
(a) Eric said to her, "I have been waiting for you at the coffee shop."
(b) Eric (　　　) her (　　　)(　　　)(　　　) (　　　)(　　　)(　　　) at the coffee shop.

552 次の文の誤りを訂正しなさい。
Jeff said me that he had broken his father's camera by mistake.
_____ → _____

553 ほぼ同じ意味の文になるように，（ ）に適語を入れなさい。
(a) Mark said to us, "I'll show you around the city this afternoon."
(b) Mark (　　　) us (　　　)(　　　)(　　　) (　　　)(　　　) around the city (　　　)(　　　).

語句　**552** by mistake「間違って」

Point 95　直接話法と間接話法 - 1　　▶参考書 pp.404-408

(1) 直接話法と間接話法の形
　直接話法 → 発言をそのまま引用する　**間接話法** → 伝える人が言い直す
　時制の一致 → 主節の**動詞**と従属節の**動詞**の関係に注意する
　人称代名詞 → だれのことかを考え，伝える人の視点から見た人称代名詞に変える
　〈say, "..."〉 → 〈**say** (**that**) ...〉
　〈say to + 人, "..."〉 → 〈**tell** + 人 (**that**) ...〉，〈**say to** + 人 (**that**) ...〉
　時と場所の表現，指示語 → 話し手の視点が変わることによって表し方が異なる

---

549 that Cathy liked　　…▶ Point 95 -(1)　T-299
(a) の直接話法 Jim said, "..." を (b) では間接話法に書き換えるので，Jim said that ... の形にする。ジムが「言った」のは過去のことで，キャシーの発言も現在から見た過去のこととして言い直すので，発言内容の部分にも liked と**過去形**を用いる。
訳〉(a) ジムは「キャシーはチョコレートが大好きだ」と言った。
　　(b) ジムは，キャシーはチョコレートが大好きだと言った。

550 that she had seen　　…▶ Point 95 -(1)　T-300
(a) の直接話法の文から，「言った」のは過去のことで，その時より以前に「会った」ことがわかる。したがって，(b) の間接話法では，発言内容の部分の動詞は had seen と**過去完了形**にする。人称代名詞は，伝える人の視点から she (= 姉 [妹]) と言い直す。
訳〉(a) 姉 [妹] は「街で有名な俳優に会ったわ」と言った。
　　(b) 姉 [妹] は，街で有名な俳優に会ったと言った。

551 told / he had been waiting for her　　…▶ Point 95 -(1)　T-301
(a) の直接話法〈**say to** + 人〉を，(b) の間接話法では〈**tell** + 人〉で表す。発言内容の部分の動詞は**時制の一致**により，**過去完了進行形**にする。また，人称代名詞は，セリフの話し手の I を he に，待っていた相手の you を her に変える。
訳〉(a) エリックは彼女に「今までずっと喫茶店で君を待っていたんだよ」と言った。
　　(b) エリックは彼女に，ずっと喫茶店で彼女を待っていたと言った。

552 said → told [said to]　　…▶ Point 95 -(1)　T-301
say は自動詞で，直後に〈人〉を続けることはできない。発言を伝える相手を示す場合，say はその後に〈**to** + 人〉を続け，tell は直後に**目的語**として〈人〉を続ける。
訳〉ジェフは私に，彼が誤って彼の父親のカメラを壊したと言った。

553 told / that he would show us / that afternoon　　…▶ Point 95 -(1)　T-302
主節が過去時制なので，従属節の助動詞も**過去形**にする。人称代名詞も話し手の視点に合わせて I → he, you → us に変えること。また，(a) のマークのセリフの「今日の午後」は，(b) の話し手の視点から見ると「その日の午後」になることにも注意。
訳〉(a) マークは私たちに「今日の午後，あなたがたに街を案内しますよ」と言った。
　　(b) マークは私たちに，その日の午後，街を案内してくれると言った。

554 ほぼ同じ意味の文になるように，（ ）に適語を入れなさい。
(a) Paul said to Jack, "When will the bus come here?"
(b) Paul (　　　) Jack (　　　)(　　　)(　　　)
(　　　)(　　　)(　　　).

555 私はアンにどのくらいその病院で働いているのかと尋ねた。
I (working / long / been / Ann / how / asked / had / she) at the hospital.
I _____
at the hospital.

556 ほぼ同じ意味の文になるように，（ ）に適語を入れなさい。
(a) I said to Mary, "Can you go to the concert with me tomorrow?"
(b) I (　　　) Mary (　　　)(　　　)(　　　) go to the concert with (　　　)(　　　)(　　　)(　　　).

557 母は私に，そのケーキを食べたのかと尋ねた。
My mother (　　　) me (　　　)(　　　)(　　　)
(　　　) the cake.

558 ほぼ同じ意味の文になるように，（ ）に適語を入れなさい。
(a) Kate said to me, "Please lend me your car."
(b) Kate (　　　) me (　　　)(　　　)(　　　)
(　　　) car.

559 ベンは息子に，成績についてあまり心配するなと言った。
Ben (　　　) his son (　　　)(　　　)(　　　) too much about his grades.

語句　**559** grade「成績」

Point 96　直接話法と間接話法 - 2
▶参考書 pp.408-411

(2) 平叙文以外の間接話法
　疑問詞を使った疑問文 →〈ask（人）+ 疑問詞 + SV〉
　　　　　　　　　　　　〈ask（人）+ 疑問詞 + V〉（疑問詞が主語になる場合）
　Yes / No 疑問文〈ask（人）+ if[whether] + SV〉
　命令文 →〈tell + 人 + to 不定詞〉（行動を求める）
　　　　　〈tell + 人 + not to 不定詞〉（禁止を表す）
　　　　　〈ask + 人 + to 不定詞〉（ていねいな依頼を表す）

554 asked / when the bus would come there　⋯▶ Point 96 -(2)　T-303
伝える発言が疑問詞 when を用いた疑問文なので，(b) の間接話法では〈ask + 人 + 疑問詞（when）+ SV〉の語順で表す。疑問詞節内の時制を will → would，場所を表す表現を here → there にすること。
〈訳〉(a) ポールはジャックに「バスはいつここに来るの？」と言った。
　　 (b) ポールはジャックに，バスはいつそこに来るのかと尋ねた。

555 asked Ann how long she had been working　⋯▶ Point 96 -(2)　T-303
「（彼女は）どのくらいその病院で働いているのか」の部分を〈疑問詞（how long）+ SV〉の形で表し，述語動詞 **asked** の目的語にする。

556 asked / if[whether] she could / me the next[following] day
　　　　　　　　　　　　　　　　　　　　　　⋯▶ Point 96 -(2)　T-304
(a) の発言内容の Can you ... ? は Yes / No 疑問文なので，(b) の間接話法では〈ask + 人 + if[whether] + SV〉の形で表す。時制の一致により，if[whether] 節の助動詞は過去形 could にする。また，時を表す表現 tomorrow は，伝える人の視点から見て **the next[following] day**「翌日」とする。
〈訳〉(a) 私はメアリーに「明日，私と一緒にコンサートに行ける？」と言った。
　　 (b) 私はメアリーに，翌日，私と一緒にコンサートに行けるかどうか尋ねた。

557 asked / if[whether] I had eaten　⋯▶ Point 96 -(2)　T-304
「（私が）そのケーキを食べたのか」の部分を〈if[whether] + SV〉の形で表す。「食べた」のは「尋ねた」時より以前なので，if[whether] 節内の動詞は過去完了形にする。

558 asked / to lend her my　⋯▶ Point 96 -(2)　T-305
伝える発言が依頼を表す命令文なので，(b) の間接話法では〈ask + 人 + to 不定詞〉の形で表す。
〈訳〉(a) ケイトは私に「あなたの車を私に貸してください」と言った。
　　 (b) ケイトは私に，私の車を貸してほしいと頼んだ。

559 told / not to worry　⋯▶ Point 96 -(2)　T-305
伝える発言が「～するな」という禁止を表すので，〈tell + 人 + not to 不定詞〉の形にする。

Level 2 ★★

▶参考書 pp.412-416

□ **560** ほぼ同じ意味の文になるように，（ ）に適語を入れなさい。

(1) (a) Harry said to her, "You should see a doctor."
　　(b) Harry (　　　) her (　　　)(　　　) a doctor.

(2) (a) My boss said to me, "Let's try a new approach."
　　(b) My boss (　　　) to me that (　　　)(　　　)
　　　(　　　) a new approach.

□ **561** 母は，私の部屋はなんて散らかっているのかと文句を言った。

My mother (room / complained / messy / about / my / how / was).
My mother _____ .

□ **562** 次の文の誤りを訂正しなさい。

Mark said that he didn't know why she is crying.
_____ → _____

□ **563** ほぼ同じ意味の文になるように，（ ）に適語を入れなさい。

(a) Jane said, "I called Tom last night, but he wasn't at home."
(b) Jane said (　　　)(　　　)(　　　) Tom (　　　)
　　(　　　)(　　　), (　　　)(　　　) he (　　　)
　　(　　　) at home.

□ **564** 母は私に，買い物に行くが，何か必要かと尋ねた。

My mother (　　　) me that (　　　)(　　　) go
shopping and (　　　)(　　　) I needed anything.

語句　**560** approach「(問題などの) 取り組み方」　**561** messy「取り散らかした」

第 15 章 ●話法

Point 97　間接話法の応用形　　　　　　　▶参考書 pp.412-416

(1) 提案や勧誘を表す文
　　提案・忠告を表す文 → 〈**advise** + 人 + **to** 不定詞〉
　　勧誘を表す文 → 〈**suggest**（**to** + 人）**that** S（**should**）*do* …〉
(2) 感嘆文
　　感嘆文 → **complain**「不平を言う」，**cry**「叫ぶ」など，内容に合った動詞を使う
(3) 従属節を含む文
　　従属節（名詞節・形容詞節・副詞節）を含む文 → 従属節内の動詞も適切な形にする
(4) and，but などで結ばれた文
　　等位接続詞で結ばれた文 → 2 つの **that** 節を発言内容と同じ接続詞で結ぶ
(5) 種類の異なる文
　　種類の異なる 2 つ以上の文
　　　→ それぞれの文を伝える人の視点で言い直し，適切な接続詞を用いてつなぐ

560　(1) advised / to see　(2) suggested / we should try　　⋯▶ Point 97 -(1)　T-306

(1) は**忠告**を表すので，〈**advise** + 人 + **to** 不定詞〉の形にする。(2) は**勧誘**を表すので，〈**suggest to** + 人 **that** S **should** *do*〉の形にする。

訳〉(1) (a) ハリーは彼女に「医者に行くべきだ」と言った。
　　　(b) ハリーは彼女に医者に行くように助言した。
　　(2) (a) 上司は私に「新しい取り組み方を試そう」と言った。
　　　(b) 上司は私に，新しい取り組み方を試すことを提案した。

561　complained about how messy my room was　　⋯▶ Point 97 -(2)　T-307

「〜について文句を言う」は **complain about** で表す。文句の内容は how messy で始め，後に SV を続ける。

562　is → was　　⋯▶ Point 97 -(3)　T-308

why 節は that 節の中の**従属節**なので，that 節の動詞に合う形にする。「彼女が泣いている」のは「彼がわからない」のと同じ過去の時点なので，**過去進行形** was crying にする。

訳〉マークは彼女がなぜ泣いているのかわからないと言った。

563　she had called / the night before[the previous night] / but that / hadn't been
　　　　　　　　　　　　　　　　　　　　　　　　　　⋯▶ Point 97 -(4)　T-309

(a) では I called Tom last night. という文と He wasn't at home. という文が but で結ばれている。(b) の間接話法では，2 つの文をそれぞれ **that** 節にして **but** で結ぶ。

訳〉(a) ジェーンは「昨晩トムに電話したけど，彼は家にいなかったわ」と言った。
　　(b) ジェーンは，前の晩にトムに電話したのだが，彼は家にいなかったと言った。

564　told / she would / asked if[whether]　　⋯▶ Point 97 -(5)　T-310

伝える発言は「買い物に行く」という**平叙文**と「何か必要か」という**疑問文**。平叙文の内容は〈**tell** + 人 + **that** 節〉で，疑問文の内容は〈**ask** + **if**[**whether**] 節〉で表し，**and** でつないだ形にする。

Level 3 ★★★

▶参考書 pp.399-416

☐ **565** He ( ) he wanted to leave our company.
① told that   ② said me that
③ told to me that   ④ told me that
〈上智大〉

☐ **566** He ( ) that he had just arrived from London.
① talked   ② said   ③ told   ④ spoke
〈拓殖大〉

☐ **567** He told me that he wanted to see my mother and ( ) when she would be free.
① asked me   ② said to her   ③ said to me   ④ told her
〈京都産業大〉

☐ **568** He came home so late that I asked him where ( ) been.
① had he   ② has he   ③ he had   ④ he has
⑤ he was   ⑥ was he
〈阪南大〉

☐ **569** ① Many of the local people he met ② told to him, "Peter, you ③ speak such lovely Japanese. Where did you ④ learn it?"
〈慶應義塾大〉

☐ **570** ほぼ同じ意味を表す文を選びなさい。
He said to me, "Are you free on Monday?"
① He told me that I was free on Monday.
② He told me if I was free on Monday.
③ He asked me whether I was free on Monday.
④ He asked me whether you were free on Monday.
〈相愛女子短大〉

語句 **569** lovely「すばらしい」

565 ④

「彼が…と言った」のように，だれかの発言を伝えるときの動詞は say や tell を使うが，say は 〈say＋that 節〉 または 〈say to 人＋that 節〉 の形で，tell は 〈tell＋人＋that 節〉 の形で用いる。したがって，④が正しい。

訳〉 彼は会社を辞めたいと私に言った。

566 ②

〈say＋that 節〉 の形になる②が正しい。③の tell には伝える相手が必要で，×He told that ... とはできない。①の talk は自動詞，④の speak も speak English のように「(言語)を話す」というとき以外は自動詞なので，that 節を目的語にとることはできない。

訳〉 彼はロンドンから到着したばかりだと言った。

567 ①

he wanted to see my mother は平叙文の内容，when she would be free は疑問文の内容になっていることに着目する。種類の異なる2つの文の組み合わせになっている間接話法の文なので，and の前の平叙文の内容を 〈tell＋人＋that 節〉 で表すのに対し，and の後の疑問文の内容は 〈ask＋人＋疑問詞節〉 で表す。

訳〉 彼は私に，私の母に会いたいと言い，母はいつ時間があるだろうかと私に尋ねた。

568 ③

「彼がどこかに行っていた」のは，「私が尋ねた」時よりも以前なので，where 節の動詞は**過去完了形**にする。疑問詞節内の語順は 〈疑問詞＋SV〉 になるので①は誤り。

訳〉 彼がとても遅く帰ってきたので，私は彼にどこに行っていたのかと尋ねた。

569 ②（told to → said to）

文中で発言がそのまま引用されているので**直接話法**の文。tell は間接話法で用いられ，伝える相手を直後に続けなければならないので，ここでは say を用いて 〈say to＋人〉 の形にするのが正しい。

訳〉 彼が出会った地元の人々の多くは，「ピーター，あなたはとてもすばらしい日本語を話しますね。どこで日本語を学んだのですか」と彼に言った。

570 ③

Are you free on Monday? は Yes / No 疑問文なので，間接話法に書き換える場合には 〈ask＋人＋if[whether]＋SV〉 の形で表す。また，従属節の人称代名詞は，話し手の視点に合わせて you を I に変える。したがって，③が正しい。①は「彼は私に，私は月曜日は時間があると言った」という意味になる。②は動詞 told が不適切。①は whether 節の主語が you になっているので誤り。

訳〉 彼は私に「月曜日は時間がありますか」と言った。
　　③ 彼は私に，月曜日は時間があるかどうか尋ねた。

第16章 名詞構文・無生物主語

Level 1 ★
▶参考書 pp.420-430

571 次の2文を1文にしなさい。
(a) John arrived late at the airport. It caused a lot of trouble.
(b) (　　　)(　　　)(　　　) at the airport caused a lot of trouble.

572 次の2文を1文にしなさい。
(a) She attended the party. It made everybody excited.
(b) (　　　)(　　　)(　　　) the party made everybody excited.

573 彼は新しい彗星を発見したことで有名になった。
(　　　)(　　　)(　　　) a new comet made him famous.

574 次の2文を1文にしなさい。
(a) The situation was difficult. They managed to overcome it.
(b) They managed to overcome the (　　　)(　　　)
(　　　)(　　　).

575 ほぼ同じ意味の文になるように、(　)に適語を入れなさい。
(1) (a) My brother speaks English well.
　　(b) My brother is a (　　　)(　　　)(　　　)
　　　 (　　　).
(2) (a) Henry runs fast.
　　(b) Henry is a (　　　)(　　　).

576 パスポートをちょっと見せていただけますか。
May I (a / your / quick / passport / look / have / at)?
May I _____?

語句　**573** comet「彗星」　**574** situation「状況」 manage to 不定詞「何とか〜する」

Point 98　名詞構文

▶参考書 pp.420-424

(1) 〈主語＋動詞〉の関係を含む名詞構文
　　自動詞の名詞形を使い，動詞の意味上の主語は**所有格**や〈**of＋名詞**〉で表す
　　　　例：his success in business，the judgement of the comittee
(2) 〈主語＋動詞＋目的語〉の関係を含む名詞構文
　　他動詞の名詞形を使い，目的語を〈**of ...**〉で続ける。意味上の主語は**所有格**で表す
　　　　例：his discovery of a new virus
(3) 〈主語＋be動詞＋形容詞〉の関係を含む名詞構文
　　形容詞の名詞形を使い，意味上の主語は**所有格**や〈**of＋名詞**〉で表す
　　　　例：my absence from the club meeting
(4) 名詞を中心とした表現
　　人の能力や技術を表す → be **a good singer**「歌が上手だ」(＝ sing well) など
　　動作を表す → 〈**have**[**take** / **make** / **give** など]＋**名詞**〉　例：have a look「見る」

571　John's late arrival　　⋯▶ Point 98 -(1)　T-311
(a)の It ＝ John arrived late at the airport. より，(b)ではこれを主語にする。自動詞 arrive の名詞形 **arrival** を用い，**意味上の主語** John's と late「遅い」を前に置く。
訳 (a) ジョンは空港に遅れて到着した。そのことがたくさんの面倒を引き起こした。
　　(b) ジョンの空港への遅い到着が，たくさんの面倒を引き起こした。

572　Her attendance at　　⋯▶ Point 98 -(2)　T-312
(a)の It ＝ She attended the party. より，(b)ではこれを主語にする。他動詞 attend の名詞形を用いて **attendance at**「～への出席」とし，**意味上の主語** her を前に置く。
訳 (a) 彼女はパーティーに出席した。そのことはみんなをわくわくさせた。
　　(b) 彼女のパーティーへの出席は，みんなをわくわくさせた。

573　His discovery of　　⋯▶ Point 98 -(2)　T-312
「彼の新しい彗星の発見」が主語になる。他動詞 discover「～を発見する」の名詞形 **discovery** の後に〈**of ...**〉で目的語を続け，**意味上の主語** his を前に置く。

574　difficulty of the situation　　⋯▶ Point 98 -(3)　T-313
(a)の it ＝ The situation was difficult. より，(b)ではこれを目的語にする。形容詞 difficult の名詞形 **difficulty** を用い，**意味上の主語** of the situation を後に置く。
訳 (a) 状況は難しかった。彼らは何とかそれを乗り越えた。
　　(b) 彼らはその状況の難しさを何とか乗り越えた。

575　(1) good speaker of English　(2) fast runner　　⋯▶ Point 98 -(4)　T-314
(1) speak well ＝ be **a good speaker**　(2) run fast ＝ be **a fast runner**
訳 (1) (a)(b) 兄［弟］は英語を上手に話す。　(2) (a)(b) ヘンリーは走るのが速い。

576　have a quick look at your passport　　⋯▶ Point 98 -(4)　T-314
have a (quick) **look at** で「～を（ちょっと）見る」という意味になる。

577 ほぼ同じ意味の文になるように，( )に入れる適切な語を選びなさい。

(a) Why did he reject the proposal?
(b) What ( ) him reject the proposal?

① made ② caused ③ forced ④ allowed

578 彼の資金援助のおかげで私は研究を続けることができた。

His financial (enabled / help / my / me / pursue / studies / to).
His financial _____.

579 (1) 激しい雪のため，私たちは家に戻ることができなかった。

The heavy (home / snow / from / us / returning / kept).
The heavy _____.

(2) シートベルトをしていたおかげで，彼女はけがをしなかった。
(her / getting / seatbelt / from / hurt / the / prevented).
_____.

580 日本語に直しなさい。

What does the newspaper say about the accident?
_____

581 この道を行くと郵便局があります。

This way ( ) you ( ) the post office.

582 日本語に直しなさい。

(1) A moment of hesitation can cost a soldier his life.
_____

(2) His letter saved me the trouble of going all the way to see him.
_____

語句 **577** proposal「提案，申し出」 **582** hesitation「ためらい」 soldier「兵士」

第 16 章 ●名詞構文・無生物主語

Point 99　無生物主語

▶参考書 pp.425-430

(1)「何かが〜をさせる」という表現
　〈**make** + O + 動詞の原形〉「O に〜させる」
　〈**cause** + O + to 不定詞〉「(何かが原因となって) O に〜させる」
　〈**force** + O + to 不定詞〉「(強制的に) O に〜させる」
　〈**allow** + O + to 不定詞〉「O が〜することを許す，O に〜させておく」
　〈**enable** + O + to 不定詞〉「O が〜できるようにする」
(2)「何かが〜をさせない」という表現
　〈**keep**[**prevent** / **stop**] + O + **from** -ing〉「〈主語〉が O に〜させない」
(3) 情報源を示す無生物主語
　tell「〜を示す」，**show**「〜を明らかにする」，**say**「〜と書いてある」
(4) その他の無生物主語の表現
　〈道 + **take**[**lead**] + O + **to** 〜〉「道が O を〜へ連れていく[導く]」
　その他の表現 → **bring**「〈主語〉が〜を連れてくる」，**save**「〈主語〉が〜を省く」，
　　　　　　　　cost「〈主語〉が〜を払わせる」など

---

577 ①　　　　　　　　　　　　　　　　　　　　　▸ Point 99 -(1)　T-315
(b) は直訳すると「何が彼にその申し出を断らせたのか」という意味の**無生物主語**の文。空所の後に〈O(him)+動詞の原形(reject)〉が続いているので，使役動詞 **make** を用いる。
訳〉(a)(b) 彼はなぜその申し出を断ったのですか。

578 help enabled me to pursue my studies　　　　　▸ Point 99 -(1)　T-315
主語を His financial help とし，〈**enable**+O+**to** 不定詞〉「O が〜できるようにする」を用いて，「彼の資金援助が私に研究を続けられるようにした」という文にする。

579 (1) snow kept us from returning home　　　　　▸ Point 99 -(2)　T-316
(2) The seatbelt prevented her from getting hurt
(1)〈**keep**+O+**from** -ing〉「〈主語〉が O に〜させない」を用い，「大雪が私たちを家に戻らせなかった」という文にする。(2)〈**prevent**+O+**from** -ing〉「〈主語〉が O に〜させない」を用い，「シートベルトが彼女にけがをさせなかった」という文にする。

580 その事故について，新聞には何と書いてありますか。　▸ Point 99 -(3)　T-317
主語は the newspaper「新聞」なので，**say** は「〜と書いてある」という意味を表す。

581 takes[leads] / to　　　　　　　　　　　　　　　▸ Point 99 -(4)　T-310
「道が O を〜へ連れていく[導く]」は〈道+**take**[**lead**]+O+**to** 〜〉で表す。

582 (1) 兵士は一瞬のためらいが原因で命を落とすことがある。　▸ Point 99 -(4)　T-318
(2) 彼が手紙を書いてくれたので，はるばる彼に会いに行く手間が省けた。
(1) **cost** は「〜を払わせる，〜を犠牲にする」という意味を持ち，金銭以外の事柄にも使われる。(2) **save** は「〜(する労力・時間・資源など)を省く」という意味で用いられる。「〈主語〉のおかげで，〜が省けた」とすると自然な日本語になる。

Level 3 ★★★

▶参考書 pp.417-430

583 The terrible storm ( ) us from returning from our journey.
① forced　② gave up　③ objected　④ prevented
〈日本女子大〉

584 A college education will ( ) you to get a broader view of the world.
① enable　② let　③ make　④ take
〈センター試験〉

585 The accident almost ( ) him his life.
① cost　② robbed　③ lost　④ deprive
〈中央大〉

586 ほぼ同じ意味の文になるように，( ) に適語を入れなさい。
(a) Why did this flower die?
(b) What ( ) this flower to die?
〈法政大〉

587 ほぼ同じ意味の文になるように，( ) に適語を入れなさい。
(a) Tomoko's hair is wet because she has just swum.
(b) Tomoko's hair is wet because she has just had a ( ).
〈法政大〉

588 ほぼ同じ意味の文になるように，( ) に適語を入れなさい。
(a) The mayor said that he disapproved of the plan to build a nuclear power plant.
(b) The mayor expressed ( )( )( ) the plan to build a nuclear power plant.
〈立教大〉

語句　**588** nuclear power plant「原子力発電所」

583 ④

空所の後の〈O (us) + from -ing〉に着目し,〈**prevent＋O＋from -ing**〉「〈主語〉が O に～させない」の形となるように④ prevented を選ぶ。

訳〉 ひどい嵐のせいで,私たちは旅行から戻ることができなかった。

584 ①

空所の後の〈O (you) + to 不定詞 (to get)〉に着目し,〈**enable＋O＋to 不定詞**〉「O が～できるようにする」の形になるように① enable を選ぶ。

訳〉 大学教育により,あなたはより広い世界観を得ることができるだろう。

585 ①

空所の後の him と his life という2つの目的語に着目し,「～を犠牲にする」という意味を表す① **cost** を選ぶ。

訳〉 その事故で,彼はあやうく命を失いかけた。

586 caused

(b) は直訳すると「何がこの花を枯らしたのか」という意味の**無生物主語**の文。空所の後に〈O (this flower) ＋to 不定詞 (to die)〉が続いているので,**cause** を用いて,〈**cause＋O＋to 不定詞**〉「(何かが原因となって) O に～させる」の形にする。

訳〉 (a)(b) なぜこの花は枯れたのですか。

587 swim

(a) の has just swum は現在完了形で「ちょうど泳いだところだ」という意味を表す。
(b) では **swim** を名詞として用い,**have a swim**「泳ぐ」で動詞の swim と同じ意味を表す。

訳〉 (a)(b) トモコはちょうど泳いだところなので,髪が濡れている。

588 his disapproval of

(a) の that 節内の he disapproved of the plan「彼は計画を支持しなかった」の部分が,(b) では「彼の計画の不支持」という主語になると考える。disapprove の名詞形 **disapproval** の前に**意味上の主語** his を置けばよい。

訳〉 (a)(b) 市長は原子力発電所を建設する計画の不支持を表明した。

第17章　強調・倒置・挿入・省略・同格

Level 1 ★

▶参考書 pp.434-452

589 (1) 信じないかもしれないけれど，僕は本当にそこで彼を見たんだ。
Believe it or not, I (　　　　)(　　　　) him there.

(2) 君こそ僕が探していた人だ。
You are (　　　　)(　　　　) person I have been looking for.

590 いったい全体どうして彼にそんなことを言ったの？
(such / why / did / on / say / a / you / earth / thing) to him?
_____ to him?

591 ジュディーはボーイフレンドについてずっと話し続けた。
Judy talked (　　　　) and (　　　　) about her boyfriend.

592 次の文の下線部を強調した文を作りなさい。

(1) James dropped the key <u>into the river</u>.
_____

(2) Henry loves <u>vanilla ice cream</u>.
_____

593 昨日，窓を割ったのはジョンでしたか。
(the / yesterday / it / who / was / window / John / broke)?
_____?

594 (1) 彼女に今必要なのは，十分な睡眠だ。
(enough / she / what / now / sleep / needs / is).
_____.

(2) この書類に署名しさえすればいいんです。
(do / paper / you / sign / to / is / this / all / have).
_____.

語句　**592** vanilla「バニラ風味の」

Point 100　強調

(1) 特定の語句をつけ加える強調
　　助動詞 **do**, **does**, **did**「本当に〜する［した］」→ 動詞の前に置き、動詞の意味を強調
　　the[**this** / **that** / **one's**] **very**「まさにその〜」→ 名詞の前に置き、名詞を強調
　　just, **simply**, **really** などの副詞 → 語・句・節を強調
　　in the world, **on earth**「いったい全体」→ 疑問詞の直後に置き、疑問詞を強調
　　at all「まったく」、**a bit**「少しも」など → 否定語の後に置き、否定の意味を強調

(2) 同じ語のくり返しによる強調
　　⟨... **and** ...⟩ → 同じ語をくり返すことで、その語を強調　例：again and again

(3) 強調構文を使った強調
　　⟨**It is** ... **that** [**who** / **which**] 〜⟩ → 強調したい語句を it is と that のあいだに置く

(4) 関係詞などを使った強調
　　⟨**What** ... **is** [**was**] 〜⟩ → 強調したい語句を後ろに回す
　　⟨**All you have to do is** (**to**) ...⟩「〜しさえすればよい」

---

589 (1) did see　(2) the very　　⋯▶ Point 100 -(1)　T-319
(1)「見た」という意味の動詞の過去形を強調するので、助動詞 did を用い、動詞 see は原形にする。(2) 名詞 person の前に the very を置き、「まさにその人だ」と強調する。

590 Why on earth did you say such a thing　　⋯▶ Point 100 -(1)　T-320
与えられた語句の中に on と earth があることに着目する。「いったい全体」という意味で疑問詞を強調する on earth を疑問詞 Why の直後に置く。

591 on / on　　⋯▶ Point 100 -(2)　T-321
「…し続ける」という意味は副詞の on で表すことができるが、ここでは「ずっと」と長く続いたことを強調するために、and を用いて on and on とする。

592 (1) It was into the river that James dropped the key.　⋯▶ Point 100 -(3)　T-322
(2) It is vanilla ice cream that Henry loves.
(1) は「ジェームズがかぎを落としたのは川の中だった」、(2) は「ヘンリーが大好きなのはバニラアイスだ」という意味の強調構文にする。強調する語句を ⟨It is[was] ... that 〜⟩ の「...」の位置に入れる。(1) は過去の内容なので was となることに注意。
訳 (1) ジェームズは川の中にかぎを落とした。
　　(2) ヘンリーはバニラアイスが大好きだ。

593 Was it John who broke the window yesterday　　⋯▶ Point 100 -(3)　T-322
与えられた語句の it と who に着目し、⟨It was ... who 〜⟩ の強調構文の疑問文にする。

594 (1) What she needs now is enough sleep　　⋯▶ Point 100 -(4)　T-323
(2) All you have to do is sign this paper
(1) what に着目し、⟨What ... is 〜⟩ の形で、「十分な睡眠」enough sleep を強調する文にする。(2)「〜しさえすればよい」は、⟨**All you have to do is ...**⟩ で表す。

☐ 595 私が教師になるなんて、夢にも思わなかった。
Little (a / I / becoming / dream / teacher / did / of).
Little _____ .

☐ 596 (1) ひざの上に座ったのは彼の娘だった。
On his lap (   )(   )(   ).
(2) 角を曲がってすぐのところにあるのは美術館です。
Right around the corner (   )(   )(   ).

☐ 597 何ひとつ彼は解答用紙に書かなかった。
Nothing (sheet / written / has / on / answer / he / the).
Nothing _____ .

☐ 598 奇妙なのは、その薬を飲んでからの彼の行動だった。
(   )(   )(   )(   ) after taking that medicine.

☐ 599 日本語に直しなさい。
All the students, after all, passed the exam.
_____

☐ 600 その作家は、私の知る限り、絵本を出版したことはない。
The author, (   )(   )(   )(   )
(   ), has never published a picture book.

語句 600 publish「〜を出版する」

Point 101　倒置　　　▶参考書 pp.440-444

(1) **否定を表す副詞（句）が文頭に出る**
　　強調のため否定を表す語句が文頭に出る → **Yes / No 疑問文**と同じ語順になる
　　　　否定を表す語句：never, hardly, scarcely, seldom, rarely, little など
(2) **方向や場所を表す副詞（句）が文頭に出る**
　　方向や場所を表す語句が文頭に出る → 主語と動詞の位置が入れかわる
(3) **目的語が文頭に出る**
　　否定語を含む目的語が文頭に出る → 倒置が起こり，疑問文と同じ語順になる
(4) **補語が文頭に出る**
　　主語に長い修飾語句がつく場合，補語が文頭に出る → 主語と動詞の位置が入れかわる

Point 102　挿入　　　▶参考書 pp.444-446

(1) **語や句の挿入**
　　副詞（句）を挿入 → **after all**「結局」, **for example**「たとえば」など
(2) **節の挿入**
　　副詞節を挿入 → **as it were**「いわば」, **that is to say**「つまり」など
　　〈主語＋動詞〉を挿入 → **I believe**[**suppose / think**]「私は思う」など

---

595 did I dream of becoming a teacher　　⋯▶ Point 101 -(1)　T-324
　　文頭の **little** は「ほとんど〜ない」の意味を表す準否定語。否定を表す語句が強調のために文頭に出ているので，その後の語順に倒置が起こり，疑問文と同じ語順になる。

596 (1) sat his daughter　(2) is the museum　⋯▶ Point 101 -(2)　T-325
　　(1) 場所を表す副詞句 on his lap が文頭に出ているので，続く部分では主語と動詞の位置が入れかわり，〈V＋S〉の語順になる。疑問文の語順ではないことに注意。(2) Right around the corner も場所を表す副詞句なので，〈V＋S〉の語順になる。

597 has he written on the answer sheet　　⋯▶ Point 101 -(3)　T-326
　　目的語にあたる否定語 nothing が文頭に出ているので，続く部分は疑問文の語順になる。

598 Strange was his behavior　　⋯▶ Point 101 -(4)　T-327
　　「その薬を飲んでからの彼の行動」は長い修飾語のついた主語で，この部分が文の最後にくる。「奇妙な」を表す補語 strange を文頭に出し，その後は〈V＋S〉の語順にする。

599 すべての生徒が，結局，試験に合格した。　⋯▶ Point 102 -(1)　T-328
　　コンマではさまれた部分に，副詞句 **after all**「結局」が挿入されている。

600 as far as I know　　⋯▶ Point 102 -(2)　T-329
　　コンマではさまれた部分に，「私の知る限り」の意味を表す副詞節 **as far as I know** を挿入する。

601 私は故郷の町を離れたくなかったが，そうしなければならなかった。
I didn't want to leave my hometown, but (　　　)(　　　)(　　　).

602 (1) バスを待っているあいだに，私は友達に携帯電話でメールを送った。
I sent a text message to my friend (　　　)(　　　) for a bus.

(2) 私は法律を勉強したい。そして，できれば弁護士になりたい。
I want to study law and (　　　)(　　　) become a lawyer.

603 日本語に直しなさい。
Mr. and Mrs. Smith, my next-door neighbors, will be visiting us this evening.

_____

604 シンガポール市はアジアでもっとも美しい場所の1つだ。
(one / Singapore / most / the / the / of / of / beautiful / city / is) spots in Asia.

_____ spots in Asia.

605 Do you have enough evidence (　　) the experiment succeeded?
① if　　　② that　　　③ which　　　④ of

606 彼らがとうとう結婚したといううわさがある。
There (got / is / that / rumor / a / they / married) finally.
There _____ finally.

語句　**602** text message「(携帯電話の) メール」
　　　605 evidence「(事実としての) 証拠」 experiment「(科学上の) 実験」

第 17 章 ● 強調・倒置・挿入・省略・同格

Point 103　省略
▶参考書 pp.446-448

(1) 語句のくり返しを避ける
　　補語 → 補語になる語句がすでに出ていて，**言わなくてもわかる**場合は省略される
　　動詞 → **同じ構造の文**が続く場合，最初の文と**同一の要素**が省略される
　　代不定詞 → 〈to＋動詞の原形〉の**動詞の原形**を省略し，**to** だけを残す
(2) 接続詞の後の〈主語＋be 動詞〉の省略
　　when，while，if，unless，though などの接続詞に導かれる副詞節
　　　　→ 副詞節の主語が主節の主語と同一の場合，〈**主語＋be 動詞**〉が省略される
　　if 節 → 節中の〈**主語＋動詞**〉が省略され，定型表現として使われる　　例：if any

Point 104　同格
▶参考書 pp.449-452

(1) 名詞を並列する
　　名詞がもう 1 つの名詞を説明 → 補足説明の場合は，その部分を**コンマ**ではさむ
(2) of を使って同格を表す
　　〈**the A of B**〉「B という A」→ 同格の **of** を使って名詞同士を結ぶ
(3) that 節で同格を表す
　　〈**名詞＋that 節**〉→ that 節が名詞の内容を説明する
　　　　結びつく名詞：**idea**「考え」，**rumor**「うわさ」，**fact**「事実」など

---

601 I had to　　　　　　　　　　　　　　　　　　⋯▶ Point 103 -(1)　T-330
「そうしなければならなかった」は，I had to leave my hometown となるが，leave 以下はすでに出た語句のくり返しになるので**省略**する。**to** だけは残すことに注意。

602 (1) while waiting　(2) if possible　　　　　　⋯▶ Point 103 -(2)　T-331
(1)「バスを待っているあいだに」は while I was waiting for a bus となるが，while 節の主語が主節の主語と同一なので，〈**主語＋be 動詞**〉I was を省略する。(2)「できれば」**if possible** は〈主語＋動詞〉が省略された定型表現。

603 隣人のスミス夫妻が，今晩，私たちを訪ねてくる。　⋯▶ Point 104 -(1)　T-332
Mr. and Mrs. Smith の後のコンマではさまれた部分は，**同格**の関係で**補足説明**。

604 The city of Singapore is one of the most beautiful　⋯▶ Point 104 -(2)　T-333
「シンガポール市」は，同格の **of** で 2 つの名詞 The city と Singapore を結んで表す。

605 ②　　　　　　　　　　　　　　　　　　　　⋯▶ Point 104 -(3)　T-334
evidence の内容を空所以下が説明しているので，同格の節を導く② **that** が適切。
訳　その実験が成功したという十分な証拠がありますか。

606 is a rumor that they got married　　　　　　⋯▶ Point 104 -(3)　T-334
a **rumor**「うわさ」の後に，「彼らがとうとう結婚した」を表す同格の **that** 節を続ける。

Level 3 ★★★

▶参考書 pp.431-452

□ **607** Exercise, if (　) too far, will do you more harm than good.
① by　　② carried　　③ carry
④ carrying　　⑤ made

〈明治学院大〉

□ **608** English tea, drunk all over the world, (　) made from the same plant as Japanese tea.
① and　　② has　　③ which　　④ is

〈センター試験〉

□ **609** I wonder (　)(*)(　)(*)(　) upstairs.
① what　　② that　　③ is making
④ it is　　⑤ the noise

〈センター試験〉

□ **610** It was not (　)(　)(　)(　)(*)(　)(　) responsible for the accident.
① driver　　② other　　③ who　　④ the
⑤ you　　⑥ was　　⑦ but

〈上智大〉

□ **611** ① Only through intensive and extensive research ② can a drug ③ to combat the virus ④ being found.

〈学習院大〉

□ **612** ① If we quickly provide customers ② with the right item, they often get the impression ③ which we ④ have done something "extra" for them.

〈立教大〉

語句　**611** intensive「集中的な」　extensive「幅広い」　combat「～と闘う, ～に立ち向かう」

第 17 章 ●強調・倒置・挿入・省略・同格

607 ②
空所の前後と選択肢の語句から，carry ~ too far で「度を越して~をする」の意味になると考えられる。コンマではさまれた部分の if 節は，「(運動が) 度を越して行われるなら」という意味の挿入語句で if it is carried too far となるはずだが，if 節の主語が主節の主語と同一なので，〈**主語＋be 動詞**〉it is が省略されていることがわかる。したがって，if carried too far となり，②が正解。
訳〉運動は，度を越して行われると，健康によいというより害のほうが多くなる。

608 ④
コンマではさまれた部分の drunk all over the world は，直前にある文の主語 English tea を補足するために**挿入**された句。これを除いて考えると，空所には述語動詞が入ると考えられる。④ is を入れて，English tea is made from ... という受動態の文にする。
訳〉世界中で飲まれているイギリスの紅茶は，日本のお茶と同じ植物から作られる。

609 ④ / ③
(I wonder) what it is that is making the noise (upstairs.)
I wonder の後に疑問詞節を続けると「~だろうかと思う」という意味を表すことができる。与えられた語句で疑問詞節を作ることを考えるが，it is と that があるので，〈**It is ... that ~**〉の**強調構文**の「...」の位置に疑問詞 what を入れて強調し，間接疑問の形にする。
訳〉上の階で騒がしい音を立てているのは一体何だろう？

610 ①
(It was not) you but the other driver who was (responsible for the accident.)
文頭の It was と与えられた語句の who から，〈**It was ... who ~**〉の**強調構文**を作ることを考える。「...」に強調する語句〈not A but B〉「A ではなく B」(→ T-439) を入れる。
訳〉事故の責任があったのは，あなたではなくて相手の車を運転していた人でした。

611 ④ (being found → be found)
否定を表す語 only を含む Only through intensive and extensive research という副詞句が文頭に出ているので，その後の語順には倒置が起こり，疑問文と同じ語順になる。主語は a drug to combat the virus で，動詞は「発見されることが可能だ」という意味の受動態になるはずなので，④は be found が正しい。
訳〉ウイルスに対抗する医薬品は，集中的かつ幅広い研究によってのみ発見できる。

612 ③ (which → that)
文脈より，the impression の後に続く we have done something "extra" for them は同格の関係で the impression の内容を説明しているので，**同格を表す that** 節にすれば正しい文になる。
訳〉顧客に対してもっとも適切な品物を速やかに提供すれば，顧客は「特別な」ことをしてもらったという印象を受けることが多いものだ。

第18章 名詞

Level 1 ★　　　　　　　　　　　　　　　　▶参考書 pp.457-472

☐ **613** 次の文の誤りを訂正しなさい。

I had to buy some breads because I wanted to make some sandwiches.

_____ → _____

☐ **614** (　) 内の名詞を必要があれば適切な形に変えなさい。

There are three (bedroom) and a spacious (kitchen) in this (house).

_____ / _____ / _____

☐ **615** 次の文の誤りを訂正しなさい。

(1) How many people is working at your company?

_____ → _____

(2) Whales are not fishes but mammals.

_____ → _____

☐ **616** (1) コーヒーを1杯いかがですか。

How about (　　　)(　　　)(　　　)(　　　)?

(2) このテーブルは木でできている。

This table is (　　　)(　　　)(　　　).

☐ **617** A travel agent would give you (　) about hotels.

① many informations　　② much informations
③ some piece of information　　④ a lot of information

☐ **618** 8月下旬にハリケーンがメキシコ湾を襲った。

(Mexico / a / late / Gulf / hit / in / the / hurricane / August / of).

_____.

語句　**614** spacious「広々とした，ゆったりとした」

第 18 章 ● 名詞

Point 105　名詞の種類と用法
▶参考書 pp.457 - 464

(1) 数えられる名詞，数えられない名詞
　　数えられる名詞 → 普通名詞，集合名詞
　　　　複数形がある。単数形は単独では使えず，**a [an]**，**the**，**my** などと結びつく
　　数えられない名詞 → 物質名詞，抽象名詞，固有名詞
　　　　複数形はなく，**a [an]** と結びつくことはない
(2) 普通名詞の用法
　　形があって数えられるものや**単位**を表す名詞（day, week など）
(3) 集合名詞の用法
　　人や物の**集合体**を表す名詞（team, club, class など）
(4) 物質名詞の用法
　　「金属」「液体・気体」「材料」など，**決まった形**をもたない物質を表す名詞（gold など）
(5) 抽象名詞の用法
　　物事の**性質**や**状態**などを表す名詞（beauty, kindness, honesty など）
(6) 固有名詞の用法
　　人や土地・建物の名前といった**固有の名前**を表す名詞

613 breads → bread　　　　　　　　　　　　⋯▶ Point 105 -(1)　T-335
　　bread「パン」は**物質名詞**。**数えられない名詞**なので，複数形にすることはできない。
　　訳〉私はサンドイッチを作りたかったので，パンを買わなければならなかった。

614 bedrooms / kitchen / house　　　　　　　⋯▶ Point 105 -(2)　T-336
　　いずれも**普通名詞**。**数えられる名詞**なので，three の後には**複数形**，a, this の後には
　　単数形がくる。
　　訳〉この家には寝室が3つと，広々とした台所が1つある。

615 (1) is → are　(2) fishes → fish　　　　⋯▶ Point 105 -(3)　T-337
　　(1)「人々」という意味を表す **people** は**集合名詞**で，単数形でも複数扱い。(2) **fish**
　　はここでは「魚全般」を表す**集合名詞**なので，単数形で用いる。
　　訳〉(1) あなたの会社には何人の人が働いていますか。(2) クジラは魚ではなくほ乳類だ。

616 (1) a cup of coffee　(2) made of wood　⋯▶ Point 105 -(4)　T-338
　　(1) **coffee**「コーヒー」は**物質名詞**。「～1杯」は容器を使って表すので，**a cup of**
　　～とする。(2)「材料」を表す **wood**「木」は**物質名詞**なので，冠詞なしで用いる。

617 ④　　　　　　　　　　　　　　　　　　⋯▶ Point 105 -(5)　T-339
　　information は**抽象名詞**。**数えられない名詞**なので，複数形の①②は不可。③の形
　　で数を表す場合には，some pieces of information なら正しい。
　　訳〉旅行代理店はあなたに，ホテルについての情報をたくさんくれるでしょう。

618 A hurricane hit the Gulf of Mexico in late August　⋯▶ Point 105 -(6)　T-340
　　「メキシコ湾」は地名で**固有名詞**。the Gulf of Mexico のように，**the** をつけて表す。

□ 619 日本語に直しなさい。

I want you to become an Einstein.

_____

□ 620 （　）内の名詞を必要があれば適切な形に変えなさい。

We washed all the (dish) and set the (knife) and (fork) on the table.

_____ / _____ / _____

□ 621 次の文の誤りを訂正しなさい。

(1) The datas about elementary school children are not correct.

_____ → _____

(2) Some men were getting wool from sheeps on the ranch.

_____ → _____

□ 622 (1) 私は新しい手袋を買いたい。

I want to buy (　　　) new (　　　)(　　　)(　　　).

(2) あなたは次の駅で電車を乗り換えなければならない。

You have to (　　　)(　　　) at the next station.

□ 623 私の母は女子大を卒業した。

My mother graduated from (　) college.

① a woman's　② woman's　③ a women's　④ women's

□ 624 マットは妹の友達の1人とつきあっている。

Mat (a / his / is / sister's / friend / dating / of).

Mat _____ .

語句　621 ranch「大牧場」

Point 106　注意すべき名詞の用法　▶参考書 pp.464-466

物質名詞を普通名詞として使う → paper「紙」/「新聞」など
抽象名詞を普通名詞として使う → kindness「親切」/「親切な行為」など
〈**a[an]**＋**固有名詞**〉「〜の製品［作品］」「〜という人［物］」

Point 107　名詞の複数形　▶参考書 pp.466-470

(1) 規則変化
　-s や **-es** をつける　例：book / book**s**, dish / dish**es**, leaf / lea**ves**, city / cit**ies**
(2) 不規則変化
　man / **men**, woman / **women**, foot / **feet**, tooth / **teeth**, mouse / **mice** など
(3) 複数形の意味と用法
　複数形になると別の意味をもつ → glass「ガラス」/ glasses「メガネ」など

Point 108　所有を表す名詞の形　▶参考書 pp.470-472

(1) 所有格の形
　語尾に **'s** をつける（s で終わる複数形の場合は **'** をつける）　例：Jim**'s**, teachers**'**
(2) B of A の形を用いて所有を表す場合
　所有格にすることができない名詞など →〈**B of A**〉「A の B」で表す

---

619 私はあなたにアインシュタインのような人になってほしい。　⋯▶ Point 106　T-341
　〈**a[an]**＋**固有名詞**〉で「〜のような人」という意味になる。

620 dishes / knives / forks　⋯▶ Point 107 -(1)　T-342
　すべて**数えられる**名詞。規則変化のルールにしたがって**複数形**にする。
　訳〉私たちはお皿を全部洗い、ナイフとフォークをテーブルにセットした。

621 (1) datas → data　(2) sheeps → sheep　⋯▶ Point 107 -(2)　T-343
　(1) **data** は datum の複数形。(2) **sheep** は単数形と複数形が同じ。
　訳〉(1) 小学生についてのそのデータは正しくない。
　　　(2) 何人かの男性が大牧場のヒツジから羊毛をとっていた。

622 (1) a / pair of gloves　(2) change trains　⋯▶ Point 107 -(3)　T-344
　(1) **a pair of** gloves で「一組の手袋」。(2) change **trains** で「電車を乗り換える」。

623 ③　⋯▶ Point 108 -(1)　T-345
　college は**数えられる名詞**なので a が必要。「女性」の**複数形**の**所有格**は women's。

624 is dating a friend of his sister's　⋯▶ Point 108 -(2)　T-346
　「妹の友達の 1 人」は **a friend of** his sister**'s** のように、〈**A of B**〉の形で表す。

Level 3 ★★★

▶参考書 pp.453-472

625 There is always (　) in the city center.
① a heavy traffic　　② heavy traffic
③ heavy traffics　　④ the heavy traffics
〈青山学院大〉

626 How (　) do you have in your apartment?
① many furnitures　　② many piece of furniture
③ much furniture　　④ much furnitures
〈大阪学院大〉

627 Police ① has been ② investigating the cause of this alarming accident ③ but ④ they haven't found any clues.
〈上智大〉

628 This is an extremely ① interesting scientific ② phenomena, but ③ of no practical use ④ whatsoever.
〈青山学院大〉

629 He gave me a lot of ① advices ② on how to adjust the ③ settings on my computer to make ④ it more user friendly.
〈学習院大〉

630 ① Children learning other ② language master the basic ③ elements of literacy within a year, but British kids take two-and-a-half ④ years to reach the same point.
〈上智大〉

語句　**627** alarming「驚くほどの」　**630** literacy「読み書き（能力）」

625 ②

trafficは「(自動車の)交通(量)」という意味の**抽象名詞**で，**数えられない名詞**。したがって，①のようにaがつくことはなく，③④のように複数形になることもない。② heavy traffic で「交通の混雑，渋滞」という意味になる。

訳〉都心はいつも交通渋滞だ。

626 ③

furniture「家具」は，「机」や「タンス」など，いろいろな種類の家具を総称する**集合名詞**で，**数えられない名詞**として扱われる。したがって，複数形の①④は不可。②は many に修飾された piece が複数形なら正しい。③を入れ How much furniture ...? と量を尋ねる疑問文にする。

訳〉あなたのアパートにはどのくらいの家具がありますか。

627 ① (has been → have been)

policeは**集合名詞**で，「警察」を構成する「警察官たち」に重点が置かれるため，**複数扱い**。したがって，①の述語動詞は have been となる。

訳〉警察はこの驚くべき事故の原因を調査してきたが，まだ手がかりを見つけていない。

628 ② (phenomena → phenomenon)

phenomena は **phenomenon**「現象」の複数形。ここでは This is an ... となっているので，**単数形の** phenomenon を用いなければならない。

訳〉これは非常に興味深い科学的現象だが，少しも実用性がない。

629 ① (advices → advice)

advice「忠告」は**抽象名詞**。**数えられない名詞**なので，複数形にはできない。

訳〉彼は，私のコンピュータをもっと使いやすくするために，どうやって環境設定をしたらよいかについて，たくさんアドバイスをしてくれた。

630 ② (language → languages)

language「言語」は**普通名詞**で，**数えられる名詞**なので，原則として単数形を単独で用いることはできない。ここでは前に other「ほかの」があるので，「ほかの(複数の)言語を学ぶ子ども」という意味になるように，**複数形** languages にする。

訳〉他言語を学ぶ子どもたちは1年以内に読み書きの基本的な要素を習得するが，イギリスの子どもたちは同じところに到達するのに2年半かかる。

第19章 冠詞

Level 1 ★

▶参考書 pp.479-494

631 ( ) に適切な冠詞を書きなさい。無冠詞の場合は × を書きなさい。

(1) There is (　　　) orange in the basket.

(2) She likes (　　　) apples very much.

(3) My son wants to have (　　　) dog.

632 次の文の誤りを訂正しなさい。

(1) A village my uncle lives in is far away from the station.

　　_____ → _____

(2) If the stranger talks to you, what will you do?

　　_____ → _____

633 Children need to get in touch with (　).

① the nature　② natures　③ a nature　④ nature

634 次の文の誤りを訂正しなさい。

(1) Her son is late for the school almost every day.

　　_____ → _____

(2) He is looking for good school for his son.

　　_____ → _____

語句　**633** get in touch with「～と接触する」

Point 109　冠詞の働き

▶参考書 pp.480-482

不定冠詞：**a[an]**　　定冠詞：**the**　　無冠詞：名詞の前に冠詞がない

(1) 不定冠詞と無冠詞 - 1：数えられる名詞が単数形か複数形か
　〈**a[an]** +数えられる名詞の単数形〉→ 不定冠詞で具体的な 1 つのものを表す
　数えられる名詞の複数形 → 無冠詞で複数のものを表す

(2) 不定冠詞と定冠詞：何を指しているか相手にわかるかどうか
　相手がそれまで意識していなかったものを指すとき → 不定冠詞を使う
　聞き手にわかっているものを指すとき → 定冠詞を使う

(3) 定冠詞と無冠詞：「境界線」があるかどうか
　ほかのものとはっきり区別できる場合 → 定冠詞を使う
　ほかのものとの区切りをはっきりつけることのできない場合 → 定冠詞は使えない

(4) 不定冠詞と無冠詞 - 2：具体的なものか，「機能」中心か
　具体的な 1 つのものを指すとき → 不定冠詞を使う
　ものの「働き」に焦点を当てているとき → 無冠詞になる

---

631 (1) an　(2) ×　(3) a　　　　…▶ Point 109 -(1)　T-347

(1) orange は**単数形**で**具体的な 1 つのもの**を表すので，**不定冠詞**を使う。母音で始まるので，**an** と結びつく。(2) apples は**複数形**で，不特定の「リンゴという果物」を指すので，**無冠詞**にする。(3) dog は**単数形**で，**具体的な 1 つのもの**を表しているので，**不定冠詞**を使う。

訳〉(1) かごの中にオレンジが 1 個ある。　(2) 彼女はリンゴが大好きだ。
　　(3) 息子は犬を飼いたがっている。

632 (1) A → The　(2) the → a　　…▶ Point 109 -(2)　T-348

(1) village は，my uncle lives in「おじが住む」という直後の説明により，聞き手にどの村のことを指しているのかがわかっているので，**定冠詞**を使う。(2) stranger は，だれのことを指すのか相手が意識していないので，**不定冠詞**を使う。

訳〉(1) おじの住む村は駅から遠く離れている。
　　(2) 見知らぬ人が話しかけてきたら，どうしますか。

633 ④　　　　…▶ Point 109 -(3)　T-349

nature はここでは「**自然**」の意味で，「どこからどこまで」という区切りをはっきり示すことができないので，**無冠詞**で使う。**数えられない名詞**なので，複数形にはならない。

訳〉子どもたちは自然と触れ合う必要がある。

634 (1) the school → school　　…▶ Point 109 -(4)　T-350
　　(2) good school → a good school

(1) この文の **school** は「授業」という学校の働きに焦点を当てているので，**無冠詞**で使う。(2) この文の **school** は具体的な 1 つのものを指しているので，**不定冠詞**を使う。

訳〉(1) 彼女の息子は毎日のように学校に遅刻している。
　　(2) 彼は息子のためによい学校を探している。

□ **635** （　）に適切な冠詞を書きなさい。無冠詞の場合は × を書きなさい。
(1) How can I find (　　　) part-time job?
(2) Please send me (　　　) e-mail if you know the details.

□ **636** 日本語に直しなさい。
We rented a car for 8,000 yen a day.
_____

□ **637** （　）に適切な冠詞を書きなさい。無冠詞の場合は × を書きなさい。
(1) This is (　　　) only problem we are facing now.
(2) We saw (　　　) moon in (　　　) sky.

□ **638** (1) 彼女はプラットホームで母親のほおにキスをした。
On the platform, (the / on / mother / she / her / cheek / kissed).
On the platform, _____.
(2) そのウェイトレスたちは時間給で支払われている。
Those waitresses (the / paid / are / by / hour).
Those waitresses _____.

□ **639** 次の文の誤りを訂正しなさい。
My parents traveled around Europe by the train for a month.
_____ → _____

□ **640** (1) この部屋にあるすべてのメダルはケビンがとったものだ。
(in / all / this / medals / the / room) were given to Kevin.
_____ were given to Kevin.
(2) 彼はとても感じのよい人なので，だれも彼の悪口を言わない。
He is (nobody / a / person / so / that / says / pleasant) bad things about him.
He is _____
bad things about him.

語句　**635** detail「詳細」

Point 110 不定冠詞・定冠詞・無冠詞の働き
▶参考書 pp.483 - 494

(1) 不定冠詞の用法
   a [an] → 話に初めて出てきた「**1つの具体的なもの・こと・人**」を表す名詞につける
   〈**a [an]** +単位を表す語〉「**〜につき**」 例：200 yen **a** meter「1メートル200円」

(2) 定冠詞の用法
   the → 話し手にも聞き手にもわかる「**特定のもの・こと・人**」を表す名詞につける
   〈**the** +単位を表す名詞〉「**〜単位で**」 例：by **the** meter「メートル単位で」
   〈**the** +身体の一部を表す名詞〉 例：hit me on **the** head「私の頭をなぐる」

(3) 無冠詞になる場合
   無冠詞 → 境界がない場合 例：**water**「水」，**information**「情報」
          機能に焦点を当てる場合 例：go to **school**「学校に行く」
   〈by +手段を表す名詞〉「〜で」 例：by **car**「車で」，by **phone**「電話で」

(4) 冠詞の位置
   〈**what a [an]** (+形容詞) +名詞〉「なんて (〜な) …」 例：what **a** nice day
   〈**so** +形容詞+ **a [an]** +名詞〉「あまりにも〜な…」 例：so big **a** pizza
   〈**all the** +名詞〉「〜全部」 例：all **the** books

---

635 (1) a (2) an ⋯▶ Point 110 -(1) **T-351**
(1) **job** は特定されていない具体的な **1** つの「勤め口」を表すので，**不定冠詞 a** をつける。
(2)「**1通のEメール**」なので**不定冠詞**をつける。e-mail は母音で始まるので **an** になる。
訳 (1) アルバイトはどうすれば見つかるだろうか。
   (2) 詳細をご存じでしたらメールをください。

636 私たちは1日につき8,000円で車を借りた。 ⋯▶ Point 110 -(1) **T-352**
不定冠詞 a で「〜につき」を表す。〜 yen a day で「1日につき〜円」という意味。

637 (1) the (2) the / the ⋯▶ Point 110 -(2) **T-353**
(1) **only**「たった**1**つの」で限定されている名詞には**定冠詞 the** をつける。(2)「月」や「空」は1つしかないものなので **the** をつける。
訳 (1) これが現在我々が直面している唯一の問題だ。 (2) 空には月が見えた。

638 (1) she kissed her mother on the cheek ⋯▶ Point 110 -(2) **T-354**
(2) are paid by the hour
(1)「ほお」は**身体の一部**。慣用的に **the** をつける。(2)「時間単位で」**by the hour**

639 the train → train ⋯▶ Point 110 -(3) **T-355**
by を使って**手段**を表す場合，交通手段としての列車は**無冠詞**になる。
訳 両親は1カ月間，列車でヨーロッパ一周の旅をした。

640 (1) All the medals in this room ⋯▶ Point 110 -(4) **T-356**
(2) so pleasant a person that nobody says
冠詞の位置に注意。(1)〈**all the** +名詞〉 (2)〈**so** +形容詞+ **a** +名詞〉

Level 3 ★★★

▶参考書 pp.475-494

□ **641** "Ken, I ① know that you really like films. ② How often do you go to the movies?" "Well, let me think. I'd ③ guess I go about once ④ month."

〈慶應義塾大〉

□ **642** ① The each person may leave the house ② whenever ③ he decides ④ to do so.

〈成蹊大〉

□ **643** ① Fitness enthusiasts who ② exercise in gyms ③ build a strength by ④ lifting weights.

〈慶應義塾大〉

□ **644** He usually ① comes to ② the office by ③ his car, but today he ④ came on foot because he couldn't find his car keys.

〈学習院大〉

□ **645** Let's have ① a lunch ② sometime next week when you have ③ a bit more time so we can have ④ a leisurely meal.

〈学習院大〉

□ **646** 同じ用法の語を選びなさい。

Try to equally regulate both the rich in their SUVs and Chinese peasants who burn coal for warmth.

① He taught himself to play the violin.

② How much will it cost to visit the moon?

③ Health insurance for the unemployed is a big concern.

④ The book is available for purchase in a couple of places.

〈明治薬科大〉

語句 **643** enthusiast「熱中している人，マニア」 **645** leisurely「ゆったりした」
646 regulate「～を規制する」 SUV「スポーツ汎用車」 peasant「小作農」

641 ④ (month → a month)

映画に行く頻度を尋ねられているので，単位を表す語 month の前に「〜につき」という意味を表す**不定冠詞 a** を置き，once a month で「1カ月に1度」という意味を表す。

訳〉「ケン，君は本当に映画が好きだよね。どのくらいの頻度で映画に行くの？」
　　「ええと，そうだなあ。1カ月に1度くらいだと思うよ」

642 ① (The → ×)

each は複数の人やものの1つ1つを指し，〈each＋単数形の名詞〉の形で「それぞれの〜」という意味を表す（→ T-382 ）。特定された1つを指すわけではないので，定冠詞は使わない。Each person may leave ... とするのが正しい。

訳〉各自，いつでも自分が出ると決めた時に家を出てよい。

643 ③ (build a strength → build strength)

strength はここでは「力，強さ」という意味を表す**抽象名詞**。**数えられない名詞**なので，a はつかない。

訳〉ジムで運動をしているフィットネス・マニアは，ウエートを持ち上げることで体力をつける。

644 ③ (his → ×)

by を使って**手段**を表す場合，交通手段としての車は**無冠詞**になる。代名詞などもつけないので，**by car**「車で」とするのが正しい。

訳〉彼は普通は車で通勤しているが，今日は車のキーが見つからなかったので歩いて来た。

645 ① (a → ×)

通例，lunch は**無冠詞**で用い，**have lunch** で「昼食を食べる」の意味を表す。lunch に冠詞をつけるのは，a delicious lunch「おいしい昼食」のように，lunch の前に修飾語がつく場合と，「昼食会」など特別な行事を表す場合。

訳〉来週のいつか，君がもう少し時間があるときに，昼食を食べようよ。そうすればゆっくり食事ができるから。

646 ③

問題文の the は〈the＋形容詞［分詞］〉で「〜なもの」という意味を表している。the rich で「お金持ち」の意味。③の the が同じ用法。the unemployed で「失業者」の意味。①の the は楽器の前につけて使う。②の the は1つしかないものを指すときに使う。④の the は話し手と聞き手のあいだで特定できるものを指すときに使う。

訳〉スポーツ汎用車に乗るお金持ちと，暖をとるために石炭を燃やす中国の小作農の両方を等しく規制するようにしなさい。
　① 彼は独学でバイオリンの弾き方を覚えた。
　② 月に行くにはどれくらいお金がかかりますか。
　③ 失業者に対する健康保険は大きな関心事だ。
　④ その本はいくつかのお店で購入できます。

第20章 代名詞

Level 1 ★　　　　　　　　　　　　　　　▶参考書 pp.499-524

□ **647** (1)「私のかぎが見つからないんだけど。」「君のかぎ？ テレビの上だよ。」

"(　　　) can't find (　　　) key."

"(　　　) key? (　　　) is on the TV."

(2)「彼女が彼に電話したの？」「いや，彼が彼女に電話したんだよ。」

"Did (　　　) give (　　　) a call?"

"No, (　　　) gave (　　　) a call."

□ **648** 私たちには独特の子育ての方法がある。

We (own / of / our / children / way / have / raising).

We _____ .

□ **649** 日本語に直しなさい。

(1) You must keep to the left on the road.

_____

(2) They say that drinking red wine is good for your health.

_____

□ **650** (1) このハーモニカは私のです。あなたのはどこですか。

This harmonica is (　　　). Where is (　　　)?

(2) 私のジャケットは，彼女のと同じサイズではありません。

My jacket is not the same size as (　　　).

□ **651** 子どもたちはゲームをして楽しく過ごした。

The children enjoyed (　　　) playing games.

□ **652** この部屋自体は気に入っているのだが，外の騒音には耐えられない。

I like the room (　　　) but I can't stand the noise outside.

語句　**649** keep to「（コースなど）からはずれない」

Point 111　人称代名詞
▶参考書 pp.499-504

(1) 人称代名詞の格変化
　　人称代名詞 → 人称・性・数による区別があり，主格・所有格・目的格がある
　　　　1人称：話し手＝私（たち）　**2人称**：聞き手＝あなた（たち）　**3人称**：それ以外
　　　　主格：主語になる　　**所有格**：「～の」の意味を表し，名詞の前に置かれる
　　　　目的格：動詞や前置詞の目的語になる
　　〈**所有格**＋**own**〉「自分自身の」「～独自[独特]の」→ 名詞の前に置く
(2) ばくぜんと「人々」を指す you / they / we
　　they → 話し手も聞き手も含まれない場合　　**we** → 話し手を含む場合
(3) 所有代名詞の用法
　　所有代名詞 → 〈**所有格**＋**名詞**〉を表す
　　〈**a**[**the** / **this** など]＋**名詞**＋**of**＋**所有代名詞**〉　　例：a friend of mine
(4) 再帰代名詞の用法
　　再帰用法 → 他動詞の目的語が主語と同じ人やものの場合，**再帰代名詞**が目的語になる
　　強調用法 → 名詞や代名詞を強調する

---

647 (1) I / my / Your / It　(2) she / him / he / her　　⋯▶ Point 111 -(1)　T-357
(1) 主語は**主格**の **I**「私」，「私の」は**所有格**の **my**，「君の」は**所有格**の **your** を用いる。「かぎ」を受ける**主格**の「それ」は **it** を用いる。(2) 主語の「彼女」は**主格**の **she**, give の目的語「彼に」は**目的格**の **him** を用いる。また，主語の「彼」は**主格**の **he**, gave の目的語「彼女に」は**目的格**の **her** を用いる。

648 have our own way of raising children　　⋯▶ Point 111 -(1)　T-357
「（私たち）独特の」は〈**所有格**＋**own**〉を用いて our own とし，名詞 way「方法」の前に置く。

649 (1) 道路では左側を通行しなければならない。　　⋯▶ Point 111 -(2)　T-358
(2) 赤ワインを飲むのは健康にいいらしい。
(1) の **you** は具体的な人を指しているのではなく，ばくぜんと「**人々**」を表している。(2) の **they** もばくぜんと「**人々**」を表す。「あなた（たち）」「彼ら」などと訳さない。

650 (1) mine / yours　(2) hers　　⋯▶ Point 111 -(3)　T-359
(1)「私の（ハーモニカ）」＝「私のもの」は**所有代名詞** **mine** で表す。同様に，「あなたのもの」は **yours** で表す。(2)「彼女のもの」は **hers** で表す。

651 themselves　　⋯▶ Point 111 -(4)　T-360
「楽しく過ごす」は目的語に**再帰代名詞**を用いて **enjoy oneself** という形で表すことができる。ここでは the children に合わせて themselves とする。

652 itself　　⋯▶ Point 111 -(4)　T-361
「この部屋自体」は，名詞 the room「この部屋」を**強調**する表現。名詞の後に**再帰代名詞**を置く。ここでは the room に合わせて itself とする。

653 私は来週ソウルに行く予定で，それをとても楽しみにしています。
I'm going to Seoul next week, and I'm looking forward to (　　　　).

654 日本語に直しなさい。
How far is it from the station to your house?
_____

655 ご家族のみなさんはいかがですか。
(is / family / it / with / going / your / how) ?
_____ ?

656 (1) この嵐の中で外出するのは不可能だ。
(is / out / impossible / it / to / go) in this storm.
_____ in this storm.

(2) 彼が私たちの意図を誤解したのは明らかだった。
(that / misunderstood / it / clear / was / he) what we meant.
_____ what we meant.

657 (1) 私たちは，チームとして協力して働くことが重要だと信じている。
(believe / together / it / we / to / important / work) as a team.
_____ as a team.

(2) 私は，彼が市長に選ばれたのをおもしろいと思った。
I (he / mayor / thought / interesting / it / was / that / elected).
I _____ .

658 (1) 昼食を準備するのにどのくらいかかりますか。
How long will (　　　)(　　　)(　　　)(　　　) lunch?

(2) 新しい家を建てるのに 2,000 万円かかった。
(　　　)(　　　) 20 million yen (　　　)(　　　) our new house.

語句　**656** misunderstand「〜を誤解する」

244

Point 112　it の用法　▶参考書 pp.504-508

(1) すでに出た語・句・節を指す it
　it → すでに出た**単数名詞**のほか，**句**や**節**の内容を指すこともある

(2) it を主語とする表現
　特に意味を持たない **it** が主語になる →「曜日」「日時」「天候」「明暗」「寒暖」「距離」
　　　　　　　　　　　　　　　　　　　　　「ばくぜんとした状況」「事情」を表す

(3) 形式主語・形式目的語の it
　形式主語 **it** → 真の主語である**不定詞句**や **that** 節を述部の後ろにまわす
　形式目的語 **it** → 真の目的語である**不定詞句**や **that** 節を SVOC の C の後ろに置く

(4) it を用いた表現
　〈**It takes** ＋時間＋ **to** 不定詞〉「〜するのに〈時間〉がかかる」
　〈**It costs** ＋費用＋ **to** 不定詞〉「〜するのに〈費用〉がかかる」

---

653 it　　　　　　　　　　　　　　　⇒ Point 112 -(1)　T-362
「それ」＝「来週ソウルに行くこと」なので，**節の内容**を **it** で受ける。

654 駅からあなたの家までどのくらいの距離がありますか。　⇒ Point 112 -(2)　T-363
「距離」を表す **it** が文の主語になっている。How far ... ? は「どのくらい遠く？」と距離を尋ねる疑問文。

655 How is it going with your family　　⇒ Point 112 -(2)　T-364
「ばくぜんとした状況」を尋ねる文なので，**it** を主語として用いる。

656 (1) It is impossible to go out　　　⇒ Point 112 -(3)　T-365
　　(2) It was clear that he misunderstood
(1) 主語は「この嵐の中で外出すること」。**it** を形式主語として主語の位置に置き，真の主語を **to** 不定詞で表して述部の後ろにまわす。(2) 主語は「彼が私たちの意図を誤解したこと」。**it** を形式主語として主語の位置に置き，真の主語を **that** 節で表して述部の後ろにまわす。

657 (1) We believe it important to work together　⇒ Point 112 -(3)　T-366
　　(2) thought it interesting that he was elected mayor
(1) 〈**believe＋O＋C**（**important**）〉「O を重要だと信じている」の O（目的語）の位置に**形式目的語 it** を置き，真の目的語を **to** 不定詞で表して補語の後ろに置く。
(2) 〈**thought＋O＋C**（**interesting**）〉「O をおもしろいと思った」の O（目的語）の位置に形式目的語 **it** を置き，真の目的語を **that** 節で表して補語の後ろに置く。

658 (1) it take to prepare　(2) It cost / to build　⇒ Point 112 -(4)　T-367
(1)「〜するのに〈時間〉がかかる」は〈**It takes**＋時間＋**to** 不定詞〉で表す。ここでは，How long ... ?「どのくらい長く？」と時間を尋ねる疑問文の形にする。(2)〈**It costs**＋費用＋**to** 不定詞〉「〜するのに〈費用〉がかかる」の形を用いて表す。

☐ **659** 次の文の誤りを訂正しなさい。

(1) "Do that shoes fit your feet?" "I'm afraid they're too big."
　　_____ → _____

(2) "What's that in your hand?" "That is my new MP3 player."
　　_____ → _____

☐ **660** 日本語に直しなさい。

You might disagree that we need to raise taxes, but that's my opinion.

_____

☐ **661** (1) 中国の人口は日本の人口より多い。

　　The population of China is larger than (　　　)(　　　) Japan.

　(2) 日本の学校はイタリアの学校とは違う。

　　The schools in Japan are different from (　　　)(　　　) Italy.

☐ **662** (1) I want a car, but I don't have enough money to buy (　　).

　　① it　　② one　　③ a one　　④ the one

　(2) I have a new watch and several old (　　).

　　① them　　② those　　③ one　　④ ones

☐ **663** 次の文の誤りを訂正しなさい。

I think he is one who should apologize.

_____ → _____

語句　**663** apologize「謝罪する，謝る」

Point 113 指示代名詞

▶参考書 pp.509-511

(1) 具体的な人やものを指す this / these, that / those
   this（複数形 **these**）→ 話し手から見て距離的，心理的に近くにある人やものを指す
   that（複数形 **those**）→ 遠くにある人やものを指す
(2) すでに出た節や文の内容を指す this / that
   this / that → 前の**節**や**文全体**の内容を指すこともある
(3) すでに述べられた名詞のくり返しを避ける that / those
   〈the＋すでに出た名詞〉→ **that**（複数形の場合は **those**）で代用できる

Point 114 不定代名詞 - 1

▶参考書 pp.512-513

(1) one
   one → 不特定の１つ[１人]を指し，**数えられる名詞**のくり返しを避けるために用いる
   one が単独で用いられる場合 → 〈**a[an]**＋**名詞**〉の意味を表す
   one に形容詞がつく場合 → **冠詞**が必要　例：a new one
   複数形 **ones** → 修飾語句とともに用いる　例：some new ones
   one に修飾語句がついて特定のものを表す場合 → **the one** や **the ones** を用いる

659 (1) that → those　(2) That → This　⋯▶ Point 113 -(1)　T-368
(1) shoes は複数扱いなので，**those** を用いる。(2) １つ目の文の in your hand より，２つ目の文は話し手の近くのものを話題にしていることがわかるので，**This** を用いる。
訳〉(1)「あの靴はあなたの足に合いますか。」「残念ながら大きすぎます。」
　　(2)「手に持っているそれは何ですか。」「これは私の新しい MP3 プレーヤーです。」

660 あなたは増税が必要だということに反対かもしれないが，それが私の意見だ。
⋯▶ Point 113 -(2)　T-369
but の後の **that** は that we need to raise taxes という**節の内容**を指している。

661 (1) that of　(2) those in　⋯▶ Point 113 -(3)　T-370
(1) than の後にくる the population of Japan の the population を **that** で代用する。
(2) from の後にくる the schools in Italy の the schools を **those** で代用する。

662 (1) ②　(2) ④　⋯▶ Point 114 -(1)　T-371
(1) a car「不特定の１台の車」を表す **one** を単独で用いる。(2) several「いくつかの」があるので，several old watches の watches の代わりに複数形 **ones** を用いる。
訳〉(1) 私は車が欲しいが，車を買う十分なお金がない。
　　(2) 私は新しい腕時計を１つと古い腕時計をいくつか持っている。

663 one → the one　⋯▶ Point 114 -(1)　T-371
one は who 以下の**修飾語句で特定される**ので，**the one** と the をつけて用いる。
訳〉謝るべきなのは彼だと思う。

□ **664** (1) 彼はコーヒーを飲み終え，お代わりを頼んだ。
　　　　He finished his coffee and asked for (　　　　).
　　(2) 水をもう1杯いただけますか。
　　　　May I have (　　　)(　　　)(　　　) water?

□ **665** (1) We have two dogs; one is white and (　) is black.
　　　　① another　　② other　　③ the other　　④ the others
　　(2) One of their three sons is married, but (　) are still single.
　　　　① another　　② other　　③ the other　　④ the others

□ **666** 朝食にご飯を食べる人もいるし，パンを食べる人もいる。
　　(　　　　) eat rice and (　　　　) eat bread for breakfast.

□ **667** (1) 私の友人の何人かは，ボランティア活動に参加した。
　　　　(my / in / some / friends / participated / of) volunteer activities.
　　　　_____ volunteer activities.
　　(2) この手紙には，彼に関するいくつかの重要な情報が含まれている。
　　　　This letter (about / information / contains / important / him / some).
　　　　This letter _____ .

□ **668** 3人の少年がいたが，私は彼らのだれも知らなかった。
　　There were three boys, but I (　　　　) know (　　　　) of them.

□ **669** 日本語に直しなさい。
　　Any of these dictionaries would be useful for studying English.
　　_____

語句　**667** contain「～を含む」

248

Point 115 不定代名詞 - 2

▶参考書 pp.514-518

(2) another / other
- **another**「もう1つ［1人］」→ ほかの不特定の1つを表す
- **the other**「残りの1つ［1人］」→ ほかの特定の1つを表す
- **the others**「残りの複数のもの［人］」→ ほかの全部を表す
- **others**「ほかの複数のもの［人］」→ 不特定のばくぜんとした数を表す

(3) some / any
- **some** → ある程度の数・量があることを表す。肯定文で用いられるのがふつう
- **any** → (疑問文で) 何かが少しでもあるかどうかを尋ねる
  - (否定文で)「少しも…ない」という意味になる
  - (肯定文で) 3つ［3人］以上について「どれも」という意味を表す

---

664 (1) another (2) another glass of　　▸ Point 115 -(2)　T-372
(1)「お代わり」は，ほかの不特定のコーヒー1杯を指すので，**another** を用いる。
(2)「〜をもう1杯」は，**another** を形容詞として用い，glass of water の前に置く。

665 (1) ③ (2) ④　　▸ Point 115 -(2)　T-373
(1) 2匹の犬のうちの「残りの1匹」を指すので，**the other** を用いる。(2) 3人の息子のうち，1人を除いた「残りの全員」を指すので，**the others** を用いる。
訳 (1) うちには2匹の犬がいて，1匹は白でもう1匹は黒い。
(2) 彼らの3人の息子のうち1人は結婚しているが，残りの人たちはまだ独身だ。

666 Some / others　　▸ Point 115 -(2)　T-374
「〜する人もいれば…する人もいる」は，〈**some** 〜 **others** …〉で表す。この **others** は不特定のばくぜんとした「ほかの複数の人」を表す。

667 (1) Some of my friends participated in　　▸ Point 115 -(3)　T-375
(2) contains some important information about him
(1)「〜の何人か」は **some of** 〜で表す。ある程度の数の人がいることを表している。
(2)「いくつかの重要な情報」は some important information。information は抽象名詞で数えられない名詞。**some** はある程度の量があることを表している。

668 didn't / any　　▸ Point 115 (3)　T-376
any を否定文で用いると「少しも…ない」という意味になるので，「〜のだれも知らなかった」は didn't know any of 〜 で表す。

669 これらの辞書のどれでも，英語の勉強に役立つでしょう。　▸ Point 115 -(3)　T-376
肯定文で用いられる **any** は，3つ以上のものについて「どれも」という意味を表す。any of these dictionaries で「これらの辞書のどれでも」という意味。

670 私はこれら2つの記事を両方とも読んだ。

I've read (　　　　) of these two articles.

671 日本語に直しなさい。

(1) Did you talk to either of your parents about your future dream?

_____

(2) The rock band played two songs on the stage, but I didn't like either.

_____

672 Bill and Rick are very lazy. (　　) of them likes to work.
　① Both　　② Either　　③ Neither　　④ Any

673 私たちはみな，その会議に出席しなければならない。
　(　　　)(　　　)(　　　) have to attend the meeting.

674 All these computers are broken. (　　) of them work.
　① Neither　　② None　　③ No　　④ Any

675 (1) その兄弟はそれぞれ自分の車を持っている。
　　　(　　　)(　　　) the brothers (　　　) his own car.
(2) このクラスのどの生徒も英語をとても上手に話す。
　　　(　　　)(　　　) in this class speaks English very well.

676 (1) 何か冷たい飲み物が欲しいです。
　　　I'd like (　) cold to drink.
　　　① something　② somebody　③ everything　④ nothing
(2) 今朝は公園でだれにも会わなかった。
　　　I didn't see (　) in the park this morning.
　　　① someone　② anyone　③ everyone　④ no one

語句　**672** lazy「怠惰な」

250

Point 116 不定代名詞 - 3

▶参考書 pp.518-524

(4) both / either / neither
  both「(2つ[2人]の) 両方とも」
  either「(2つ[2人]の) どちらか一方，どちらでも」→ 単数扱い
      「(否定文で) どちらの〜も…ない」
  neither「(2つ[2人]の) どちらも…ない」→ 単数扱いがふつう
(5) all / none / each
  all「(3つ[3人]以上の) すべて」→ 複数扱い
  none「(3つ[3人]以上の) どれも[だれも]…ない」
  each「それぞれ」→ 複数のものや人の1つ1つを指す。単数扱い
(6) someone / everything など
  some，every，any，no に -one，-body，-thing をつけた代名詞（no one は2語）
    -one と -body → 人を表す   -thing → ものを表す

670 both ‥▶ Point 116 -(4) T-377
「(2つの)両方とも」は **both** で表す。〈both of 〜〉で「〜の両方とも」という意味になる。

671 (1) 将来の夢について，両親のどちらかと話をしましたか。 ‥▶ Point 116 -(4) T-378
(2) そのロックバンドは舞台で2曲演奏したが，私はどちらの曲も好きではなかった。
(1) **either**「(2人の) どちらか一方」(2) **either** は否定文で「どちらの〜も…ない」。

672 ③ ‥▶ Point 116 -(4) T-379
1つ目の文の内容から，**neither** を用いて「どちらも働くのが好きではない」とする。
訳〉ビルもリックもとても怠け者だ。彼らのどちらも働くのが好きではない。

673 All of us ‥▶ Point 116 -(5) T-380
「私たちはみな」は，**all**「(3人以上の) すべて」を用いて all of us で表す。

674 ② ‥▶ Point 116 -(5) T-381
1つ目の文に all があるので，3台以上のコンピュータが壊れているということがわかる。**none**「(3つ以上の) どれも…ない」を用いて「それらのどれも動かない」とする。
訳〉これらのコンピュータはすべて故障している。それらのどれも動かない。

675 (1) Each of / has (2) Each[Every] student ‥▶ Point 116 -(5) T-382
(1)「その兄弟はそれぞれ」は，**each**「それぞれ」を用いて each of the brothers で表す。each は単数扱いなので，動詞は has とする。(2) 動詞が speaks と単数形なので，「どの生徒も」は，単数扱いの〈**each[every]**＋単数形の名詞（student）〉で表す。

676 (1) ① (2) ② ‥▶ Point 116 -(5) T-383
(1)「何か冷たい飲み物」は **something**「何か」の後ろに形容詞（cold）を置く形で表す。
(2) didn't と否定文なので，**anyone** を用いて「だれにも会わなかった」という文にする。

Level 3 ★★★

▶参考書 pp.495-524

☐ **677** テーブルにはバラが2本あり，一方は赤で他方は黄色だった。
There were two roses on the table; one was red and (　) was yellow.
① another　② the other　③ others　④ the others
〈成蹊大〉

☐ **678** You can borrow a pen if you need (　).
① this　② one　③ some　④ any
〈青山学院大〉

☐ **679** These books are all Tom's. (　) of them belong to me.
① All　② Some　③ None　④ Few
〈慶應義塾大〉

☐ **680** I have five boxes here. One is full of books and (　) are all empty.
① other　② the ones　③ the other　④ the others
〈関西学院大〉

☐ **681** (　) of the two cameras takes good pictures. Their lenses need polishing.
① Both　② Neither　③ Either　④ One
〈法政大〉

☐ **682** In the end, it proved far more difficult than (　) could have imagined.
① anyone　② everybody　③ nobody　④ someone
〈学習院大〉

語句　**681** polish「～を磨く」

第 20 章 ● 代名詞

677 ②

2本のバラのうちの「**残りの1つ**」を表すのは② **the other**。① another は「ほかの不特定の1つ」、③ others は「ほかの不特定の複数のもの」、④ the others は「残りの複数のもの」を表すので、いずれも不適切。

678 ②

if 以下は if you need a pen ということ。a pen の代わりに「不特定の1つ」を表す② **one** を用いる。① this「これ」は特定のペンを、③ some は何本かのペンを指すことになり、文の前半の意味と合わない。④ any は肯定文では「(3つ以上の) どれも」という意味になり、文意が通らない。

訳 もし必要でしたらペンを借りることができますよ。

679 ③

1つ目の文の内容から、「それらのどれも私のものではない」という意味の文になるように、③の **none**「どれも…ない」を用いる。①の all「すべて」、②の some「いくつか」、④の few「ほとんどのものが…ない」は、1つ目の文の意味と合わない。

訳 これらの本はすべてトムのものだ。それらのどれも私のものではない。

680 ④

5つの箱のうち、1つを除いて「**残りの全部**」を表すのは④ **the others**。① other は単独では用いない。② the ones は「不特定の複数のもの」を表し、修飾語句とともに用いる。③ the other は「ほかの特定の1つ」を表すので不適切。

訳 私はここに5つの箱を持っています。1つは本でいっぱいで、残りはすべて空っぽです。

681 ②

2つ目の文の内容から、「2台のカメラのどちらもよい写真がとれない」という否定の意味の文になるように、②の **neither**「どちらも…ない」を用いる。①の both「(2つの) 両方とも」、③の either「どちらか一方」、④の one「(〜の) 1つ」は、2つ目の文の意味と合わない。

訳 2台のカメラのどちらもよい写真がとれない。それらのレンズは磨く必要がある。

682 ①

far more difficult than は比較の表現で、「〜よりはるかに難しい」という意味。「だれが想像していたよりも」という内容になるように、「(肯定文で) **だれでも**」の意味を表す① **anyone** を用いる。② everybody「みんな」、③ nobody「だれも〜ない」、④ someone「だれか」は、いずれも文意が通らない。

訳 結局、それはだれが想像していたよりも、はるかに難しいということがわかった。

☐ **683** Why do some planets have water and ( ) ?
① one does not　　② one other does not　③ others do not
④ some others do　⑤ the other does not
〈明治学院大〉

☐ **684** Does having pictures on a menu ( )(*)( )(*)( ) to order?
① to decide　② what　　③ make
④ easier　　⑤ it
〈センター試験〉

☐ **685** This medicine is ① supposed to ② work within ten minutes, but ③ it has done ④ anything for me.
〈学習院大〉

☐ **686** Though Christine ① has seen Picasso's paintings ② many times before, she ③ still loves ④ it.
〈成蹊大〉

☐ **687** ① There are many different ways of ② comparing the economy of one nation with ③ those of ④ another.
〈慶應義塾大〉

☐ **688** The Prime Minister ① of Japan refuses ② to accept ③ either of ④ the five new proposals ⑤ made by the politicians.
〈早稲田大〉

語句　**688** politician「政治家」

第20章 ● 代名詞

683 ③

some (planets) に着目し，〈**some ~ others ...**〉「~するものもあれば…するものもある」という表現になるように，others を用いた③を入れる。
訳〉 水がある惑星もあれば，そうではない惑星もあるのはなぜだろうか。

684 ⑤ / ①

(Does having pictures on a menu) make it easier to decide what (to order?)
having pictures on a menu「メニューに写真があること」を主語とする疑問文なので，最初の空所には動詞の原形 make がくる。〈**make＋O＋C**〉「**O を C にする**」の O（目的語）の位置に**形式目的語 it** を置き，C（補語）に easier を置く。**真の目的語を to 不定詞句** to decide で表して補語の後に置く。さらに，what to order「何を注文するか」を decide の目的語とする。
訳〉 メニューに写真があることで，何を注文するか決めるのがより簡単になりますか。

685 ④（anything → nothing）

文脈より，but 以降は「この薬が効かなかった」ことを述べていると考えられるので，anything ではなく **nothing** が正しい。〈do nothing for ~〉で「~に対しては何の効果もない」という意味になる。
訳〉 この薬は10分以内に効くとされているが，私には何の効果もなかった。

686 ④（it → them）

④にくる代名詞は，Picasso's paintings を指すので，単数の it ではなく複数の **them** で受けるのが正しい。
訳〉 クリスティーンはピカソの絵をこれまでに何度も見たことがあるが，彼女は今もなおそれらが大好きだ。

687 ③（those → that）

〈compare ~ with ...〉は「~を…と比べる」という意味で，the economy of one nation「ある国の経済」と the economy of another (nation)「別の国の経済」を比べている。③で the economy の代わりに用いることができるのは複数形の those ではなく単数形の **that**。
訳〉 ある国の経済と別の国の経済を比べる方法はたくさんある。

688 ③（either → any）

either は2つのものについて「どちらか一方」という意味を表すので，of the five new proposals「5つの新しい提案のうち」となっているこの文では不適切。3つ以上について「どれも」という意味を表す **any** を用いる。
訳〉 日本の首相は，政治家たちから出された5つの新しい提案のどれも受け入れることを拒んでいる。

第21章 形容詞

Level 1 ★　　　　　　　　　　　　　　　　　▶参考書 pp.527-546

☐ **689** 日本語に直しなさい。

The lonely old man had few friends.

_____

☐ **690** (1) 私は自分に何かいいことが起きるのを期待している。

I'm expecting (will / something / to / happen / me / good).

I'm expecting _____.

(2) 私たちは若者でいっぱいのレストランで夕食を食べた。

We ate dinner (the / people / restaurant / full / in / young / of).

We ate dinner _____.

☐ **691** 日本語に直しなさい。

This bread smells delicious.

_____

☐ **692** The (　　) part of the story is pretty boring.

① late　　　② latter　　　③ later　　　④ lately

☐ **693** Everyone thought that he died in the Sahara but he was found (　　).

① live　　　② lively　　　③ alive　　　④ living

☐ **694** 日本語に直しなさい。

(1) Many people have criticized the present educational system of this country.

_____

(2) All the members of the club were present at the ceremony.

_____

語句　**694** criticize「〜を批判する」 ceremony「式（典）」

Point 117　形容詞の用法

▶参考書 pp.527-531

(1) 名詞を修飾する限定用法
　限定用法 → 形容詞が名詞を修飾する用法。〈**形容詞＋名詞**〉の語順が原則
　形容詞がほかの語句をともなう場合や -thing を修飾する場合 → 〈**名詞＋形容詞**〉
(2) 補語となる叙述用法
　叙述用法 → **SVC**，**SVOC** の文型で，形容詞は **C**（補語）として用いられる
(3) 限定用法と叙述用法の注意点
　限定用法でしか使われない形容詞 → **only**「唯一の」，**living**「生きている」など
　叙述用法でしか使われない形容詞 → **alone**「ただ1人の」，**alive**「生きて」など
　限定用法と叙述用法で意味が異なる形容詞
　　　certain：限定用法「ある種の」，叙述用法「〜を確信している」など

689 その孤独なお年寄りには，友人がほとんどいなかった。　⋯▶ Point 117 -(1)　T-384
形容詞 **lonely**「孤独な」と **old**「年老いた」は man を，**few**「ほとんどない」は friends を修飾している。

690 (1) something good will happen to me　⋯▶ Point 117 -(1)　T-385
(2) in the restaurant full of young people
(1) -thing のつく代名詞 something を修飾する形容詞 **good** は **something** の後に置く。(2) the restaurant を修飾する full of young people は，形容詞 **full** に語句がついて2語以上の語群となったものなので，**名詞を後ろから修飾する**形にする。

691 このパンはおいしそうなにおいがする。　⋯▶ Point 117 -(2)　T-386
SVC の文型で，形容詞 **delicious** が **C**（補語）として用いられている。smell は「においがする」という意味の自動詞。

692 ②　⋯▶ Point 117 -(3)　T-387
名詞 part を修飾する**限定用法の形容詞**として適切なのは，「(2つのうちの) 後の」という意味を表す②の **latter**。① late「遅れた，後期の」，③ later「もっと後の」は文意に合わない。④ lately は「最近」という意味の副詞。
訳〉物語の後半部分はかなり退屈だ。

693 ③　⋯▶ Point 117 -(3)　T-388
but 以下は **SVOC** の文の受動態。空所には **C**（補語）がくるので，**叙述用法**で用いられる③ **alive**「生きて」が適切。① live「生きている」，④ living「生きている」は限定用法でしか用いられない。② lively は「活発な」という意味で，文意に合わない。
訳〉みんなが彼はサハラ砂漠で死んだと思ったが，彼は生きて発見された。

694 (1) 多くの人々がこの国の現在の教育制度を批判してきた。　⋯▶ Point 117 -(3)　T-389
(2) クラブのメンバー全員が式に出席していた。
(1) の **present** は名詞 system を修飾する**限定用法**の形容詞で「**現在の**」の意味を表す。
(2) の **present** は**叙述用法**で補語として用いられており，「**出席して**」の意味を表す。

695 The news I heard last night was really ( ).
① surprise ② surprised ③ surprising ④ surprisingly

696 I was ( ) to catch the nine o'clock express to London.
① pleasant ② able ③ possible ④ necessary

697 あなたは計画を変更する必要がある。(1語不要)
(change / it / to / necessary / you / is / are / for) your plan.
_____ your plan.

698 (1) ブラッドが次期社長になりそうだ。
Brad is (　　　)(　　　) become the next president.
(2) 彼が代表チームの監督になるだろう。
It is (　　　)(　　　) he will become the coach of the national team.

699 (1) 彼らはきっと登頂に成功する。
They (in / certain / reaching / succeed / are / to) the summit.
They _____ the summit.
(2) ジュディーはきっと約束を守ると思いますよ。
I'm (promise / that / will / sure / her / Judy / keep).
I'm _____ .

700 (1) こんなに美しい空は見たことがない。
I have never seen (　　　)(　　　)(　　　)(　　　).
(2) そのNPOは，貧困や飢餓のような問題に取り組んでいる。
The NPO is coping with (　　　) issues (　　　) poverty and hunger.

語句　696 express「(電車・バスなどの) 急行」　699 summit「(山の) 頂上」
700 cope with「～にうまく対処する」 poverty「貧困」 hunger「飢餓」

258

Point 118 形容詞の注意すべき用法
▶参考書 pp.531-536

(1) 分詞形容詞
　　感情を表す動詞から派生した分詞形容詞 → 現在分詞「～する」，過去分詞「～される」
　　　　例：**exciting**「興奮させる」，**excited**「興奮させられた」
(2) 主語になるものに注意すべき形容詞
　　人を主語にしなければならない形容詞 → happy, able, sorry, glad など
　　人を主語にできない形容詞 → convenient, necessary, pleasant など
(3) 可能性を表す形容詞
　　〈It is likely that ...〉〈S is likely + to 不定詞〉「Sは～しそうだ」，
　　〈It is possible that ...〉〈It is possible for 人 + to 不定詞〉「(人) が～するのは可能だ」，〈It is probable that ...〉「おそらく～だろう」
(4) 確実性を表す形容詞
　　〈S is sure[certain] + to 不定詞〉「Sはきっと～する」→ 話者の確信
　　〈S is sure[certain] that ...〉「Sは…であることを確信している」→ Sの確信
(5) such の用法
　　〈such a[an] + 名詞〉「そのような～，このような～」
　　〈such a[an] + 形容詞 + 名詞〉「本当に[とても]～な…」
　　〈such A as B〉〈A(,) such as B〉「(例えば) BのようなA」→ BはAの具体例

695 ③　　　　　　　　　　　　　　　　　　　　　…▶ Point 118 -(1)　T-390
動詞 **surprise** は「(人) を驚かす」という意味。主語は The news で，ニュースが人を驚かすのだから，能動の意味を表す現在分詞形の**形容詞 surprising** を用いる。
訳〉私が昨夜聞いたニュースは本当に驚くべきものだった。

696 ②　　　　　　　　　　　　　　　　　　　　　…▶ Point 118 -(2)　T-391
主語が I と人なので **able**「～することができる」を用いる。③④は人を主語にできない。
訳〉私はロンドン行きの9時発の急行に間に合った。

697 It is necessary for you to change　　　　　　　　…▶ Point 118 -(2)　T-392
necessary「必要な」は人を主語にできないので，it を主語にする。are が不要。

698 (1) likely to　(2) likely[probable] that　　　　　…▶ Point 118 -(3)　T-393
(1)「Sは～しそうだ」は〈S is likely + to 不定詞〉の形で表す。(2) 形式主語 it を用いて起こりそうなことを表すには，〈It is likely[probable] that ...〉の形にする。

699 (1) are certain to succeed in reaching　　　　　…▶ Point 118 -(4)　T-394
　　　(2) sure that Judy will keep her promise
(1)「Sはきっと～する」という話者の確信は〈S is certain + to 不定詞〉の形で表す。
(2) 確信しているのは主語の I「私」なので，〈S is sure that ...〉の形で表す。

700 (1) such a beautiful sky　(2) such / as　　　　…▶ Point 118 -(5)　T-395
(1)〈such a + 形容詞 (beautiful) + 名詞 (sky)〉(2)「BのようなA」〈such A as B〉

□ **701** I didn't have (　) time to sleep last night.

① such　　　② so　　　③ many　　　④ much

□ **702** 多くの会社が中国市場への参入を計画している。

(　　　)(　　　)(　　　)(　　　　) are planning to enter the Chinese market.

□ **703** 私は今朝，上司とほんの少し言葉を交わした。

I exchanged (　) words with my boss this morning.

① few　　　② little　　　③ a few　　　④ a little

□ **704** 彼にはその病気に関する十分な知識がなかった。

He didn't have (　　　) knowledge about the disease.

語句　**704** disease「病気」

Point 119　数量を表す形容詞

▶参考書 pp.537-540

(1) many / much / a lot of / lots of
　数が多い → 〈**many** + 数えられる名詞〉　おもに疑問文と否定文で用いる
　量が多い → 〈**much** + 数えられない名詞〉　おもに疑問文と否定文で用いる
　a lot of / **lots of** → ふつう肯定文で，数えられる名詞にも数えられない名詞にも使う
(2) a few / a little
　数が少ない → **a few**「少しは（数が）ある」，**few**「少ししか［ほとんど］ない」
　量が少ない → **a little**「少しは（量が）ある」，**little**「少ししか［ほとんど］ない」
(3) enough
　enough → 数量が足りるだけあることを表す

---

701 ④　　　　　　　　　　　　　　　　　…▶ Point 119 -(1)　T-396

time「時間」は**数えられない名詞**なので，「あまり～ない」は〈**not ~ much**〉を用いて表す。

訳〉昨夜は寝る時間があまりなかった。

702 A lot of companies　　　　　　　…▶ Point 119 -(1)　T-397

company「会社」は**数えられる名詞**なので，「多くの会社」は **a lot of** の後に名詞の複数形 companies を続けて表す。数が多いことは，many や lots of でも表すことができるが，ここでは空所の数に合わない。

703 ③　　　　　　　　　　　　　　　　　…▶ Point 119 -(2)　T-398

「ほんの少し」は「**少しはある**」ということなので，肯定的な表現だと判断する。また，名詞 words「言葉」は**数えられる名詞**の複数形なので，③ **a few** を用いる。

704 enough　　　　　　　　　　　　　　…▶ Point 119 -(3)　T-399

「十分な知識」は「（その病気について考えたり判断したりするのに）足りるだけの量の知識」ということなので，**enough** を用いて表す。knowledge「知識」は**数えられない名詞**だが，enough は数えられる名詞も数えられない名詞も修飾することができる。

Level 3 ★★★

▶参考書 pp.525-546

□ **705** I'm very ( ) to meet you.
　　① pleased　　② please　　③ pleasure　　④ pleasant
　　〈獨協大〉

□ **706** Jane is very upset so we'd better leave her ( ).
　　① alone　　② lone　　③ lonely　　④ only
　　〈学習院大〉

□ **707** Please come and see me when ( ).
　　① you are convenient　　② it is convenient for you
　　③ it will be convenient for you　　④ you will be convenient
　　〈同志社大〉

□ **708** ( ) care would prevent such accidents.
　　① Little　　② A little　　③ Few　　④ A few
　　〈獨協大〉

□ **709** Mary's ambition to become a journalist is ( ) to be realized.
　　① anxious　　② likely　　③ near　　④ probable
　　〈日本女子大〉

□ **710** I am very ( ) to have been chosen to represent our class at the graduation ceremony.
　　① excite　　② excited　　③ excitement　　④ exciting
　　〈学習院大〉

語句　**709** ambition「(将来の) 夢，念願」
　　　710 represent「～を代表する，～の代表を務める」

705 ①

動詞 **please** は「(人)を喜ばせる」という意味。主語は I「私」で「喜ばされている」ことになるので，**受動の意味を表す過去分詞形の形容詞 pleased** を用いて「うれしい，喜んでいる」という意味を表す。③ pleasure は「楽しさ，喜び」という意味の名詞。④ pleasant は人を主語にすると「愛想[感じ]のよい」という意味になり，ここでは文意に合わない。

訳〉あなたにお会いできて大変うれしく思います。

706 ①

動詞 **leave** の後に her という目的語があることから，空所には C (補語) が入り SVOC の文になると考えられるので，**叙述用法で用いられる**① **alone**「一人で」が適切。② lone「一人の」は限定用法でしか用いられない。③ lonely は「(一人きりで)寂しい」，④ only は「唯一の」という意味で，文意に合わない。

訳〉ジェーンはとても動揺しているので，彼女を一人にしておいたほうがよさそうだ。

707 ②

形容詞 convenient「都合のよい」は**人を主語にできない**ので，**it を主語にして，〈convenient for 人〉という形で用いる**。また，時を表す when 節では未来のことも現在形で表す (…▶ T-036) ので，②が正しい。

訳〉どうぞご都合のよろしいときにおいでください。

708 ②

「少しの注意」が主語になる文と考えられるので，肯定的な表現を選ぶ。**名詞 care**「注意」は抽象名詞で，数えられない名詞。したがって，「(量が) 少しはある」ことを表す② **a little** を用いるのが正しい。述語動詞が would prevent となっているので，主語に仮定の意味が込められている，**仮定法過去の文** (…▶ T-253)。

訳〉ちょっと注意すれば，そのような事故は防げるものだ。

709 ②

動詞 is より前の部分が文の主語。「S は～しそうだ」という起こりそうなことを表すには，② **likely** を用いて〈**S is likely+to 不定詞**〉の形にすればよい。① anxious は「(人が) 強く望んでいる」，③ near は「(距離が) 近い」という意味で，いずれも文意が通らない。④ probable「ありそうな」は〈It is probable that ...〉の形で用いる。

訳〉ジャーナリストになりたいというメアリーの夢は実現しそうだ。

710 ②

動詞 **excite** は「(人)を興奮させる」という意味。主語は I「私」で，「興奮させられている」ことになるので，**受動の意味を表す過去分詞形の形容詞 excited** を用いて「興奮した，わくわくした」という意味を表す。③ excitement は「興奮」という意味の名詞。

訳〉卒業式のクラス代表に選ばれて，すごく興奮しています。

第22章 副詞

Level 1 ★

▶参考書 pp.549-562

☐ **711** The factory is trying to use natural resources (　　).
　① effect　　② effective　　③ effectively　　④ effectiveness

☐ **712** 次の文の誤りを訂正しなさい。
　I asked him to carry my baggage to upstairs.
　_____ → _____

☐ **713** 彼が昨日ここに来ていないのは確かです。
　I am sure (come / yesterday / he / not / here / did).
　I am sure _____.

☐ **714** We (　　) go to the movies, only once or twice a year.
　① always　　② never　　③ often　　④ seldom

☐ **715** (　　) seats are reserved today.
　① Almost　　　　　　　② Almost of
　③ Almost all the　　　④ Almost of all

☐ **716** 日本語に直しなさい。
　(1) Unfortunately, all the tickets were sold out.
　_____

　(2) Clearly, my daughter was lying to me.
　_____

語句　**711** natural resources「天然資源」

Point 120　副詞の用法

(1)「様態」を表す副詞
　「どのように」（様態）を表す副詞 → 〈動詞（＋目的語）〉の後に置くことが多い
(2)「場所」「時」を表す副詞
　「どこで［に］」（場所）を表す副詞 → 〈動詞（＋目的語）〉の後に置くことが多い
　「いつ」（時）を表す副詞 → 文尾に置くことが多い
　「場所」を表す副詞と「時」を表す副詞をいっしょに用いる場合 → 〈場所→時〉の順
(3)「頻度」「程度」を表す副詞
　「頻度」を表す副詞 → 一般動詞の前，be 動詞・助動詞の後ろに置くのが原則
　「程度」を表す副詞 → 修飾する語句の前に置くのがふつう。動詞を修飾する場合は，
　　　　　　　　　　　一般動詞の前，be 動詞・助動詞の後ろに置くのが原則
(4) 文を修飾する副詞
　文全体を修飾する副詞 → 文頭や，一般動詞の前，be 動詞・助動詞の後ろに置かれる
　　　　　　　　　　　　ことが多い

▶参考書 pp.549-554

---

711 ③　　　…▶ Point 120 -(1)　T-400

他動詞（use）と目的語（natural resources）の後に続くので，動詞 use を修飾する**副詞 effectively**「効果的に」を用いる。① effect「効果」，④ effectiveness「有効性」はいずれも名詞。② effective「効果的な」は形容詞。
訳〉その工場は，天然資源を効果的に利用しようと努めている。

712 to upstairs → upstairs　　　…▶ Point 120 -(2)　T-401

upstairs には名詞と副詞の用法があるが，名詞の場合は the upstairs で「2 階」という意味になる。この文の **upstairs** は動詞 carry を修飾する**副詞**で，「2 階に」という意味で用いられているので，前置詞 to は不要。
訳〉私は彼に，私の荷物を 2 階に持っていってくれるように頼んだ。

713 he did not come here yesterday　　　…▶ Point 120 -(2)　T-402

2 つの**副詞 yesterday**「昨日」と **here**「ここに」は，〈場所→時〉の順にする。

714 ④　　　…▶ Point 120 -(3)　T-403

only once or twice a year より，頻度を表す**副詞**④ **seldom**「めったに～ない」を用いる。① always は「いつも」，② never は「決して～ない」，③ often は「しばしば」。
訳〉私たちはめったに映画に行かない。年にたったの 1，2 回だ。

715 ③　　　…▶ Point 120 -(3)　T-404

almost「ほとんど」は**程度**を表す**副詞**なので，名詞を直接修飾することはできない。
訳〉本日はほとんどすべての席が予約済です。

716 (1) 残念ながら，チケットはすべて売り切れた。　　　…▶ Point 120 -(4)　T-405
　　　(2) 明らかに，娘は私にうそをついていた。

(1) の **unfortunately**，(2) の **clearly** はいずれも**文全体を修飾する副詞**。

☐ **717** Lisa bought a diamond ring because she won the lottery (　　).
　　① late　　② lately　　③ later　　④ last

☐ **718** 日本語に直しなさい。

(1) She practiced hard to improve her record.
_____

(2) He could hardly understand the lecture.
_____

☐ **719** His father is a (　　) strong wrestler.
　　① so　　② much　　③ very　　④ very much

☐ **720** 詩は，ロシアではとても愛されている。
Poetry is (　　　　) loved in Russia.

☐ **721** (1) 私は5年前に友達とニューヨークに行った。
I went to New York with my friend five years (　　　　).

(2) 私がその村に着いた時，彼は3日前にそこを去ってしまっていた。
When I arrived at the village, he had left it three days
(　　　　).

語句　**717** lottery「宝くじ」

Point 121　副詞の注意すべき用法 - 1

▶参考書 pp.554-558

(1) 副詞の形と意味
　形と意味の違いに注意すべき副詞 → late「遅く」と lately「最近」
　　　　　　　　　　　　　　　　　　hard「熱心に」と hardly「ほとんど〜ない」
　　　　　　　　　　　　　　　　　　most「もっとも」と mostly「たいていは」
　　　　　　　　　　　　　　　　　　near「近くに」と nearly「ほぼ」

(2) very / much
　very「とても」→ 形容詞や副詞，形容詞化した現在分詞・過去分詞を修飾する
　much「とても」→ 動詞や過去分詞，形容詞と副詞の比較級および形容詞の最上級
　　　　　　　　　　を修飾する

(3) ago / before
　ago → 現在を基準にして「（今より）…前」を表す
　before → 過去のある時点を基準にして「（その時点より）…前」を表す
　　　　　　　過去や現在完了の文で単独で用いられると「今までに」という意味を表す

---

717 ②　　　　　　　　　　　　　　　　　　▶ Point 121 -(1)　T-406

she won the lottery「宝くじが当たった」の後に置いて文意が通るのは，「最近」という意味を表す**副詞**の② **lately**。① late「遅く」，③ later「後に」，④ last「最後に」はいずれも文意が通らない。

訳〉リサは最近宝くじが当たったので，ダイヤモンドの指輪を買った。

718 (1) 彼女は記録を伸ばすため，熱心に練習した。　　▶ Point 121 -(1)　T-406
　　 (2) 彼はその講義がほとんど理解できなかった。

(1) **hard** は動詞 practiced を修飾する**副詞**で，「熱心に」という意味。(2) **hardly** は動詞 understand を修飾する**副詞**で，「ほとんど〜ない」という意味。

719 ③　　　　　　　　　　　　　　　　　　▶ Point 121 -(2)　T-407

形容詞 strong を修飾して「とても」という意味を表すのは，③ **very**。① so を用いる場合は〈so＋形容詞（strong）＋a＋名詞（wrestler）〉の語順になる。② much は形容詞の原級を修飾することはできない。また，④の very much は動詞を修飾する場合に用いられる。

訳〉彼の父親は，とても強いレスラーだ。

720 much　　　　　　　　　　　　　　　　▶ Point 121 -(2)　T-408

受動態を作る**過去分詞** loved を修飾して「とても」の意味を表すことができるのは **much**。

721 (1) ago (2) before　　　　　　　　　　▶ Point 121 -(3)　T-409

(1)「（今より）5年**前に**」ということなので，**ago** を用いる。(2)「私がその村に着いた時」という過去の時点を基準にして，「（その時点より）3日**前**」ということなので，**before** を用いる。

- **722** (1) その携帯ゲーム機はすでに1,000万台以上も売り上げている。
  The portable game has (　　　) sold over 10 million units.
  (2) 私はまだその小説の第3巻を読み終えていない。
  I haven't finished reading the third volume of the novel (　　　).
  (3) 妹はまだ電話でしゃべっている。
  My sister is (　　　) talking on the phone.

- **723** (1) もしあなたがコンサートに行かないなら，私も行きません。
  If you aren't going to the concert, I won't go, (　　　).
  (2) 「私はその件には巻き込まれたくないの。」「僕もだよ。」
  "I don't want to get involved in that matter."
  "(　　)(　　)(　　)."

- **724** "Did you get over your cold?" "I hope (　)."
  ① so　　② too　　③ either　　④ neither

- **725** (1) 彼女の娘が賢いと言っていたけど，本当だね。
  You said her daughter was wise, (so / and / is / she).
  You said her daughter was wise, _____.
  (2) 「私はカリフォルニアの出身です。」「私の妻もそうですよ。」
  "I come from California." "(does / wife / so / my)."
  "I come from California." "_____."

- **726** My son studied very hard. (　), he was able to pass the exam.
  ① Otherwise　② However　③ Therefore　④ Nevertheless

語句　**724** get over「(病気) から回復する」

Point 122　副詞の注意すべき用法 - 2

▶参考書 pp.558-561

(4) already / yet / still
already（肯定文で）「もう，すでに」→ 疑問文・否定文では意外感や驚きを表す
yet（否定文で）「まだ（～ない）」，（疑問文で）「もう，すでに」
still（肯定文・疑問文で）「まだ」→ 継続を表す

(5) too / either / neither
too（肯定文で）「…もまた～」，**either**（否定文で）「…もまた～」
〈**neither[nor]** +（助）動詞+主語〉（否定文の後で）「〈主語〉も（また）そうでない」

(6) so
do[does / did] so → すでに述べられた動詞句の内容を表す
so → 前に出た肯定形の that 節の内容を表す　※ 否定形の that 節は not で表す
〈**so** +（助）動詞+主語〉「〈主語〉もまたそうだ」→ 前文が主語についても当てはまる
〈**so** +主語+（助）動詞〉「本当にそうだ」→ 前文の内容を認める

Point 123　2つの文の論理関係を表す副詞

▶参考書 pp.561-562

otherwise「さもないと」，**however**「しかしながら」，**besides**「そのうえ」，
therefore[thus]「したがって」，**nevertheless**「それにもかかわらず」など

---

722 (1) already　(2) yet　(3) still　　⋯▶ Point 122 -(4)　T-410
(1) 肯定文で「すでに」という意味を表すのは **already**。(2) 否定文で「まだ（～ない）」という意味を表すのは **yet**。(3) 肯定文で「まだ」という継続の意味を表すのは **still**。

723 (1) either　(2) Neither[Nor] do I　　⋯▶ Point 122 -(5)　T-411
(1) 否定文で「…もまた～」という意味を表すのは，**either**。(2) 先に述べられた否定文の内容を受けて「〈主語〉も（また）そうでない」と言うときは〈**neither[nor]** +（助）動詞+主語〉で表す。ここでは，主語は「僕」なので I，助動詞は do を用いる。

724 ①　　⋯▶ Point 122 -(6)　T-412
I hope (that) I got over my cold. の **that** 節の内容を1語で表す。肯定形なので，①**so** で表すことができる。
訳〉「かぜは治りましたか。」「そうだといいのですが。」

725 (1) and so she is　(2) So does my wife　　⋯▶ Point 122 -(6)　T-413
(1)「本当にそうだ」は〈**so**+主語+（助）動詞〉の語順。(2)〈**so**+（助）動詞+主語〉「〈主語〉もまたそうだ」の形にする。

726 ③　　⋯▶ Point 123　T-414
2つの文を論理的につなげられるのは，③の **therefore**「だから」。① otherwise は「さもないと」，② however は「しかしながら」，④ nevertheless は「それにもかかわらず」。
訳〉私の息子は一生懸命勉強した。だから，彼は試験に合格できた。

Level 3 ★★★

▶参考書 pp.547-562

☐ **727** A recent survey found that ( ) boys in this school played video games on a regular basis.
① almost all the　　② almost of the
③ almost the　　　 ④ almost

〈北里大〉

☐ **728** John lent me a digital camera. But I didn't know how to use it, and ( ) my parents.
① so did　② didn't　③ neither did　④ so didn't

〈東邦大〉

☐ **729** Rosalind says she couldn't get here through all the snow. ( ), her child is ill.
① Besides　② However　③ Likewise　④ Suchlike

〈慶應義塾大〉

☐ **730** My dream is ① to go to abroad as ② an overseas exchange student during ③ my time at university.

〈上智大〉

☐ **731** Everyone is nervous when ① they attend a job interview. ② Similarly, being well-prepared ③ for the interview can really reduce your stress level ④ when you enter the room.

〈南山大〉

☐ **732** It was ① shocking to see how ② easy Tom ③ could lose his temper whenever he ④ drove in heavy traffic.

〈桃山学院大〉

語句　**727** on a regular basis「定期的に，習慣的に」
　　　732 lose *one's* temper「(突然) 怒り出す，かっとなる」

727 ①

almost は「ほとんど〜」という意味の**程度を表す副詞**で，形容詞や副詞，動詞を修飾することができる。「ほとんどすべての少年」は①のように almost all the boys という語順で表す。almost には名詞としての用法はないので②は不可。また，名詞を修飾することはできないので，③や④も不可。

訳〉最近の調査によると，この学校のほとんどすべての少年が定期的にテレビゲームをしているということだ。

728 ③

and の前の否定文の内容を受け，「私の両親もその使い方がわからなかった」という意味になるように，〈**neither[nor]**＋(助)動詞＋主語〉「〈主語〉も（また）そうでない」を用いて neither did my parents とする。

訳〉ジョンは私にデジタルカメラを貸してくれた。けれども私はその使い方がわからなかったし，私の両親もわからなかった。

729 ①

2文をつなぐのに適切なのは，①の **besides**「そのうえ」。②の however「しかしながら」，③の likewise「同じように」は文意が通らない。④の suchlike は代名詞で，... and[or] suchlike の形で「…とかそんなようなもの」の意味を表す。

訳〉ロザリンドはこの雪の中，ここに来ることはできなかったと言う。そのうえ，彼女の子どもは病気なのだ。

730 ①（to go to abroad → to go abroad）
abroad は「外国で」という意味の**副詞**なので，前置詞 to は不要。

訳〉私の夢は，大学在学中に海外交換留学生として外国に行くことです。

731 ②（Similarly → However）
similarly は「同様に」という意味の副詞。文脈より，2つ目の文には1つ目の文と対立する内容が述べられているので，「しかしながら」という意味を表す**副詞 however** を用いるのが正しい。

訳〉就職の面接に出席するときは，だれでも緊張しています。しかしながら，面接の準備を十分にしておくことで，部屋に入るときのストレスの度合いを確実に下げることができます。

732 ②（easy → easily）
how ... his temper は see の目的語になる疑問詞節。「どのくらい…なのか」と程度を尋ねるには how の後に形容詞か副詞を続けるが，ここでは how の後に動詞 lose を修飾する語がくるので，②は形容詞 easy ではなく**副詞 easily** としなければならない。

訳〉トムが混んでいる道を運転するときはいつも，いかに簡単にかっとなりやすいかを知ってショックだった。

第23章　前置詞

Level 1 ★
▶参考書 pp.566-588

□ **733** (1) 賃金は月末に支払われます。
　　Your wage will be paid (　　　) the end of the month.
　(2) あなたは次の駅で電車を降りなければならない。
　　You are supposed to get off the train (　　　) the next station.

□ **734** (1) 彼女は，イギリスのオックスフォード大学で学位を取得した。
　　She got her degree (　　　) Oxford (　　　) England.
　(2) 劇は夕方5時に始まる予定だ。
　　The show is going to start (　　　) five o'clock (　　　) the evening.

□ **735** 次の2文の（　）に共通して入る前置詞を書きなさい。
　(a) We got into the car and left the town (　　　) a cold winter morning.
　(b) She sighed deeply, looking at the picture (　　　) the wall.

□ **736** The population of this town has grown (　　) two thousand to four thousand in ten years.
　① at　　　② for　　　③ from　　　④ in

□ **737** ミラノからローマまで車でどのくらいかかりますか。
　How long does it take to drive (　　　) Milan (　　　) Rome?

□ **738** 次の2文の（　）に共通して入る前置詞を書きなさい。
　(a) I have worked at a car company (　　　) twelve years.
　(b) This train is bound (　　　) Hakata.

語句　**733** wage「賃金」　**734** degree「学位」　**738** bound「〜行きの」

Point 124　主要な前置詞の用法 - 1

▶参考書 pp.568-577

(1) at / in / on
　at〈場所・時の一点〉→ 場所の**一地点**や，時刻のような**一時点**を表す
　in〈場所・時の内部〉→ 場所の**内部**や，月・季節・年・世紀などの**期間の中**を表す
　on〈接触〉→ 線や平面との**接触**や，**特定の日**や**曜日**を表す

(2) from / to / for
　from〈出発点・起点〉→ 動作や運動の**出発地点**や，期間が始まる**起点**を表す
　to〈方向・到達点，結合・付着〉→ **到達点を含む方向**を表す
　for〈方向・期間〉→ **目標へ向かう方向**や，「〜のあいだ（ずっと）」という**期間**を表す
　※ **for** → どのくらいの期間続くのかという**「長さ」**を表す　例：for three weeks
　　 during → どういう期間なのかを表す　例：during the summer
　　 in → 何かをするのに**かかる時間**を表す　例：in a day

733　(1) at　(2) at　　　　　　　　　　　　　　　　　→ Point 124 -(1)　T-415
(1)「月の終わり」という〈時の一点〉は **at** で表す。(2)「次の駅」という〈場所の一点〉は **at** で表す。

734　(1) at / in　(2) at / in　　　　　　　　　　　　　→ Point 124 -(1)　T-416
(1)「オックスフォード大学で」は〈所属〉を表す **at** を用いる。「イギリスの」はイギリスという国の〈内部〉を示すので **in** を用いる。(2)「5時に」という**時刻**は **at** で，「夕方（の）」という**期間の中**は **in** で表す。

735　on　　　　　　　　　　　　　　　　　　　　　　→ Point 124 -(1)　T-417
(a)「ある寒い冬の朝に」は，1日の中の「朝」という部分ではあるが，**特定の日**のことなので **on** を用いる。(b)「壁にかかった絵」は，壁という場所に〈接触〉すると考えて **on** を用いる。
　訳 (a) ある寒い冬の朝，私たちは車に乗り込んで町を離れた。
　　　(b) 彼女は壁にかかった絵を見ながら深いため息をついた。

736　①　　　　　　　　　　　　　　　　　　　　　　→ Point 124 -(2)　T-418
to に着目し，「2,000 から 4,000 へ」の意味を表すと考え，〈起点〉を表す **from** を用いる。動作や運動は，このように〈**from A to B**〉「A から B へ」の形で表されることが多い。
　訳 この町の人口は 10 年間で 2,000 人から 4,000 人に増えた。

737　from / to　　　　　　　　　　　　　　　　　　　→ Point 124 -(2)　T-419
「〜から…まで」と〈出発点〉と〈到達点〉を示すには，〈**from 〜 to …**〉を用いる。

738　for　　　　　　　　　　　　　　　　　　　　　　→ Point 124 -(2)　T-420
(a)「12 年間」という〈期間〉の長さは **for** で表す。(b)「博多行き」という**目標へ向かう**〈方向〉は **for** で表す。
　訳 (a) 私は自動車会社で 12 年間働いている。　(b) この電車は博多行きです。

739 (1) マリアは家族と一緒にドイツ南部に住んでいる。
Maria lives with her family in the south (　　　) Germany.

(2) 道を歩いているあいだに，私はバッグを奪われた。
I was robbed (　　　) my bag while I was walking on the street.

740 次の２文の（　）に共通して入る前置詞を書きなさい。
(a) Please have this letter sent (　　　) airmail.
(b) My dog always lies (　　　) the wall.

741 (1) 私は今週末まで京都に滞在します。
I'll stay in Kyoto (　　　) the end of this week.

(2) 金曜日の朝までにレポートを提出しなければならない。
You have to hand in your paper (　　　) Friday morning.

742 次の２文の（　）に共通して入る前置詞を書きなさい。
(a) I wonder what is wrong (　　　) this car.
(b) He cut a piece of paper (　　　) a pair of scissors.

語句　**742** scissors「はさみ」

Point 125　主要な前置詞の用法 - 2

▶参考書 pp.577-581

(3) of / by / with
　of〈所属・所有，分離〉　例：**rob A of B**「AからBを奪う」〈分離〉
　by〈近接，動作主〉→「〜のそば，〜の隣」が基本的な意味
　※ by →〈期限〉を表し，「ある時までに」動作が完了することを表す
　　until[**till**] →〈継続〉を表し，「ある時までずっと」動作が続くことを表す
　with〈同伴，関係・関連〉→「〜と一緒に」が基本的な意味

739 (1) of　(2) of　　　　　　　　　　　　　　　　⋯▶ Point 125 -(3)　T-421
(1)「ドイツ南部」はドイツに〈所属〉する南の部分と考え，the south **of** Germany で表す。(2)「人から物を奪う」という意味は〈**rob＋人＋of＋物**〉の形で表す。この文では〈人〉のIが主語になり，受動態になっている。この **of** は〈分離〉を表す。

740 by　　　　　　　　　　　　　　　　　　　　　⋯▶ Point 125 -(3)　T-422
(a)「航空便で」は〈手段〉を表す **by** を用いて，by airmail で表す。(b)「壁のそばに」は〈近接〉を表す **by** を用いて表す。
訳 (a) この手紙を航空便で発送してもらってください。
　　(b) うちの犬はいつも壁際で横になっている。

741 (1) until[till]　(2) by　　　　　　　　　　　　⋯▶ Point 125 -(3)　T-423
(1)「今週末まで」は，「滞在する」という動作が今週末の時点までずっと〈継続〉することを表すので，**until** または **till** を用いて表す。(2)「金曜日の朝までに」は，「提出する」という動作が完了する〈期限〉を表すので，**by** を用いて表す。

742 with　　　　　　　　　　　　　　　　　　　　⋯▶ Point 125 -(3)　T-424
(a)「〜はどこが悪いのか」という意味は，〈関係〉を表す **with** を用いて **What is wrong with 〜?** で表す。この文では，疑問詞 what 節が wonder「〜だろうかと思う」の目的語になっている。(b)「はさみで」のように〈道具〉を表す場合は **with** を用いる。交通や通信の〈手段〉を表す by との違いに注意。
訳 (a) この車はどこが悪いんだろうか。　(b) 彼は1枚の紙をはさみで切った。

743 次の2文の（ ）に共通して入る前置詞を書きなさい。
　(a) Did you hear (　　　　) the earthquake in Turkey?
　(b) We spent the afternoon wandering (　　　　) the small town.

744 (1) She went to the States to study economics soon (　　) her graduation.
　　① in　　　② for　　　③ during　　　④ after
　(2) Please take two tablets (　　) each meal.
　　① by　　　② before　　　③ until　　　④ on

745 (1) 私たちは森を抜け，砂漠を横切って旅をした。
　　We traveled (　　　　) the forest and (　　　　) the desert.
　(2) 池のまわりや川沿いに，たくさんの花が植えられている。
　　Many flowers are planted (　　　　) the pond and (　　　　) the river.

746 (1) 子どもたちは大きな棚の後ろに隠れた。
　　The children hid themselves (　　　　) the big shelf.
　(2) タクシーが彼の家の前に止まった。
　　The taxi stopped (　　　)(　　　)(　　　) his house.
　(3) 若い男性が私の向かいに座った。
　　A young man sat down (　　　　) me.

語句　**743** wander「歩き回る」
　　　744 economics「経済学」graduation「卒業」tablet「錠剤」
　　　746 hid ＜ hide「～を隠す」

Point 126 その他の前置詞の用法 - 1

▶参考書 pp.581-584

(1) about
　about〈関連,周辺〉→「~について」が基本的な意味
(2) after / before
　after〈時間・順序の前後〉→「~の後に[で]」が基本的な意味
　before〈時間・順序の前後〉→「~よりも前に」が基本的な意味
(3) along / across / through / around
　along〈方向〉→「線に沿って進む」が基本的なイメージ
　across〈方向〉→「平面を横切って」が基本的なイメージ
　through〈方向〉→「中を通り抜ける」が基本的なイメージ
　around〈方向〉→「~のまわりに(ぐるりと)」が基本的なイメージ
(4) in front of / behind / opposite
　in front of〈場所〉→「~の前に[正面に]」の意味
　behind〈場所〉→「~の後ろに[裏に]」の意味　〈時間〉→「〈定刻など〉に遅れて」の意味
　opposite〈場所〉→「(通りなどをへだてて)~の向かいに」の意味

---

743 about　　　　　　　　　　　　　　　　　　　▶ Point 126 -(1)　T-425

(a) は〈関連〉を表す **about** を用い,hear about で「~について聞く」という意味を表す。(b) は〈周辺〉を表す **about** を用い,wander about で「~を散策する[ぶらぶら歩く]」という意味を表す。(a) は hear of,(b) は wander around でも表せるが,共通して入る about が正解。

訳 (a) トルコの地震のことを聞きましたか。
　　(b) 私たちは小さな町を散策して午後を過ごした。

744 (1) ④　(2) ②　　　　　　　　　　　　　　　▶ Point 126 -(2)　T-426

(1)〈時間〉について「~の後に」を表す④ **after** を用いて,「卒業後」という意味を表す。(2) 薬を服用するべき時について話していると考え,「毎食の**前に**」となるように ② **before** を用いる。

訳 (1) 彼女は卒業するとすぐ経済学を研究するためアメリカへ渡った。
　　(2) 毎食前に2錠ずつお飲みください。

745 (1) through / across　(2) around / along　　　▶ Point 126 -(3)　T-427

(1) 1つ目の空所は「森を抜け → 森の**中を通り抜けて**」と考え,**through** を用いる。2つ目の空所は「砂漠という**平面を横切って**」と考え,**across** を用いる。(2)「池の**まわりに(ぐるりと)**」は **around**,「川沿いに → 線状に続いている川に沿って」は **along** を用いて表す。

746 (1) behind　(2) in front of　(3) opposite　　　▶ Point 126 -(4)　T-428

(1)「~の後ろに」は **behind** で表す。(2)「~の前に」は **in front of** で表す。(3)「私の向かいに → (テーブルなどをへだてて)私の向かいに」と考え,**opposite** で表す。across from でも同じ意味を表せるが,ここでは空所の数と合わない。

□ **747** (1) 子犬が突然エレベーターから飛び出てきた。
　　　A puppy suddenly jumped (　　　)(　　　) the elevator.
(2) 高速道路にはどうやって乗ったらいいかわかりますか。
　　　Do you know how to get (　　　) the freeway?
(3) 彼女はデジタルカメラをかばんに入れた。
　　　She put the digital camera (　　　) her bag.

□ **748** (1) 太ったネコがテーブルの下で寝ている。
　　　A fat cat is sleeping (　　　) the table.
(2) 私たちは太陽が地平線の上へと昇るのを見た。
　　　We saw the sun rising (　　　) the horizon.
(3) 私は山の上にかかった美しい虹を見た。
　　　I saw a beautiful rainbow (　　　) the mountains.
(4) 私のテストの得点は，平均をほんの少し下回っていた。
　　　My test score was slightly (　　　) average.

□ **749** 1) I can't tell the difference (　　) butterflies and moths.
　　　① of　　② from　　③ among　　④ between
(2) He has been ranked (　　) the greatest scientists of the 20th century.
　　　① of　　② for　　③ among　　④ in

□ **750** (1) The train was delayed (　　) a heavy snowstorm.
　　　① as for　　② in spite of　　③ because of　　④ but for
(2) We are 20 miles away from the city (　　) my map.
　　　① according to　　② as to　　③ instead of　　④ in case of

語句　**747** puppy「子犬」 freeway「(アメリカの) 高速道路」
　　　749 butterfly「チョウ」 moth「ガ（蛾）」 rank「〜を格付けする」
　　　750 delay「〜を遅らせる」

Point 127　その他の前置詞の用法 - 2

▶参考書 pp.584-587

(5) into / out of / onto
　　into〈方向〉→「～の中へ」　**out of**〈方向〉→「～の中から外へ」
　　onto〈方向〉→「～の上へ」
(6) over / under / above / below
　　over〈垂直的な位置関係〉→「～の上に，～の上の方に」（真上を含む）
　　under〈垂直的な位置関係〉→「～の下に，～の下の方に」（真下を含む）
　　above〈位置関係〉→「～よりも高いところに，～より上に」（基準よりも上）
　　below〈位置関係〉→「～よりも低いところに，～よりも下に」（基準よりも下）
(7) between / among
　　between〈位置関係〉→ あるものとあるもののあいだに位置していることを表す
　　among〈位置関係〉→ ある集団に囲まれていたり，含まれていたりすることを表す

Point 128　群前置詞

▶参考書 p.588

群前置詞 → 2語以上で，1つの前置詞と同じような働きをする
　　例：**according to**「～によれば」，**because of**「～のせい［理由］で」など

---

747 (1) out of　(2) onto　(3) into　　⋯▶ Point 127 -(5)　T-429
(1)「エレベーターから」は「～の中から外へ」という〈方向〉を表す **out of** を用いる。
(2)「高速道路に」は「～の上へ」という〈方向〉を表す **onto** を用いる。(3)「かばん（の中）に」は「～の中へ」という〈方向〉を表す **into** を用いる。

748 (1) under　(2) above　(3) over　(4) below　　⋯▶ Point 127 -(6)　T-430
(1)「～の下で」は **under** で表す。(2) the horizon「地平線」という**基準よりも上に**あることは **above** で表す。(3)「山の上に → 山の上を覆って」と考え，**over** で表す。
(4) average「平均」という**基準よりも下に**あることは **below** で表す。

749 (1) ④　(2) ③　　⋯▶ Point 127 -(7)　T-431
(1) 2つのもののあいだにあることは，**between A and B** の形で表す。(2)「20世紀の偉大な科学者」という集団に含まれることを表すので，**among** を用いる。
訳〉(1) 私にはチョウとガの違いがわからない。
　　(2) 彼は20世紀の偉大な科学者の1人として位置づけられている。

750 (1) ③　(2) ①　　⋯▶ Point 128　T-432
(1)「大吹雪のせいで」という意味になるように③ **because of** を選ぶ。① as for は「～について言えば」，② in spite of は「～にもかかわらず」，④ but for は「～がなければ」。
(2)「私の地図によれば」という意味になるように① **according to** を選ぶ。② as to は「～については」，③ instead of は「～の代わりに」，④ in case of は「～の場合は」。
訳〉(1) 列車は大吹雪のせいで遅れた。
　　(2) 私の地図によると，私たちは街から20マイルの距離のところにいる。

Level 3 ★★★

▶参考書 pp.563-588

751 It's 9:30 now, so the concert should end (　).
① after twenty minutes　② by twenty minutes
③ in twenty minutes　④ twenty minutes later
〈立教大〉

752 (　) my stay in Seattle, I made a lot of life-long friends.
① Through　② During　③ While　④ With
〈大阪商業大〉

753 The president of the company put the plan (　) practice.
① around　② for　③ into　④ on
〈立教大〉

754 It is (　) great importance to preserve nature.
① for　② in　③ of　④ with
〈立命館大〉

755 Laura accepted the job (　) the salary, which was rather low.
① although　② in spite of　③ because　④ out of
〈慶應義塾大〉

756 If you travel (　) a country, you go from one side of it to the other.
① across　② within　③ beyond　④ along
〈獨協大〉

語句　**752** life-long「一生の，生涯続く」　**754** preserve「(環境) を保護する」

751 ③

「あと20分で，20分後に」という意味になるように，③ in twenty minutes を選ぶ。**in** が〈時間の長さ〉を表す表現の前に置かれると，「（現在を始点にして）〜後に」という意味の「時の経過」を表す。

訳▷ 今9時半だから，コンサートはあと20分で終わるはずだ。

752 ②

「シアトル滞在中に」という意味になるように，どういう**期間**なのかを表す **during** を用いる。③の while は接続詞なので，後に〈S + V〉が続く形で用いる。

訳▷ シアトル滞在中に，一生のつきあいになる友達がたくさんできた。

753 ③

put 〜 into practice で「〜を実行する」という意味を表す。この **into** は「〜に（なって）」という状態の〈変化〉を表す。

訳▷ 会社の社長はその計画を実行に移した。

754 ③

〈特徴・性質〉を表す③ **of** を用いるのが適切。

訳▷ 自然を保護することは非常に重要だ。

755 ②

空所の前後の「仕事を引き受けた」と「安い給料」という意味関係から，「〜にもかかわらず」の意味を表す**群前置詞**② **in spite of** を選ぶ。①の although も「〜にもかかわらず」という意味を表すが，接続詞なので不適切。

訳▷ ローラはその仕事を，かなり安い給料にも関わらず，引き受けた。

756 ①

「一方の端から他方の端まで行く」ということは，平面を横切って移動することを意味するので，① **across** を用いるのが正しい。② within は「〜以内に［で］」，③ beyond は「〜の向こうに，〜を越えて」，④ along は「〜に沿って」という意味を表す。

訳▷ ある国を横断するということは，その国の一方の端から他方の端まで移動するということだ。

☐ **757** Some people complain that they work more hours (　　) less pay these days.
① against　　② for　　③ in　　④ over
〈立教大〉

☐ **758** All of the audience was impressed by his lecture (　　) the early history of Japan.
① at　　② in　　③ on　　④ of
〈青山学院大〉

☐ **759** The car was going (　　) 120 kilometers per hour when the police car approached.
① at　　② by　　③ in　　④ with
〈青山学院大〉

☐ **760** Music, food and fashion ① have been radically changed ② in Britain ③ because the presence of large ethnic groups ④ since the 1950s.
〈大阪経済大〉

☐ **761** Despite several calls ① back and forth, it ② is unclear ③ whether we are meeting ④ in the morning of March 1st. ⑤ NO ERROR
〈早稲田大〉

☐ **762** Our social studies teacher told us we ① must ② hand in ③ our assignments ④ until 5:00 p.m. on Friday. ⑤ NO ERROR
〈早稲田大〉

語句　**760** radically「根本的に, がらりと」　**761** back and forth「行ったり来たり」

757 ②

「より少ない給料に対してより長い時間働く」ということなので,〈代価〉を表す **for** を用いる。

> 訳〉最近はより少ない給料で長時間働いていると不平を言う人たちがいる。

758 ③

「〜についての講演」のように学問的で専門家向けの〈主題〉を表す場合は③ **on** を用いる。

> 訳〉日本の古代史についての彼の講演に聴衆はみな感動した。

759 ①

「時速 120 キロで」という〈速度〉を表すには① **at** を用いる。

> 訳〉パトカーが接近してきたとき,その車は時速 120 キロで走っていた。

760 ③ (because → because of)

③ because は接続詞なので,後に〈S + V〉が続く形で用いられるはず。ここでは後に the presence of large ethnic groups という名詞句が続いているので,「〜のために」という意味を表す**群前置詞 because of** を用いるのが正しい。

> 訳〉1950 年代以来,イギリスでは大きな民族集団の存在のために,音楽や食べ物,ファッションががらりと変わってきた。

761 ④ (in the morning → on the morning)

「3 月 1 日の朝に」のように「(特定の日) の朝に」という場合は,in ではなく **on** を用いるのが正しい。

> 訳〉何回も電話をもらったりかけたりしたにもかかわらず,私たちが 3 月 1 日の朝に会うのかどうかはっきりしない。

762 ④ (until 5:00 p.m. → by 5:00 p.m.)

文意から,「金曜日の午後 5 時」は宿題を提出する〈期限〉を表すと考えられるので,動作の〈継続〉を表す until ではなく **by** を用いるのが正しい。

> 訳〉社会科の先生は私たちに,金曜日の午後 5 時までに宿題を提出しなければならないと言った。

第24章 接続詞

Level 1 ★　　　　　　　　　　　　　　　▶参考書 pp.591-609

763 日本語に直しなさい。

Bob bought a CD and I borrowed it from him.

_____

764 日本語に直しなさい。

We watched a long but exciting movie.

_____

765 私は医者か弁護士になりたい。

I want to become a doctor (　　　　) a lawyer.

766 次の文の誤りを訂正しなさい。

Both you and I am responsible for the accident.

_____ → _____

767 (1) あなたか私のどちらかが会議に出席しなければなりません。

(　　　　) you (　　　　) I should attend the meeting.

(2) 私の父はタバコも吸わなければ，酒も飲まない。

My father (　　　　) smokes (　　　　) drinks.

768 次の文の誤りを訂正しなさい。

Don't eat too much, and you'll have a stomachache.

_____ → _____

769 (1) 問題は，何を読むかではなくどう読むかだ。

The question is (　　　　) what to read (　　　　) how to read.

(2) 彼はお金だけでなく名声も得た。

He has won (　　　　)(　　　　) money (　　　　)(　　　　) fame.

語句　**768** stomachache「腹痛」

Point 129　等位接続詞の用法 - 1

▶参考書 pp.591 - 594

等位接続詞 → 語と語，句と句，節と節を対等な関係でつなぐ
(1) and
　and「…と〜」→ 複数のものをつなぐ　3つの語句をつなぐ場合 → **A, B(,) and C**
(2) but
　but「…だが〜」→ 内容的に対立するものをつなぐ
(3) or
　or「…か〜」→ 選択の対象を並べる
(4) and / but / or を用いた表現
　both A **and** B「AとBの両方」，**either** A **or** B「AかBのどちらか」
　neither A **nor** B「AでもBでもない，AもBも…ない」
　〈命令文 + **and** ...〉「〜しなさい，そうすれば…」
　〈命令文 + **or** ...〉「〜しなさい，そうしないと…」
　not A **but** B「AではなくB」
　not only A **but** (**also**) B「AだけでなくBも」= B as well as A

---

763 ボブが CD を買い，私はそれを彼から借りた。　　…▶ Point 129 -(1)　T-433
　and は Bob bought a CD と I borrowed it from him という **2つの文**をつないでいる。

764 私たちは長いけれどもわくわくする映画を見た。　…▶ Point 129 -(2)　T-434
　but は long「長い」と exciting「わくわくする」という**対立する語と語**をつないでいる。

765 or　　　　　　　　　　　　　　　　　　　　　　…▶ Point 129 -(3)　T-435
　「医者」か「弁護士」のどちらかという**選択の対象**を並べるには，**or**「…か〜」を用いる。

766 am → are　　　　　　　　　　　　　　　　　　…▶ Point 129 -(4)　T-436
　both A and B「**AとBの両方**」は**複数扱い**なので，動詞は am ではなく are を用いる。
　訳〉あなたと私の両方とも，その事故の責任がある。

767 (1) Either / or　(2) neither / nor　　　　　　…▶ Point 129 -(4)　T-437
　(1)「**AかBのどちらか**」は **either A or B** で表す。(2) smokes と drinks のどちら
　も否定するには，**neither A nor B**「**AもBも…ない**」を用いる。

768 and・or　　　　　　　　　　　　　　　　　　　…▶ Point 129 -(4)　T-438
　「食べ過ぎないようにしなさい」という命令文と，「おなかが痛くなるだろう」という
　内容をつなぐには，〈命令文 + **or** ...〉「〜しなさい，そうしないと…」が適切。〈命令
　文 + and ...〉は「〜しなさい，そうすれば…」という意味になる。
　訳〉食べ過ぎないようにしなさい。そうしないとおなかが痛くなりますよ。

769 (1) not / but　(2) not only / but also　　　…▶ Point 129 -(4)　T-439
　(1)「**AではなくB**」は **not A but B** を用いる。(2)「**AだけでなくBも**」は **not
　only A**（money）**but also B**（fame）を用いる。Bのほうに重点が置かれる表現。

770 私は真実を知らないし，知りたいとも思わない。

I don't know the truth, (it / want / do / to / nor / know / I).

I don't know the truth, ＿＿＿＿＿＿＿＿＿＿＿＿＿＿＿＿＿＿＿＿ .

771 (1) Tom wants to become an engineer, (　　) he is good at mathematics.

① but　　② for　　③ nor　　④ so

(2) My daughter had a fever, (　　) I took her to the doctor.

① but　　② for　　③ nor　　④ so

772 (1) 困ったことにかぎをなくしてしまった。

(lost / the / is / I've / trouble / that) my key.

＿＿＿＿＿＿＿＿＿＿＿＿＿＿＿＿＿＿＿＿ my key.

(2) 彼らが結婚したって本当ですか。

(got / it / is / that / they / true) married?

＿＿＿＿＿＿＿＿＿＿＿＿＿＿＿＿＿＿＿＿ married?

773 手伝っていただいてうれしいです。

(help / glad / you / I'm / me / that / could).

＿＿＿＿＿＿＿＿＿＿＿＿＿＿＿＿＿＿＿＿ .

774 問題は，上司がこの計画に同意するかどうかだ。

The question is (　　　　) the boss will agree with this plan.

775 (1) 私はヘレンに忙しいかどうか尋ねた。

I (busy / if / Helen / was / asked / she).

I ＿＿＿＿＿＿＿＿＿＿＿＿＿＿＿＿＿＿＿＿ .

(2) 彼が私たちに加わるかどうかはまだはっきりしない。

It (he / still / is / whether / join / uncertain / us / will) or not.

It ＿＿＿＿＿＿＿＿＿＿＿＿＿＿＿＿＿＿＿＿ or not.

語句　**771** engineer「技術者」 fever「(病気による) 熱, 発熱」

Point 130 等位接続詞の用法 - 2

▶参考書 pp.595-596

(5) nor
　A **nor** B「AもBも…しない［…でない］」→ not，never，no などの後で使う
　〈節，**nor** +節〉「〜，そしてまた…しない」→ nor の後では倒置が起こる
(6) so / for
　so「それで…」→〈出来事を表す節，**so** +結果を表す節〉
　for「というのは…だから」→〈結果を表す節，**for** +理由を表す節〉

Point 131 名詞節を導く従属接続詞の用法

▶参考書 pp.597-599

(1) 名詞節を導く that
　that「〜ということ」→ 文の主語・補語・目的語の働きをする名詞節を作る
(2) 形容詞に続く節を導く that
　that 節は sure や glad などの〈感情・心理〉を表す形容詞の後でよく用いられる
(3) whether / if
　whether[if]「〜かどうか」→ 名詞節を作る。if 節は動詞の目的語にしかならない

---

770 nor do I want to know it　　　　　　　　　　…▶ Point 130 -(5)　T-440
否定文を受けて「そしてまた…しない」を表すには，〈**nor**＋節〉を用いる。倒置に注意。

771 (1) ②　(2) ④　　　　　　　　　　　　　　　…▶ Point 130 -(6)　T-441
(1) コンマの後の文が前の文の〈理由〉を表しているので，**for**「というのは…」を用いる。
(2) コンマの後の文が前の文の〈結果〉を表しているので，**so**「それで…」を用いる。
訳 (1) トムは技術者になりたい。というのも，彼は数学が得意だからだ。
　 (2) 私の娘は熱があった。それで，彼女をお医者に連れて行った。

772 (1) The trouble is that I've lost　　　　　　…▶ Point 131 -(1)　T-442
　　　(2) Is it true that they got
(1)「問題は…ということだ」は，**The trouble is that ...** で表す。(2) 主語が that they got married「彼らが結婚したということ」と長いので，形式主語 **it** を用いる。

773 I'm glad that you could help me　　　　　　…▶ Point 131 -(2)　T-443
glad の後に that 節を置き，〈**be glad that** 節〉「〜ということがうれしい」の形にする。

774 whether　　　　　　　　　　　　　　　　　…▶ Point 131 -(3)　T-444
「〜かどうか」を表し，文の補語となる名詞節を作るのは **whether**。if は使えない。

775 (1) asked Helen if she was busy　　　　　　…▶ Point 131 -(3)　T-444
　　　(2) is still uncertain whether he will join us
(1) **if**「〜かどうか」を用い，〈ask + O + O (if 節)〉の形にする。(2) It を形式主語とし，「彼が私たちに加わるかどうか」を **whether** 節で表し，真の主語として後に置く。

- ☐ 776 私の妹はイタリアにいるあいだに，音楽を勉強した。
  My sister studied music (　　　) she was in Italy.
- ☐ 777 Chew your food really well (　　) you swallow it.
  ① when　　② while　　③ before　　④ after
- ☐ 778 (1) Three years have passed (　　) I saw you last.
  ① before　　② after　　③ since　　④ until
  (2) We do not realize how small Japan is (　　) we go abroad.
  ① since　　② until　　③ when　　④ by the time
- ☐ 779 (1) 私を見るとすぐに，彼は泣き出した。
  He began to cry (　　)(　　)(　　) he saw me.
  (2) いったん慣れてしまえば，その仕事は楽しくなるでしょう。
  You'll enjoy the work (　　) you've gotten used to it.
- ☐ 780 (　　) you are exhausted, you should take a day off from work.
  ① Since　　② Until　　③ Although　　④ Unless
- ☐ 781 (1) とても良い天気だったので，私たちはハイキングに出かけた。
  (a / day / fine / it / such / that / was) we went on a hike.
  _____ we went on a hike.
  (2) 彼女はとても親切だったので，私の仕事を手伝ってくれた。
  She (me / so / that / kind / she / helped / with / was) my work.
  She _____ my work.
- ☐ 782 (1) 流れ星を見るために，私たちは戸外でキャンプをした。
  We camped outdoors (　　)(　　)(　　) we
  (　　) see some shooting stars.
  (2) 私が理解できるように，もう少しゆっくり話してくれませんか。
  Could you speak more slowly (　　)(　　) I
  (　　) understand you?

語句 777 chew「〜をかむ」 swallow「〜を飲み込む」

Point 132　副詞節を導く従属接続詞の用法 - 1

▶参考書 pp.599-604

(1) 時を表す接続詞
　when「…する［…である］時に」，**while**「…する［…である］あいだに」
　before「…する前に」，**after**「…した後に」
　since「…して以来」，**until**[**till**]「…するまで」
　as soon as「…するとすぐに」，**once**「いったん…すると」

(2) 原因・理由，結果，目的を表す接続詞
　because「…なので，…だから」→〈直接の原因・理由〉を表す
　since「…なので」→ふつう主節の前に置き，相手がすでに知っている〈原因・理由〉を表す
　〈**so ... that ~**〉「とても…なので~，~なほど…」→〈結果〉や〈程度〉を表す
　〈**such ... that ~**〉「とても…な〈名詞〉なので~」→ such の後には名詞を置く
　〈**so that ...**〉〈**in order that ...**〉「…するために」→〈目的〉を表す

---

776 while　　　　　　　　　　　　　　　　　　▶ Point 132 -(1)　T-445
「イタリアにいるあいだに」という状態が継続する〈期間〉は**接続詞 while** で表す。

777 ③　　　　　　　　　　　　　　　　　　　▶ Point 132 -(1)　T-446
空所以下が「食べ物を飲み込む**前に**」という内容になるように，**before** を入れる。
訳〉飲み込む前に，食べ物をよくかみなさい。

778 (1) ③　(2) ②　　　　　　　　　　　　　　▶ Point 132 -(1)　T-447
(1) 空所以下が「最後にあなたに会って**以来**」という内容になるように，③ **since** を用いる。(2) 空所以下が「海外に行くまでは」という内容になるように，② **until** を用いる。④ by the time「…する時までに」はその時までに動作が〈完了〉することを表す。
訳〉(1) あなたと最後にお会いしてから3年が経ちました。
　　(2) 海外に行くまでは，日本がどれほど小さいか理解できない。

779 (1) as soon as　(2) once　　　　　　　　　▶ Point 132 -(1)　T-448
(1)「…するとすぐに」は **as soon as** で表す。(2)「いったん…すると」は **once** で表す。

780 ①　　　　　　　　　　　　　　　　　　　▶ Point 132 -(2)　T-449
コンマの前の文は後の文の〈理由〉を表すと考えられるので，**since** を用いる。
訳〉あなたは疲れ切っているから，1日仕事の休みをとるべきだ。

781 (1) It was such a fine day that　　　　　　▶ Point 132 -(2)　T-450
　　(2) was so kind that she helped me with
(1)〈**such ... that ~**〉「とても…なので~」を用いる。〈**such a + 形容詞**（fine）+ **名詞**（day）〉の語順に注意。(2)〈**so ... that ~**〉「とても…なので~」を用いる。

782 (1) in order that / might　(2) so that / can　▶ Point 132 -(2)　T-451
(1) 空所の数より，〈**in order that ...**〉「…するために」を用いる。(2)「理解できるように」は〈**so that ...**〉を用いて表す。「~できる」なので助動詞は can を用いる。

☐ 783 (　) it rains heavily, my husband jogs every day.
① Since　　② Once　　③ If　　④ Unless

☐ 784 一生懸命練習したが，彼はその曲をギターで弾くことができなかった。
(　　　　) he practiced hard, he couldn't play the tune on the guitar.

☐ 785 たとえ全速力で走っても，彼に追いつくことはできないだろう。
(　　　)(　　　　) you run at full speed, you won't be able to catch up with him.

☐ 786 (1) 私のじゃまをしないなら，ここにいてもいいですよ。
You may stay here (me / as / as / disturb / long / don't / you).
You may stay here _____ .

(2) 私が記憶している限り，この時計は日本では売られていない。
(I / remember / far / as / as / can), this watch isn't sold in Japan.
_____ , this watch isn't sold in Japan.

☐ 787 日本語に直しなさい。
(1) Write down the phone number in case you forget it.
_____
(2) Get in touch with me in case you forget the password.
_____

☐ 788 正しくても間違っていても，自分の意見を言ってみたらどうですか。
Why don't you express your view (　　　　) it is right (　　　　) wrong?

語句　787 get in touch with 「〜に連絡する，連絡を取る」

Point 133　副詞節を導く従属接続詞の用法 -2　　▶参考書 pp.604-609

(3) 条件や譲歩を表す接続詞
- **if**「もし…ならば，（仮に）…とすれば」→〈仮定〉や〈条件〉を表す
- **unless**「…の場合を除いて，…でない限り」→唯一の例外を表す
- **though [although]**「…であるけれども」〈譲歩〉
  → 実際に成り立っていることを述べる。強調するときは **even though** を使う
- **even if**「たとえ…でも」〈譲歩〉→ 事実かどうかわからないことを述べる
- **as long as**「…するあいだは」〈時〉「…しさえすれば」〈条件〉
- **as far as**「…の（および）限りでは，…に関する限り」〈範囲・程度〉
- **in case**「…の場合は」「…するといけないから，…する場合に備えて」
- **whether A or B**「A であろうと B であろうと」〈譲歩〉

783 ④　　⋯▶ Point 133 -(3)　T-452
「雨が激しく降る」という内容は「毎日ジョギングをする」ことの**例外の条件**と考えられるので，④の **unless**「…の場合を除いて，…でない限り」を用いる。
〈訳〉雨が激しく降らない限り，私の夫は毎日ジョギングをする。

784 Though [Although]　　⋯▶ Point 133 -(3)　T-453
「一生懸命練習したけれども」という〈**譲歩**〉の意味を **though [although]** で表す。

785 Even if　　⋯▶ Point 133 -(3)　T-454
「たとえ…でも」という〈**譲歩**〉の意味は，**even if** を用いて表す。「全速力で走る」は，実際に起こっていることではないので，even though は使えない。

786 (1) as long as you don't disturb me　　⋯▶ Point 133 -(3)　T-455
(2) As far as I can remember
(1)「私のじゃまをしないなら」は最低限の〈**条件**〉を表しているので，**as long as**「…しさえすれば」を用いる。(2)「私が記憶している限り」は〈**範囲・程度**〉を表すので，**as far as**「…の（および）限りでは」を用いる。

787 (1) 忘れるといけないので電話番号を書きとめてください。　⋯▶ Point 133 -(3)　T-456
(2) パスワードを忘れたら，私に連絡してください。
(1) の **in case** は「…するといけないから，…する場合に備えて」という意味。(2) の **in case** は「…の場合は」という意味。

788 whether / or　　⋯▶ Point 133 -(3)　T-457
「A であろうと B であろうと」は **whether A or B** で表す。

Level 3 ★★★

▶参考書 pp.589-609

789 それはとても重い箱だったので，私には運べなかった。
It was (　) that I couldn't carry it.
① so a heavy box　② such heavy a box
③ a so heavy box　④ such a heavy box
〈成城大〉

790 The laundry won't dry quickly (　) it's sunny.
① if　② whether　③ unless　④ since
〈センター試験〉

791 You can't eat tulips, (　) they are beautiful to look at.
① in spite of　② independent of
③ even if　④ despite
〈上智大〉

792 (　) you've got a driver's license, you may drive a car anytime.
① Even if　② For fear that
③ In order that　④ Now that
〈日本女子大〉

793 You cannot lose weight (　) you give up eating between meals.
① as long as　② by the time　③ until　④ while
〈学習院大〉

794 The lazy girl's father insisted that she should wash the dishes and (　).
① iron the clothes　② irons the clothes
③ ironing of the clothes　④ to iron the clothes
〈慶應義塾大〉

語句　**790** laundry「洗濯物」

789 ④

「とても重い箱だったので～」は，〈such ... that ～〉「とても…なので～」の「...」に，形容詞 heavy をともなう名詞 box を入れて表す。〈such a＋形容詞 (heavy)＋名詞 (box)〉の語順となる④が正しい。〈so ... that ～〉を用いる場合には，〈so＋形容詞 (heavy)＋a＋名詞 (box)〉の語順になるので，①③は誤り。

790 ③

「晴れである」という内容は，「洗濯物がすぐに乾かない」という内容が成り立たない唯一の**例外の条件**を表しているので，③ **unless**「…の場合を除いて」を用いる。① if「もし…ならば」，④ since「…なので」は文意が通らない。② whether は「…かどうか」という名詞節を導く接続詞。

訳〉晴れでなければ，洗濯物はすぐには乾かないだろう。

791 ③

コンマの前後の「チューリップは食べられない」と「それらは見て美しい」の関係を考えると，空所には「たとえ…でも」という〈**譲歩**〉の意味を表す接続詞が入ると考えられるので，③ **even if** を用いる。① in spite of「…にもかかわらず」，④ despite「…にもかかわらず」はいずれも前置詞なので，後には節ではなく句がくる。② independent of「…から独立した」は文意が通らない。

訳〉チューリップは，見て美しいけれども，食べることはできない。

792 ④

「今や…だから」という意味を表す④の **now that** を入れると，コンマの前後の節の内容がつながる。①の even if「たとえ…でも」，②の for fear that「…を恐れて」，③の in order that「…するために」は，いずれも前後の意味がつながらない。

訳〉今やあなたは運転免許を取ったのだから，いつでも車を運転してよい。

793 ③

空所の前後の「体重を減らすことはできない」と「間食をやめる」の関係を考え，「…するまで」という〈継続〉の意味を表す③ **until** を入れる。① as long as「…するあいだは，…しさえすれば」，② by the time「…する時までに」，④ while「…するあいだに」では，前後の意味がつながらない。

訳〉間食をやめるまでは体重は減らないよ。

794 ①

空所の前にある**接続詞 and** に着目する。この and は should の後の wash the dishes と空所の内容を「…と～」のように並べて示すと考えられるので，should に続けることのできる形を選ぶ。動詞の原形で始まる①が適切。

訳〉怠け者の娘の父親は，彼女が皿を洗い，洋服にアイロンをかけるべきだと主張した。

□ **795** He never invented the Internet, (　) claim to.
　① did he not　② never he did　③ nevertheless did he
　④ nor did he　⑤ nor was he
〈明治学院大〉

□ **796** I could not come on time (　) I met with an accident on my way.
　① though　② but　③ lest　④ since　⑤ until
〈東京理科大〉

□ **797** 彼が来ても来なくてもたいして変わりません。
　It (　)(　)(*)(　)(*)(　)(　) not.
　① little　② whether　③ or　④ makes
　⑤ difference　⑥ he　⑦ comes
〈中央大〉

□ **798** 両親から独立したいと思って，彼女は就職を決めた。
　She got a job (　)(　)(*)(　)(*)(　)(　) her parents.
　① be　② so　③ independent　④ of
　⑤ she　⑥ could　⑦ that
〈東邦大〉

□ **799** あなたが人にしてもらいたいと思うことを人にしてあげなさい。(1語不要)
　Do to others (　)(　)(　)(　)(　)(　)(　) you.
　① as　② do　③ have　④ others
　⑤ to　⑥ you　⑦ would　⑧ want
〈東京理科大〉

□ **800** Take this sweater with you (　)(*)(　)(　)(*)(　) in the evening.
　① cold　② case　③ it　④ get
　⑤ in　⑥ should
〈獨協大〉

語句　**795** claim to 不定詞「～すると主張する」

795 ④

コンマの前の文に never があることに着目する。コンマ以下は，否定の内容を表す節を受けて「そしてまた…しない」を表すと考えられるので，〈**nor**＋節〉の形にする。nor の後では**倒置**が起こり，疑問文の語順になるので，nor did he claim to となる④が正解。claim to の後には，すでに出た語句のくり返しを避けるため，have invented the Internet が省略されている（⋯▶ T-330 ）。

訳〉彼がインターネットを発明したわけでは決してないし，そう主張したわけでもない。

796 ④

「私は途中で事故にあった」は，「時間通りに来ることができなかった」ことの〈**理由**〉と考えられるので，「…なので」という意味を表す④ **since** を選ぶ。① though「…にもかかわらず」，② but「…だが～」，③ lest「…しないように」，⑤ until「…するまで」では，いずれも空所の前後の意味がつながらない。

訳〉私は途中で事故にあったため，時間通りに来ることができなかった。

797 ⑤ / ⑥

(It) makes little difference whether he comes or (not.)

「たいして変わらない」は make little difference で表す。文頭の **it** を形式主語として用い，真の主語を〈**whether ... or not**〉「…であろうとなかろうと」で表して後に置く。

798 ⑤ / ①

(She got a job) so that she could be independent of (her parents.)

与えられた語句の中に so と that があるので，「～したいと思って」という意味を，〈**目的**〉を表す〈**so that ...**〉「…するために」を用いて表す。「～から独立する」は be independent of ～。

799 ① ⑥ ⑦ ③ ④ ② ⑤

(Do to others) as you would have others do to (you.)

与えられた語句の中に **as** があるので，これを「…（する）ように」という〈**様態**〉を表す**接続詞**として用い，「あなたが人にしてもらいたいと思うように」という意味を表す。「O に～してもらう」は〈have＋O＋動詞の原形〉の形を用いる（⋯▶ T-120 ）。⑧ want が不要。

800 ② / ④

(Take this sweater with you) in case it should get cold (in the evening.)

与えられた語句の中の case と in に着目し，**接続詞 in case**「…するといけないから，…する場合に備えて」を用いて「寒くなるといけないから」という意味を表す。in case が導く節では，この文のように should が用いられることがある。

訳〉夜に寒くなるといけないから，このセーターを持っていきなさい。

さくいん

数字は問題番号を表します。——はその部分に見出し語が入ることを表します。

日本語さくいん

あ

意向を尋ねる（shall） 141
意志（will, would） 137
一般的な事実や真理
　　　　　022, 056, 079
意味上の主語
　不定詞の——
　　　　　216, 239, 256
　動名詞の——
　　　　　266, 267, 271, 295
依頼
　（can, could） 124
　（will, would） 140
　（命令文） 011, 014
応答疑問文 510

か

確信
　（must, can't） 134, 135
　（should, ought to） 136
過去完了形 098
　（完了・結果） 099, 110
　（経験） 100, 109
　（継続） 101
　（大過去） 103, 118
過去完了進行形 102, 113
過去形
　021, 059, 060, 061, 083
過去進行形 062, 063, 082
過去の行為に対する非難や後悔
　　　　　151
過去のことに関する推量
　146, 147, 148, 149, 150
数えられない名詞 613
数えられる名詞 614
仮定法 447
　——過去 448, 449, 482
　——過去完了
　　　　　450, 451, 452, 479
　——を使ったていねいな表現
　　　　　475, 476

可能
　（be to 不定詞） 236, 257
　（助動詞） 121, 122
可能性（助動詞） 131
関係代名詞 395
　——＋SV＋V...
　　　　　426, 427, 441
　——の省略 398
　前置詞と—— 403, 404,
　　　　　413, 415, 429
感情の原因（不定詞） 210
間接疑問
　500, 501, 516, 517, 518
間接話法
　549, 550, 551, 552, 553
感嘆文 008, 009, 013
完了形
　——の受動態 176, 192
　——の動名詞
　　　　　270, 271, 296
　——の不定詞 227, 228
　——の分詞 314, 315, 328
義務（助動詞） 126
疑問形容詞 493, 494
疑問詞
　——＋be 動詞［助動詞］＋
　　主語 ...? 006
　——＋do you think ...?
　　　　　505, 519
　——＋to 不定詞
　　　　　244, 245, 251
　——＋動詞 ...? 005, 017
　——と前置詞 499
　——を使った疑問文
　　　　　005, 006
疑問代名詞 489, 490, 491
疑問副詞 495, 496
疑問文 003, 004, 005, 006
強調 589, 590, 591
強調構文 592, 593, 609, 610
許可（助動詞） 123
拒絶（助動詞） 138
禁止（must not） 128

群動詞 033, 034
　——の受動態 183, 195
形式主語 202, 215, 252
形式目的語 204, 255
継続用法
　（関係代名詞） 407, 408,
　　　409, 410, 411, 412,
　　　　　435, 437
　（関係副詞） 418
形容詞
　限定用法と叙述用法 694
　主語に注意する——
　　　　　696, 697, 707
結果（不定詞） 208, 209, 260
原級 337, 338, 339, 340,
　　　　　341, 342
　（最上級の意味） 355
現在完了形 087, 117
　（完了・結果） 088, 089
　（経験） 090, 091
　（継続） 092, 093
　（時や条件を表す副詞節）
　　　　　108, 114
　——と時を表す副詞
　　　　096, 097, 111, 120
現在完了進行形
　　　　　094, 095, 112
現在形
　022, 053, 054, 055, 056
　（確定した未来） 072
　（時や条件を表す副詞節）
　　　　068, 069, 077, 081, 085
現在進行形
　057, 070, 071, 075
限定用法
　（関係代名詞） 407
　（形容詞） 689, 690, 692
　（分詞）
　　　　297, 298, 327, 332
肯定の命令文 011, 014
固有名詞 618

296

さ

再帰代名詞	037, 651, 652
最上級	349, 350, 352, 353, 354
(「～でさえ」)	380
(「抜群に～だ」)	351
(the をつけない)	378, 379
3 人称単数現在	053, 086
差を表す表現＋比較級＋than ～	346
使役動詞	219, 220
――＋O＋過去分詞	304, 305
――＋O＋現在分詞	303
――を使った文の受動態	221
時間＋have[has] passed since ～	093
指示代名詞	659, 660
時制の一致	549, 562, 568
自動詞	019, 020, 030
――＋to 不定詞	231, 232, 233
――＋分詞	301
他動詞と間違えやすい――	032
習慣	
(will, would)	139
過去の――	144
集合名詞	615, 626, 627
修辞疑問文	509
主格	
(関係代名詞)	395, 396
(代名詞)	647
主語	023
(仮定法)	470, 488
――になる動名詞	261, 262, 288
――になる不定詞	201, 202
受動態	171, 172, 190, 194, 197, 198
(完了形)	176, 192
(疑問文)	178, 179, 180
(助動詞を使う)	173, 174, 196
(進行形)	175, 199
(前置詞に注意する)	187
(動作と状態)	185
(否定文)	177
――の慣用表現	188, 191
準否定語	527, 528, 529, 544, 548
状態	
過去の――	059
現在の――	053, 054
状態動詞	053, 054
譲歩(複合関係詞)	422, 423
省略	601
if の後の――	602
関係代名詞の――	398
接続詞の後の――	602, 607
叙述用法	
(形容詞)	691, 693
(分詞)	300, 301, 302
助動詞	
――＋be＋過去分詞	173, 174, 196
――＋主語＋動詞の原形 ...?	003
所有格	
(関係代名詞)	399, 400, 445
(代名詞)	647
(名詞)	623
――＋own	648
所有代名詞	650
進行形	
(未来の予定)	073, 084
「～しかけている」	070
――にしない動詞	058, 080
真の主語	202, 215
真の目的語	204, 684
推測(助動詞)	131, 132, 133
接続詞＋分詞	316, 334
絶対比較級	370
選択疑問文	010, 015
前置詞	
――と関係代名詞	403, 404, 413, 415, 429
疑問詞と	499
前置詞の目的語になる動名詞	264, 265, 290
全否定	530
挿入	599, 600, 608

た

代不定詞	248, 601
他動詞	019, 020, 030
自動詞と間違えやすい――	031, 041

知覚動詞	
――＋O＋動詞の原形	222, 223
――＋O＋分詞	306, 307, 329, 334
――を使った文の受動態	224, 254
忠告 (had better)	130
抽象名詞	617, 625, 629, 643
直説法	447
直接話法	549, 550, 551, 553, 560
提案 (Let's ...)	012, 018
程度 (副詞)	715
同格	
(of)	604
(that)	605, 606, 612
(不定詞)	206
(名詞の並列)	603
動作動詞	054, 055
当然の行動 (should, ought to)	129
倒置	
(否定を表す語)	595, 611
(方向や場所の副詞)	596
(補語)	598
(目的語)	597
動名詞	261, 262, 263, 264, 265
(否定の副詞の位置)	268
完了形の――	270, 271, 296
受動態の――	269, 294
――を目的語とする他動詞	274, 276
時 (副詞)	713
独立不定詞	246, 247
独立分詞構文	317, 318, 319, 325

な

難易を表す形容詞＋to不定詞	237, 238
二重否定	532
人称代名詞	647, 686
(話法)	550
能動態	200
能力 (助動詞)	121, 122

は

項目	ページ
場所（副詞）	712
判断の根拠（不定詞）	211, 212
反復動作	
過去の――	060, 076
現在の――	055
比較級	343, 344, 345, 347, 348, 392
（差の大きさを表す）	346, 385
（最上級の意味）	356, 357, 388
――＋and＋比較級	362
――＋than ～	343, 344
――＋than any other＋単数形の名詞	357
必要（助動詞）	142
否定	521, 522, 523, 524
――疑問文	502
――の命令文	007, 016
否定語の位置	525
否定文	001, 002
頻度（副詞）	714
――と進行形	071
付加疑問	011, 012, 014, 018, 506, 507, 508, 520
不許可（助動詞）	125
複合関係代名詞	419, 420, 439
複合関係副詞	421
副詞	732
――の形と意味	717, 718
副詞句（仮定法）	469
複数形	620, 621, 622, 628, 630
付帯状況	320, 321, 330
普通名詞	614
物質名詞	613, 616
不定詞	
（否定の副詞の位置）	217, 218
――の意味上の主語	216, 239, 256, 540
――の形容詞的用法	205, 206, 250, 258
――の副詞的用法	207, 208, 209, 210, 211, 212, 260
――の名詞的用法	201, 202, 203, 204
――を目的語とする他動詞	277
完了形の――	227, 228
受動態の――	230
進行形の――	229
不定代名詞	662, 663
不必要（don't have to）	127
部分否定	530, 531, 543
分詞	
――の限定用法	297, 298, 327, 332
――の叙述用法	300, 301, 302
分詞形容詞	299, 695, 705, 710
分詞構文	308, 331
――での否定語の位置	313, 336
There＋be動詞の――	317
原因・理由を表す――	312
時を表す――	310
動作の連続を表す――	311
付帯状況を表す――	309, 326
文を修飾する副詞	716
平叙文	001
補語	024
――になる動名詞	262
――になる不定詞	201

ま

項目	ページ
道＋take[lead]＋O＋to ～	581
未来完了形	104, 116
（完了・結果）	105
（経験）	106
（継続）	107
未来完了進行形	119
未来進行形	066, 067
無冠詞	631, 633, 634, 642, 643, 645
無生物主語	577, 578, 579, 580, 581, 582
名詞構文	571, 572, 573, 574, 575, 576
命令（be to 不定詞）	235
命令文	007, 016
――＋and／or	768
目的（不定詞）	207
目的格	
（関係代名詞）	397
（代名詞）	647
目的語	025

や

項目	ページ
様態（副詞）	711
予定（be to 不定詞）	234

英語さくいん

A

a	631, 632, 634, 635, 641
a cup of	616
a fast runner	575
a few	703
a friend of ～'s	624
a good speaker	575
A is to B what C is to D	431
a little	708
a lot of	702
a pair of	622
a[an]+固有名詞	619
a[an]+単位を表す語	636
able	696
about	743
above	748
abroad	730
according to	750
across	745, 756
advice	629
advise+O+to 不定詞	560
after all	599
after（前置詞）	744
ago	721
alive	693
all	673
all the+比較級+for / because	366
all the+名詞	640
All you have to do is ...	594
allow+O+to 不定詞	214
almost	715, 727
alone	706
along	745
already	722
although	784
among	749
an	631, 635
and	763, 794
another	664
any	668, 669, 688
anyone	676, 682
anything but ...	542
apologize	032
appear+to 不定詞	226, 227
around	745
as	799
as ... as any+単数形の名詞	359
as ... as ever	359
as far as	786
as far as I know	600
as if	457, 458, 485
as long as	786
as many as+数詞	360
as soon as	779
as（関係詞）	424
as+形容詞+名詞+as ～	339
as+原級+as ～	337
as+原級+as possible	341
as+原級+as S can	342
ask+if[whether]+SV	564
ask+O+to 不定詞	213, 558
ask+人+if[whether]+SV	556, 557, 570
ask+人+疑問詞+SV	554, 555, 567, 568
at	733, 734, 759
at (the) latest	382
at (the) least	381
at (the) most	381
at one's best	382
attend	031

B

be able to	121, 122
be about to	074
be annoyed	198
be anxious+to 不定詞	284
be going to	065, 078
be on the point of -ing	074
be sure of -ing	291
be to 不定詞	234, 235, 236, 257
be used to -ing	272, 285
because of	750, 760
before (副詞)	721
before (接続詞)	777
before (前置詞)	744
behind	746
being+過去分詞	269, 294
belong to	080
below	748
besides	729
between	749
be 動詞+being+過去分詞	175, 199
be 動詞+not	001
be 動詞+過去分詞	171, 172
be 動詞+主語 ...?	004
both	670
both A and B	766
but	764
but for	465, 487
buy	026
by car	644
by far+the+最上級+of[in] ～	351
by train	639
by (受動態)	171, 172
by (前置詞)	740, 741, 762

C

can	121, 131
Can I ...?	123
Can I have ...?	123
cannot ... too ～	534
cannot have+過去分詞	150
cannot help -ing	533
can't[cannot]	121, 135
cause+O+to 不定詞	586
change trains	622
come+to 不定詞	233
come+分詞	301
complain about	561
continue	282
convenient	707
cost	582, 585
could	131
could have+過去分詞	147
Could you ...?	124
couldn't have+過去分詞	165

299

D

data	621
decide + to 不定詞	217, 277
difficult	238
discuss	041
do（強調）	589
do nothing but + 動詞の原形	538
Do you mind ...?	503
do[does / did] not + 動詞の原形	002
don't have to	127
during	752

E

each	675
easy	237
either	671, 723
either A or B	767
enable + O + to 不定詞	578, 584
enjoy -ing	263
enjoy oneself	651
enough	704
enough to 不定詞	241, 249
enter	048
essential	169
even if	785, 791
every	675
excited	710

F

fail to 不定詞	539
far from ...	541
far + 比較級 + than ~	346
feel like -ing	275
find	042
finish -ing	276
fish	615
for	
（接続詞）	771
（前置詞）	738, 757
for ~ + to 不定詞	216, 239, 256, 540
forget	278
free from ...	541
from	736, 737
furniture	626

G

generally speaking	318
get（受動態）	186
get + O + 過去分詞	304, 305
get + to 不定詞	233
give	028
glad	773
go -ing	323

H

had been -ing	102
had better	130, 160
had + 過去分詞	098
happen + to 不定詞	231
hard	718
hardly	527, 548, 718
hardly ... when ~	535
have a look at	576
have a swim	587
have been	090
have gone	089
have lunch	645
have to	126, 166
have trouble -ing	324
have[has / had] been + 過去分詞	176
have[has] + 過去分詞	087
have + O + 過去分詞	304, 335
have + O + 現在分詞	303
have + O + 動詞の原形	220
having + 過去分詞	270, 271, 296, 314, 315, 328
hear + O + 動詞の原形	222
hear + O + 分詞	306, 334
hope + to 不定詞	292
how	
（関係副詞）	417
（感嘆文）	008
（疑問詞）	496, 497, 515, 518
How come + SV?	514
how long ...?	497
how much ...?	497
how soon ...?	498
how to 不定詞	244
however	423, 731

I

I wonder if ~	476
if	
（仮定法）	447
（名詞節）	775
if it had not been for ~	471, 487
if it were not for ~	471
if only ~	473, 474
if possible	602
if + S + should ~	461, 462, 484
if + S + were + to 不定詞	459, 460
if 節と主節で表す時が異なる	453, 454
if の省略	463, 464, 483, 484, 487
in	734, 751
in case	787, 800
in front of	746
in order that ...	782
in order to 不定詞	243
in spite of	755
in which case	434
information	617
insist	159
interesting	299
into	747, 753
introduce oneself	037
it	653, 654, 655
（形式主語）	656
（形式目的語）	657, 684
It appears that ...	226
It costs + 費用 + to 不定詞	658
It has been ... since ~	093, 115
It is ... that ~	592, 609
It is ... who ~	593, 610
It is likely that ...	698
It is no use -ing	273
It is not long before ...	535
It is probable that ...	698
It is said that ...	184
It is worth -ing	289
It is + 形容詞 + of + 人 + to 不定詞	212, 216
It seems that ...	228

It takes＋時間＋to 不定詞	658	may well＋動詞の原形	154	（節の代用）	526
It takes＋人＋時間＋ to 不定詞	051	might	132, 167	not ... any	523
It turns out that ...	232	might as well ... as ～	155, 168	not ... until ～	536
It's (about) time ～	472, 478	might as well＋動詞の原形	155	not A but B	769
		might have＋過去分詞	147	not all ...	530
		more and more＋原級	363	not always	531
J		more B than A	367	not as[so]＋原級＋as ～	338, 389
judging from ...	318	more or less	371	not everyone	543
just	088	most of which	430	not less than＋数詞	377
		much	701, 720	not more than＋数詞	376
K		much less ～	368	not necessarily	531
keep	025, 049	much＋比較級＋than ～	385	not only A but also B	769
keep＋O＋from -ing	579	must	134	not so much A as B	358, 387
keep＋O＋過去分詞	302	must have＋過去分詞	148	not＋比較級＋than ～	345
keep＋分詞	300	must not	127, 128	nothing	685
know better than to 不定詞	372			nothing ... 比較級＋than ～	390
		N		notice＋O＋分詞	307
L		name	039	now that	792
lately	717	natural	156		
latter	692	necessary	157, 697	**O**	
lay	020	need	142	of	739, 754
leave	038	need -ing	287	（同格）	604
less＋形容詞[副詞]＋ than ～	347, 391	need not have＋過去分詞	152	of which	428, 435
let＋O＋動詞の原形	219, 253	need to *do*	143	on	735, 758, 761
Let's＋動詞の原形	012, 018	needless to say	246	on and on	591
lie	020, 047	neither	672, 681, 723, 728	on earth	590
listen to＋O＋動詞の原形	223	neither A nor B	767	once	779
little	529, 544	never	090, 522	one	662, 678
look for	033	never ... without ～	532, 546	one of the＋形容詞の最上級 ＋複数形の名詞	353
look forward to -ing	272	never to 不定詞	209	only to 不定詞	209, 260
		no	523, 524, 547	onto	747
M		No (other)＋単数形の名詞 ... as[so]＋原級＋as ～	355	opposite	746
make	027, 046	No (other)＋単数形の名詞 ... 比較級＋than ～	356	or	765
make＋O＋動詞の原形	219, 577	no less ... than ～	375	others	666, 683
marry	045	no less than＋数詞	377	otherwise （仮定法）	467, 477
may	125, 132, 163, 167	no longer ...	537	ought to	129
may have＋過去分詞	146, 147	no matter how	440	ought to have＋過去分詞	149
May I ...?	125	no more ... than ～	374	out of	747
may not	125	no more than＋数詞	376	over	748
		no＋比較級＋than	373, 384		
		none	530, 674, 679	**P**	
		nor	723, 770, 795	pay	050
		not	521	people	615

301

persuade + O + to 不定詞		331
phenomenon		628
pleased		705
police		627
prefer A to B		369
present		694
prevent + O + from -ing		580, 583
prove to be ...		231
put up with		034

R

raise		044
rarely		528
regret		280, 296
remain		035, 052
remember		279
resemble		043

S

S is certain + to 不定詞		699
S is likely + to 不定詞		698, 709
S is said to 不定詞		189
S is sure that ...		699
save		582
say		569
say to + 人 + that 節		551, 552
say, believe などの受動態		184
say + that 節		563, 566
scarcely		527
scarcely ever		528
see + O + 動詞の原形		222
see + O + 分詞		306, 329
seem + to 不定詞		225, 228, 229
seldom		528, 714
Shall I ...?		141
Shall we ...?		141
sheep		621
should		129, 136, 156, 157, 169
should have + 過去分詞		151, 164
since		778, 780, 796
smell		036

so		
（接続詞）		771
（副詞）		724
so ... as to 不定詞		242
so ... that ~		781
so ... that + 否定文		240, 540
so as not to 不定詞		243, 259
so as to 不定詞		243, 259
so SV		725
so that ...		782, 798
so VS		725
so + 形容詞 + a[an] + 名詞		640
some		667
some ~ others ...		666, 683
something		676
sooner or later		371
speaking of ...		319
spend + 時間 + -ing		324
stand		030
still		722
stop -ing		283
stop + to 不定詞		283
such ... that ~		781, 789
such A as B		700
such a[an] + 形容詞 + 名詞		700, 781, 789
suggest		158
suggest (to + 人) that S (should) do ...		560
superior to ~		369
surprising		695
SV（主語 + 動詞）		023
SV + 分詞		300, 301
SVC（主語 + 動詞 + 補語）		024, 025, 035, 036
SVO（主語 + 動詞 + 目的語）		025, 037
SVO + to 不定詞		213, 214
SVO + 分詞		302
SVOC（主語 + 動詞 + 目的語 + 補語）		027, 039, 040
（受動態）		182, 193
SVOO（主語 + 動詞 + 目的語 + 目的語）		026, 027, 042
（受動態）		181
SVO + to/for ~		028, 038

T

take		051
taste		054
tell + O + to 不定詞		218, 559
tell + 人 + that 節		551, 552, 564, 565
than（関係詞）		425
That is why ...		416
that		
（関係代名詞）		401, 402
（指示代名詞）		660, 661, 687
（同格）		605, 606, 612
（接続詞）		772, 773
the		632, 637, 646
the last ... to 不定詞		539
the last ... + 関係代名詞節		545
the least + 形容詞［副詞］		352
the one(s)		663
the other		665, 677
the others		665, 680
the reason why ...		416
the same ... as ~		424
the second + 形容詞の最上級 + 単数形の名詞		354
the third + 形容詞の最上級 + 単数形の名詞		383
the very		589
the way (in which) ...		443
the + 形容詞［分詞］		646
the + 固有名詞		618
the + 最上級 + of[in] ~		349
the + 身体の一部を表す名詞		638
the + 単位を表す名詞		638
the + 比較級 + of the two ~		361
the + 比較級 + SV ..., the + 比較級 + SV ~		364, 365, 393
the + 名詞 + of which		428
There is no -ing		273, 293
There + be 動詞 ...		029
There + be 動詞 + 名詞 + 分詞		322
therefore		726
they		649
think		040
this		659

This is how ...	417
This is the way ...	417
those	659, 661
though	784
through	745
till（前置詞）	741
to	
（前置詞）	737
（代不定詞）	248
to be -ing	229
to be + 過去分詞	230
to have + 過去分詞	227, 228
to make matters worse	247
to tell（you）the truth	246
too ... to 不定詞	239, 240, 540
to 不定詞（仮定法）	468, 481
try	281
turn out to be ...	232

U

under	748
unless	783, 790
until	
（接続詞）	778, 793
（前置詞）	741
used to	144, 145, 161

V

very	719

W

want + O + to 不定詞	213
was able to	122
what	
（関係代名詞）	405, 406, 438
（疑問形容詞）	493
（疑問詞）	017, 489, 491, 516
（感嘆文）	009, 013
What ... for ?	511
What ... is[was] ～	594
what is called	432
what is more	432
What is S like?	512, 513, 517
what kind of + 名詞	493

what S used to be	431
what S was	442
what + 形容詞 + 名詞	433
what + 名詞	433, 446
whatever	419, 422, 439
when	
（関係副詞）	415, 418, 436
（疑問詞）	495
whenever	421, 423
where	
（関係副詞）	413, 414, 418
（疑問詞）	495
where to 不定詞	245
wherever	421, 423
whether	774, 775
whether ... or not	797
whether A or B	788
which	
（関係代名詞）	395, 397, 408, 409, 410, 411, 412, 437
（疑問形容詞）	494
（疑問詞）	010, 015, 490
which + 名詞	434
whichever	420, 422
while	776
who	
（関係代名詞）	395, 396, 407, 408, 409
（疑問詞）	489, 491
whoever	419, 422
whom（関係代名詞）	397
whose	
（関係代名詞）	399, 400, 445
（疑問詞）	492
why	
（関係副詞）	416
（疑問詞）	496
will	137, 167
will be able to	121
will be -ing	066, 067
will have + 過去分詞	104
Will you ...?	140
will + 動詞の原形	064
wish	455, 456, 486
with	742
（仮定法）	466
with +（代）名詞 + 分詞	320, 321, 330
without（仮定法）	465, 480
won't	138

worst	386
would	133, 139, 170, 475
would like to *do*	153
would rather *do*	162
would rather *do* than ～	153
Would you ...?	140
Would you mind -ing?	274, 286
would と used to	144

X

X times as + 原級 + as ～	340, 394

Y

Yes / No 以外の答え方	504
Yes / No 疑問文	003, 004
yet	722
you	649

- ●執筆・編集協力　井上百合子、西川佳子
- ●英文校閲　　　Karl Matsumoto, Jonathan Nacht
- ●写真提供　　　ゲッティイメージズ

総合英語 Forest [7th Edition] 解いてトレーニング

2008年 3 月15日	初　版第 1 刷発行
2009年11月20日	初　版第11刷発行
2009年12月10日	第 2 版第 1 刷発行
2013年 7 月10日	第 2 版第15刷発行
2013年12月 1 日	第 3 版第 1 刷発行
2014年 9 月30日	第 3 版第 4 刷発行

監修者	石黒　昭博
発行人	斉藤　智
発行所	株式会社　桐原書店
	〒160-0023　東京都新宿区西新宿 4-15-3
	住友不動産西新宿ビル 3 号館
	TEL：03-5302-7010（販売）
	http://www.kirihara.co.jp/
装　丁	塙　浩孝（1HR&SONS）
本文レイアウト	高橋貴子，内山絵美（釣巻デザイン室）

- ▶本書の内容を無断で複写・複製することを禁じます。
- ▶乱丁・落丁本はお取り替えいたします。

ISBN978-4-342-01036-1
Printed in China (SWTC/04)